洞 窟——定住のはじまり

新潟県上川村の室谷洞窟は，縄文時代草創期に使用された洞窟の一代表例である。南に開口する高さ３ｍ，間口７ｍ，奥行９ｍの本洞窟は，居住に最適であり，また洞窟内から検出された大量の遺物は定住基地としての利用をよく物語る。
（右の写真は阿賀野川支流の室谷川で，洞窟付近の風景）　　　　　構　成／粕谷　崇

神庭（かにわ）洞窟は荒川上流の埼玉県大滝村に存在する間口15ｍ，高さ10ｍ，奥行12ｍの洞窟である。洞内の堆積土は薄く，層位的な遺物検出は行なえなかったが，隆起線文や撚糸文，押型文など縄文時代初頭の遺物を中心に前期，中期の土器片が出土した。また少量の骨角器・貝類に加えて動物骨がかなり多量に出土している。
構　成／栗島義明
写真提供／埼玉県立博物館

環状集落

構　成／小林康男
写真提供／塩尻市立平出遺跡考古博物館

俎原（まないたばら）遺跡は長野県塩尻市に所在し，直径40ｍの中央広場を取り囲むようにして147軒の住居址が東西100ｍ，南北80ｍにわたって設けられた典型的な環状集落である。住居址は縄文時代中期初頭から最終末まで全時期にわたってほとんど切れ目なく連続しており，集落の初現から衰退までその形成過程を時期を追って知ることができる。

水場遺構

群馬県月夜野町の矢瀬遺跡からは，縄文時代後半〜晩期の独特な祭祀場を伴う集落跡が発見された。水場は約5×3ｍ深さ１ｍに掘りくぼめ，排水路を伴い，周りに巨石を並べており，多大な労力をかけて造られている。すぐ脇には作業場状石敷がみられ，水場から出土したトチノキ・クルミなどの木の実を，灰汁抜き加工していた場所とも推定される。

構　成／三宅敦気　　写真提供／月夜野町教育委員会

排水路

石皿出土状況

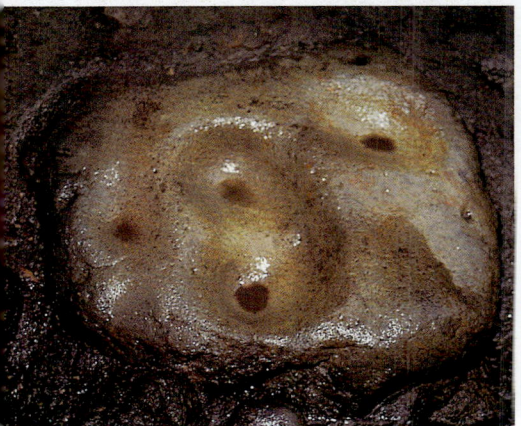

群馬県榛東村の茅野遺跡は縄文時代後・晩期の集落跡であるが，同遺跡の東端で確認された水場遺構からは約100kgの石皿3点と，磨石4点が出土した。この場所では，石皿と磨石を用いて堅果類をつぶし，それを水で灰汁抜きするなど，生活に密着した作業が行なわれていたと推測される。

構　成／新藤　彰　　写真提供／榛東村教育委員会

貯蔵穴

青森県八戸市風張(I)遺跡は，住居址群，土坑群，墓壙群が規則的に配列された縄文時代後期中葉〜後葉の大規模集落である。330号土壙からは炭化したトチの実が良好な状態で出土した。　　　　構　成／塚本師也
写真提供／八戸市教育委員会

新潟県津南町の卯ノ木南遺跡から発見されたフラスコ状土坑は，確認面で径100cm，基底面で径180cmほどを測る。また，遺跡の下段に群集して確認されている。覆土の水洗い選別調査では，微量な炭化材が検出された。　　　　構　成／佐藤雅一

熊本県宇土市の曽畑貝塚のある台地西側低地で26基の貯蔵穴が検出された。うち4基は後・晩期のもので，他はすべて前期の曽畑期に属する。蓋石のあるものや編み物がよく残っているものが多い。貯蔵物は，1基のクヌギ・アベマキを除き，すべてイチイガシである。昭和61・62年調査。　　　　構　成／島津義昭
写真提供／熊本県教育委員会

長野県中野市栗林遺跡では段丘斜面上に住居址，段丘下の低湿地に貯蔵穴群と「水さらし場」状の遺構が存在する。時期は後期前半期。植物遺存体を出土した貯蔵穴がいくつかあり，現段階ではクルミだけが確認されている。
　　　　構　成／塚本師也　　　写真提供／長野県教育委員会

季刊 考古学 第44号

特集　縄文時代の家と集落

◉口絵(カラー)　洞窟—定住のはじまり
　　　　　　　　環状集落
　　　　　　　　水場遺構
　　　　　　　　貯蔵穴
　(モノクロ)　　竪穴住居のいろいろ
　　　　　　　　敷石住居跡
　　　　　　　　住居の重複
　　　　　　　　炉穴

縄文時代の集落————————————————小林達雄　*(14)*

住居論

竪穴住居の形態————————————————山本暉久　*(17)*

竪穴住居の面積————————————————武藤康弘　*(23)*

竪穴住居の間取り————————————————金井安子　*(28)*

集落論

環状集落の構造と類型————————————丹羽佑一　*(32)*

集落の大きさと居住形態————————————羽生淳子　*(37)*

縄文集落の変遷＝北海道————————————長沼　孝　*(42)*

縄文集落の変遷＝東北————————————冨樫泰時　*(46)*

縄文集落の変遷＝関東————————————小薬一夫 *(52)*

縄文集落の変遷＝九州————————————新東晃一 *(57)*

食料貯蔵————————————————————塚本師也 *(62)*

セトルメント・システム論

縄文時代集落の領域————————————谷口康浩 *(67)*

縄文集落の景観——————————————千野裕道 *(72)*

縄文時代のセトルメント・システム————可児通宏 *(77)*

遊動と定住————————————————原田昌幸 *(82)*

最近の発掘から

縄文晩期〜弥生前期の貝塚—徳島市三谷遺跡———勝浦康守 *(87)*

弥生後期の多重環濠集落跡—福岡県平塚川添遺跡—川端正夫 *(93)*

連載講座 縄紋時代史

18. 縄紋人の領域（5）——————————林 謙作 *(95)*

書評————————————————————*(103)*

論文展望————————————————*(107)*

報告書・会誌新刊一覧——————————*(109)*

考古学界ニュース————————————*(112)*

第2回雄山閣考古学賞受賞図書発表————*(116)*

表紙デザイン・カット／サンクリエイト

竪穴住居のいろいろ

縄文時代の竪穴住居には円形と方形の2形態を基本とし，楕円形・隅丸方形・長方形・台形・六角形・柄鏡形などの変化が時期的，地域的にみられる。方形住居は，関東地方の早期前半や前期前半・後期後半に特徴的に見られる形態で，円形住居に比べて面積の広い傾向があり，拡張を頻繁に行なう点に特色がある。円形住居は，環状集落の著しく発達した中期〜後期前半の中部・関東・東北地方において一般的な住居形態であった。

構　成／谷口康浩

方形（群馬県中野谷松原遺跡）
前期前半　　安中市教育委員会提供

円形（秋田県梨ノ木塚遺跡）
中期末　　秋田県埋蔵文化財センター提供

台形（埼玉県打越遺跡）
前期前半　　富士見市教育委員会提供

五角形（静岡県東鎌塚原遺跡）
中期末　　島田市博物館提供

ベッド状遺構を伴うもの（東京都四葉地区遺跡）
前期後半　　板橋区四葉遺跡調査会提供

敷石住居跡

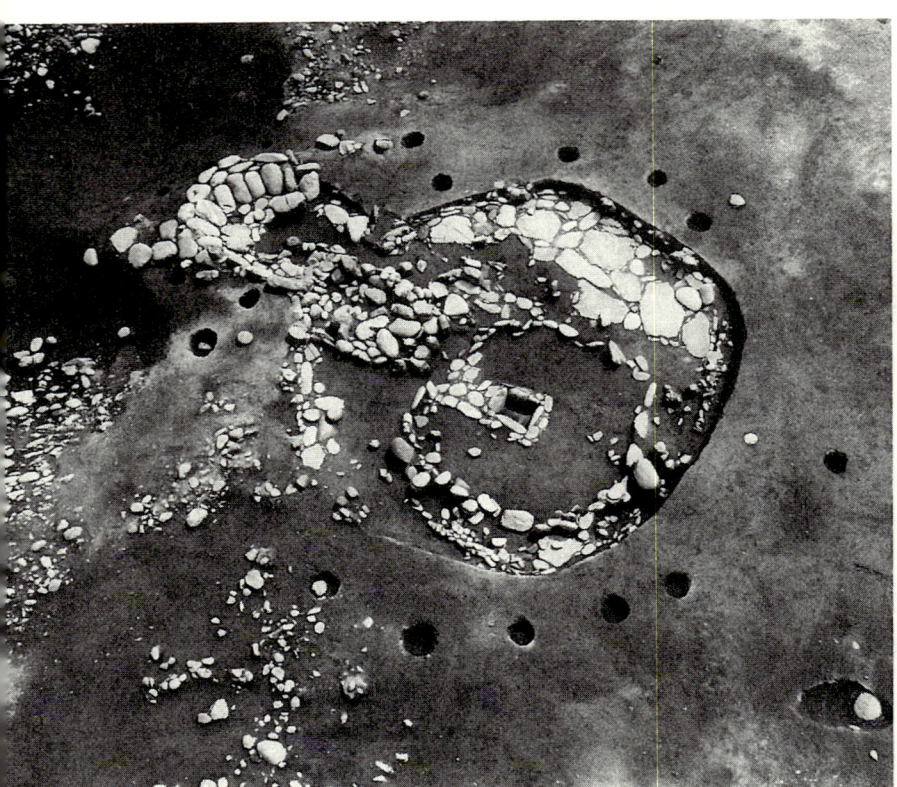

埼玉県寄居町に所在する樋ノ下遺跡は，荒川左岸の段丘上にあり，称名寺式から堀之内式期にかけて12軒の敷石住居跡が検出された。写真のように，床面には結晶片岩や緑泥片岩が敷き詰められ，石囲炉近くに石棒が埋設された住居もある。30・31号住居跡（左側写真）は2軒の重複で，外周の30号住居跡には柱穴が伴う。張り出し部はひときわ大型の河原石で縁取られ，称名寺式土器が2個体埋設されていた。

構　成／細田　勝
写真提供／埼玉県埋蔵文化財調査事業団

長野県望月町の平石遺跡で柄鏡形敷石住居跡が5軒みつかった。写真はそのうちの1軒で，主体部直径4m，張り出し部長2m，幅1.5mで，張り出し部に5段の石積みが存在することが特徴である。主体部の敷石はすべて残っており，住居跡のまわりには柱穴がめぐっている。堀之内II式期のもので，炉の中から出土した小型の深鉢土器には動物などの抽象絵画が一周して描かれていた。

構　成／福島邦男
写真提供／望月町教育委員会

住居の重複

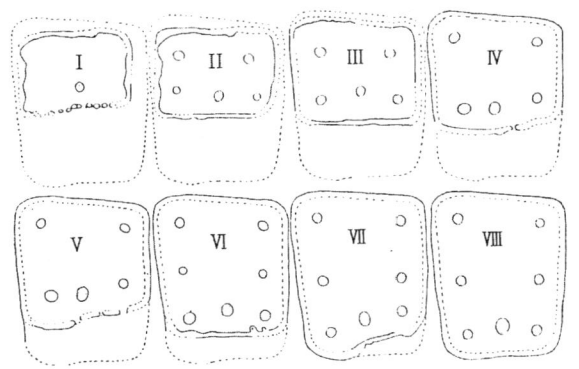

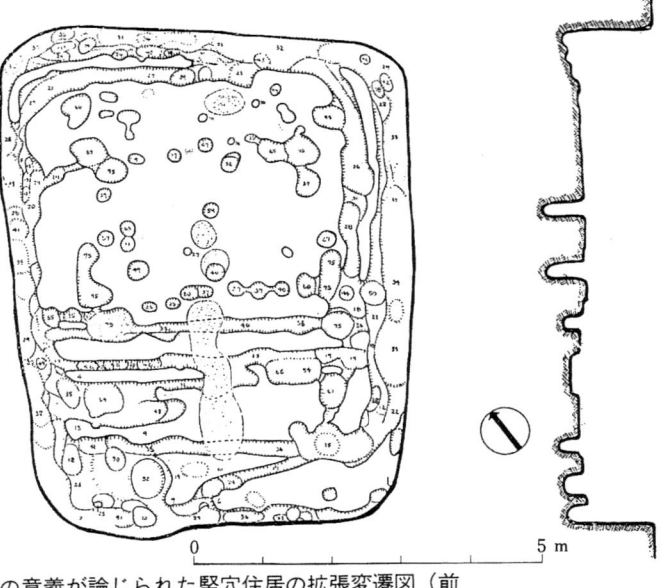

縄文住居の拡張について，日本最初にその意義が論じられた竪穴住居の拡張変遷図（前期，埼玉県上福岡遺跡）。この遺構では7回の住居拡張が行なわれているが，1回平均3㎡であることから，関野克は家族1人当りの必要居住面積を3㎡と割り出した。
（関野克「埼玉県福岡村縄文前期住居址と竪穴住居の系統に就いて」人類学雑誌，53−8，1938年による）

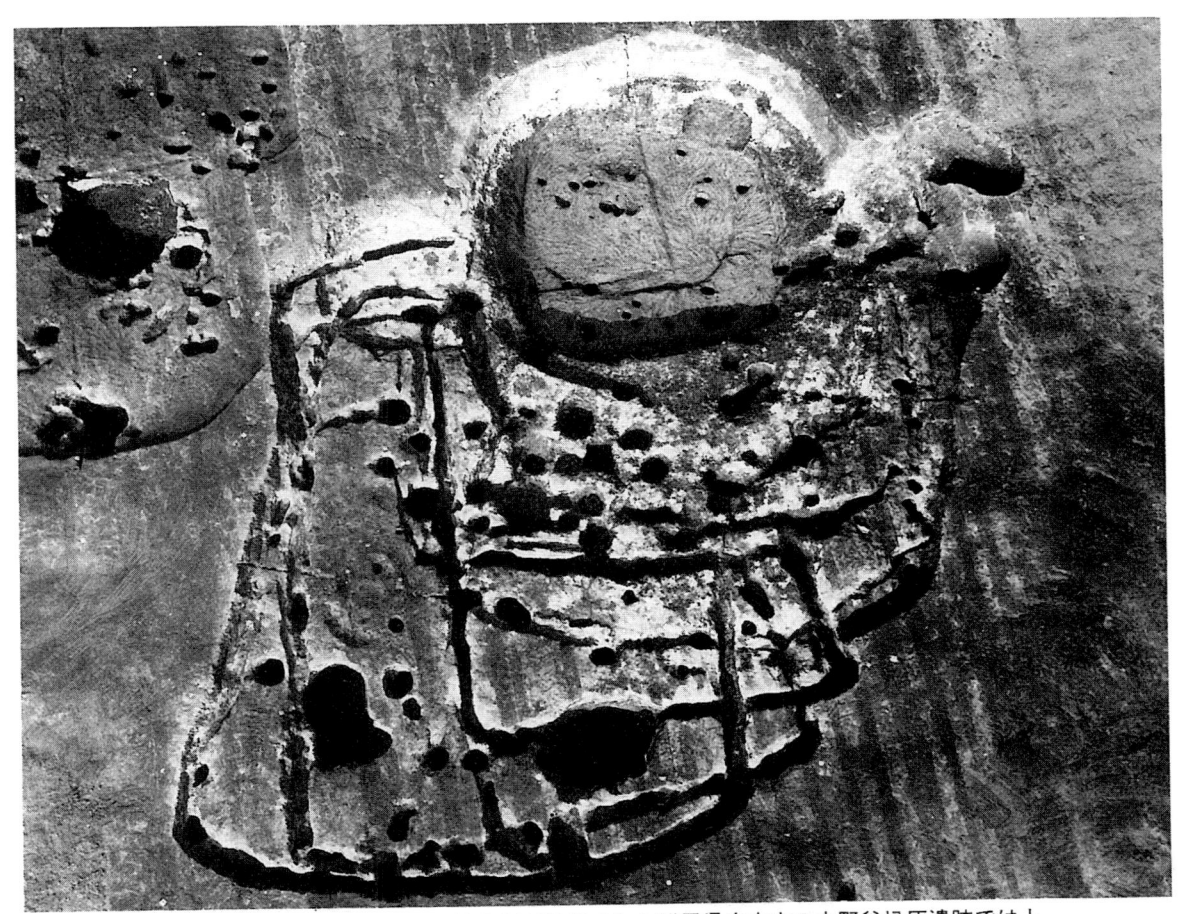

大形住居跡や掘立柱建物跡，土壙などが検出された群馬県安中市の中野谷松原遺跡では上の写真に示したように15回以上重複した住居跡が発見されている。ここでは四角形から円形に徐々に変化している状態を知ることができる。

構　成／大工原豊　　写真提供／安中市教育委員会

町田市の小山田15遺跡から，尾根頂部をとり巻くように，早期後半の炉穴と住居跡が集中して発見された。炉穴は短期間で崩落するらしく，次々に作り変えられた結果，蜂の巣状を呈する。また，まれに煙道を残す例があるが，写真は住居跡が埋め戻されて構築された煙道付き炉穴。

　　　　構　成／安孫子昭二　　写真提供／東京都教育委員会

三重県下の炉穴は，坂倉遺跡や鴻ノ木遺跡の遺存度のよい例では，長さ約1.4mの細長い三角形を呈し，ドーム状の天井部も残る。内面はよく焼けており，炭化物などが混じる。大鼻・大川式期に多い。写真は大鼻遺跡の例。

　　構　成／山田　猛　　写真提供／三重県埋蔵文化財センター

炉　穴

宮崎市椎屋形第2遺跡は縄文早期の遺跡で，塞ノ神式土器などを伴う集石遺構70基余，さらにその下位から条痕文円筒土器を伴う炉穴20数基が検出された。写真は4基切り合った炉穴で，霧島－小林軽石を含む堅いローム層を陸橋部分に用いている。陸橋部分下面と炉穴壁面はよく焼けており，炉部の底部には焼土が堆積している。

　　　　構　成／長友郁子　　写真提供／宮崎市教育委員会

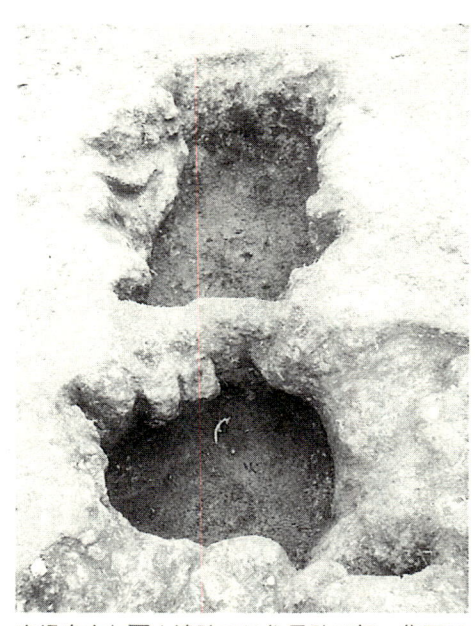

鹿児島市加栗山遺跡では住居跡17軒，集石16基，土壙48基，炉穴26基が発見された。炉穴は小円，長楕円形が底面でつながり，連結部がブリッジ状になる。早期前半の貝殻文系円筒土器が共伴している。

　　　　構　成／新東晃一
　　　写真提供／鹿児島県立埋蔵文化財センター

鹿児島県倉園B遺跡では早期前半貝殻文系円筒土器期の住居跡4軒，集石60基，落し穴3基と炉穴10基が出土した。

　　構　成／新東晃一　　写真提供／志布志町教育委員会

季刊 考古学

特集

縄文時代の家と集落

縄文時代の集落

国學院大學教授　小林　達　雄
（こばやし・たつお）

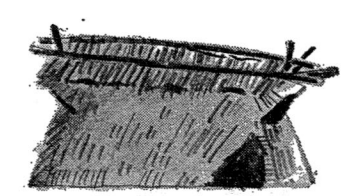

縄文集落は単に複数家族が寄り集う所ではなく，社会的単位としての家族の統合体で，社会をつくり社会的行事をこなす場所であった

縄文時代が，それまでの長い旧石器時代の歴史との間にはっきりと一線を画したのは，その定住志向への強い意識にあった。筑波大学西田正規は「定住革命」と呼んで，この意義の重要性を指摘する（本号，原田論文参照）。つまり，この期に及んで定住への決断を可能とした条件がいよいよ整ってきた事情を意味することにほかならない。

定住への踏ん切りにはとくに食料事情の安定化こそが，その最も主要な条件であった。土器の普及とともに煮炊き料理が一般化し，植物性食料の大幅な開発を促し，多種多様な食料が食品リストに加えられたのである。すなわち，一定面積当りの生産性の向上によって，狭い面積で必要量を賄うことができることとなった。もはや広大な地域に点在する限られた種類の食料を探したり，動物の肉にこだわって移動して回る必要がなくなり，定住生活が保障されるにいたったのである。

定住生活の根拠地が集落である。食料確保のために移動を余儀なくされた，それまでの時間とエネルギーは集落に投入・蓄積され，集落が作られ，新しい社会的文化的経済的機能が醸成された。

竪穴住居の構築は，縄文集落の基本である（本号，山本論文参照）。地表を掘り下げて床面を設定し，壁を作り，柱を立てて屋根を架ける。建材の調達にはじまる膨大な仕事量であった。これは，決して雨露を凌ぐためだけの施設ではなく，社会的機能をも備えるものであった。たしかに竪穴住居の床面積に広狭はあるが，形態，構造を同じくし，それぞれが同格の性質を示しており，いわば縄文集落を構成する社会的単位の意味が窺われ

る。この一つ屋根毎にまとまる社会的単位とは，とりも直さず，夫婦を中心とする親子関係で結ばれた核家族と想定されるのである。かくて，縄文集落が竪穴住居の集合体として一定の形態をもつ背景には，家族の主体性の確立という社会的意義をも併せもつものであったことが理解される。

集落において，外界と遮断した独立の空間およびその竪穴住居内で顔をつき合わせる家族だけの時間が確保され，それだけ家族の独立性がはっきりとした。その一方で，竪穴住居が中央広場を囲むようにして，円形または弧状に展開する形態（本号，丹羽論文参照）をとり，いわゆる縄文モデル村を確立することも重要である。竪穴住居に住む家族の独立性は強まりながらも，勝手気儘に場所を選ぶのではなく，全体が一つの環をつくる形態の中に組みこまれているところに，より強固な社会的規制をみるのである。

この社会的規制は一時的あるいは仮りのものではなく，永続的であった。この間の事情を集落遺跡における竪穴住居のあり方が良く伝えている。つまり，竪穴住居跡がしばしば二つ，三つと重複していることである。竪穴住居の床面や壁を土中に設ける場合には処女地が理想的である。一度掘り込まれた土では堅固な床や壁をつくることが覚つかない。それにも拘らず，すでに竪穴住居があった場所に重ねて新しい竪穴住居を二度ならず，ときには三度，四度と建て替えているのである。もう少し位置をずらせば，手つかずの処女地があるのに，床や壁づくりに不利な場所から動こうとしないのは，いかにもおかしなことといわねばな

らない。この不自然さにこそ，縄文人なりの事情が潜んでいた。つまり，勝手気儘に自分の竪穴住居の場所を選べなかったということである。自分が所属する集落において，各竪穴住居の場所は固定され，動くことはできなかったのである。

縄文集落は，しばしばそっくり移動することがあったらしい。廃絶された竪穴住居の床面に一切の遺物も混入しない土砂が堆積している事実がこれを物語っている（「吹上パターン」における第1次埋没土）。移動の要因には，集落地一帯の資源の涸渇その他が考えられる。いずれにせよ，集落を離れることはあっても，条件が回復しさえすれば再び戻ってくることを繰り返していたらしい。重複住居は，あるいは回帰の都度新築した彼らの流儀の一端を示すものであろうか。自らが見切りをつけた竪穴住居は埋まりきらずに皿状に窪んでいて，それと判る。しかしこのとき自分勝手には他の地点に新築できない社会的規制が厳然として睨みをきかせていたというわけだ。

ところで，どうせ同じ場所に建てるしかないとすれば，古い竪穴住居にそのまま重ねた方が排土量も少なく，手間が省けて効率が良かったはずである。その上，頑丈な床面と壁の確保に有利である。それなのに古い竪穴の窪みに一部ひっかけながら，一方では新鮮な手つかずのところにも進出している点が注意される。機能上の不便さと，物理的に倍する仕事量を覚悟しなければならない重複のしかたは無視できない問題である。流儀と言って簡単に済ますわけにもゆかない。あるいは決められた場所から離れることができない社会的規制の下にありながら，少しでも自らの竪穴住居の領分を拡張せんがための意識が働いていたとみるのは，穿ち過ぎであろうか。隣の竪穴住居との間に余裕があれば，重複を少な目にして新たに土地を増やすことができる。回りの圧力が強かったり，土地に余裕のない場合は，古い竪穴住居から大きくずらすことができなかったりした。社会的規制と個人的な私有地拡張欲との葛藤は興味を惹く問題の一つではある。

縄文人の住居は竪穴式だけではなかった。竪穴住居は地表から掘り込んでいることもあって，遺存状態も良好で，発見もし易いので，全国的に万遍なく知られている。しかし，ある時期，ある地方によっては竪穴住居がほとんど発見されなかったり，稀の場合がある。住居がなかったわけでも

稀だったのでもなく，竪穴とは別の形式が行なわれていたのである。すなわち平地住居や掘立柱建物などであり，中期末の関東，中部に登場した敷石住居がある。竪穴住居の床面より高位で，しばしば黒土中に単独に発見される石囲炉は平地住居内に設けられたものであって，決して屋外炉ではなかったのである。さらに石川県桜町遺跡から出土した枘穴をもつ柱が先細り状態を示すのは，その部分まで土中に埋めこまれて腐朽がより進行したためで，まさに高床建物の掘立柱であったことを物語っている。それらがすべて通常の住居ではなかったとしても，少なくとも倉庫や公共的な建物など多様な建物形式が発達していたのである。

なかでも，規模が抜きんでた大きな竪穴式や掘立柱式の建物の存在が注目される。通常規模の竪穴住居とともに一棟か二棟に限定されるものは家族単位の利用を越えた，集落直属の公共的な性格を有する建物と推定される。縄文集落は，単なる複数家族が寄り集う場所なのではなく，社会的単位としての家族の統合体であり，社会をつくり，家族の次元を超えた社会的行事の数々をこなすものであった。つまり縄文集落はいわばトレーラーハウスの溜り場なのではなく，正真正銘のコミュニティーとしての人格を有していたのである。

大形建物には，もう一つ異なったあり方がみられる。前期の秋田県上の山Ⅱ遺跡や栃木県根古谷台遺跡および中期の新潟県清水上遺跡例のごとく，規模からすれば大形建物というべき竪穴式が一，二棟にとどまらず，多数営まれる。しかも中央広場をとり囲むように円形に展開するのである。この形態は，ちょうど通常規模の竪穴住居で構成される縄文モデル村と同じである。この場合の大形建物は，公共的な施設ではなく，一般の家族の居住用であった可能性を示唆している。そうとすれば，その規模は一つの核家族ではなく，大きな一つ屋根に適うだけの大家族であった可能性を示唆している。縄文集落は単純な一つの形態に収まるものではなく，複雑である。改めて竪穴式，掘立式などのあり方や混在のしかた，およびそれらの床面積などの問題（本号，武藤論文参照）も含めて検討が必要とされる。さらにあるいは渡辺仁が例示する，アムールのギリヤーク族やコロムビア川中流域のサンポール族のような，夏と冬に二地点を往来する振り子型集落なども考慮に入れてゆかねばならない。

また，集落の性格究明について，石器などの道具の種類とその組合せから，生業との関係解明に接近しようとする方法（本号，羽生論文参照）がある。小薬一夫の内陸部と海浜部の集落の比較研究も，これに共通する問題が意識されている。なお，集落のあり方について，母村的な集落と露営地といった最も単純な二分類に引き戻してよしとする考え方が依然として一部に根を張っているが，かつてセトルメントパターンをAからFに分類した筆者の視点と構想はむしろ今後とも発展させてゆかねばならないと考える。それらの組み合せこそが，縄文人の活動舞台における戦略および生活様式の複雑な様相を解明する手掛りとなるであろう。このとき集落の面積，継続性，道具の種類と組み合せ，土偶，石棒などいわゆる第二の道具のあり方などが問題となってくるはずである。

根拠地としての集落（縄文モデル村）は，一定の領域から日常の食料や各種の原材料を獲得する。不足分は隣の集団やときには遠隔地との交易によって賄う。こうして社会的関係，集団同士の約束，合意が成立する。婚姻関係なども関係の粗密にかかわってくる。ここに土器様式のひろがりや搬出入などが絡んでくるが，これらの問題は別に機会を設けねばならない。ここでは現在浮び上ってきつつある集落毎の領域問題をみてみたい。かつて樋口昇一は，縄文中期の大集落が長野県松本平で4kmほどの間隔で並んでいることを指摘した。同様なあり方が後期にもみられることを平林彰が報告している。また，東京都野川流域の中期集落の分布から宮崎博もこの問題に取り組んだ。さらに谷口康浩によるティーセン多角形（本号，谷口論文参照）を用いた亀甲状の領域設定の提案も大集落が一定距離をおいて分布する事実をはっきりさせた。これをもって各領域に根拠する集団が同時に存在していたと速断するのは差し控えねばならない。バイオマスの保障があるかどうかの問題など小池裕子の指摘がある。いずれにせよ，少なくとも集落の存続に必要な資源を保障する一定の領域が必要である。その集落が移動する場合それまでの旧集落あるいは前々回の集落の領域を避けて，新しい集落地が選定されたのではなかろうか。前回または前々回などの近い過去の領域での資源（バイオマス）の消耗が回復するまで利用を待たねばならなかったのである。そうした事情が結果的に集落相互の位置が一定距離を保つことにな

った理由の一つともなったと考えられる。

集落を営み，定住生活を保証したのは食料の計画性にあった。旧石器時代以来の長い間，食料を手にすることは，直ちに飢えを癒やすことであり，いかにも場当り的であった。この点ばかりは，他の一般の動物の食行動となんら大差はなかったのである。しかし，縄文時代になると事情が一変した。食料の入手と食事とが，常に連続するというのではなく，むしろ二つの行動がはっきりと区別され，独立するに至った。食料の獲得だけが一定の時間専らにされたのである。ときにはアフリカのブッシュマンにみるように，イチゴ狩りのときには作業中に摘まみ食いさえ禁ずる例がある。必要量の確保が疎かにならないための効果的なタブーとみられる。口が動くと，手が遊ぶ光景は，今も変らないが，作業に集中すれば，それだけ効率も上るというわけである。食べるのは決められた食事時に限られるか，適当な間食オヤツである。こうして，食料は効率良く確保され，その日暮しの満腹でよしとするのではなく，長期的な食料計画が立てられた。貯蔵穴はそのための施設である。すでに草創期の新潟県卯の木南（うきみなみ）遺跡の典型がある（口絵，塚本論文参照）。

貯蔵穴は，食料の貯蔵だけでなく，同時に低い温度を保ち，空気の流通を妨げて，新鮮さをできるだけ長く維持し，あるいは積極的に腐朽の進行を押さえて長期間の保存を図る装置となった。虫害や鼠害から守ることもできたのである。また貯蔵穴の設置場所は，台地上のほかに，敢えて低湿地が選ばれたりもした。水浸し状態にすることで，保存しながらドングリ類などのアク抜きを期待する一石二鳥の目論みがそこに働いている。

食料の長期計画は，食料の保存方法の各種の開発によって，さらに安定した。具体的な証拠はなかなか把握し難いが，縄文人と相似た生活技術をもつ，北アメリカ北西海岸の人々の例を参考にすると，乾燥，燻製あるいは発酵法などが考えられる。山形県押出（おんだし）遺跡出土のクッキー状の加工食品が，マツの実やクリ，動物の肉の混ぜ物であり，それが発酵していた可能性の高い証拠を残していた。この興味ある事実について帯広畜産大の中野益男が報告している。

ともあれ縄文集落には，縄文人の社会，文化，経済のさまざまな問題の多くがさらに含まれており，次の機会に譲らざるを得なかった。

住 居 論

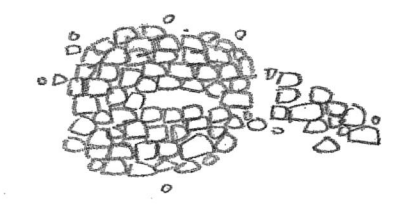

竪穴住居の形はどういう変遷をたどり，その
面積はどう変化しただろうか。さらに住居内
部の間取りはどのようになっていただろうか

竪穴住居の形態／竪穴住居の面積／竪穴住居の間取り

竪穴住居の形態─────■

神奈川県立埋蔵文化財センター
山 本 暉 久
（やまもと・てるひさ）

縄文の竪穴住居の形態は一様ではなく，地域的・時期的特性が色濃
い。最近では上屋構造の復原を含めた研究が盛んとなってきている

竪穴住居は原始から古代に至るまでの長い間，列島に住む人々の生活の拠点であった。竪穴住居なくしては，人々の生活は成り立たなかったのである。

縄文時代の住居が竪穴構造を呈することは，古くから考えられていたが，学術的な発掘調査によってその存在が確かめられたのは，大正15年（1926）5月に東京帝国大学人類学教室によって行なわれた千葉県東葛飾郡大柏村（現・市川市）姥山貝塚の調査であった[1]。この調査によって縄文時代の住居の基本は竪穴構造を有すること，しかもそれは単独に存在するのではなく，複数からなる集落を構成することが明らかとなったのである。

この大正末年は，もう一つの縄文時代の住居形態を発見した年としても知られる。それは，大正14年（1925）10月，稲田坦元・後藤守一・柴田常恵らによって発掘調査が行なわれた東京府南多摩郡南村（現・町田市）高ケ坂遺跡から発見された敷石住居址であった[2]。このように，竪穴住居址と敷石住居址は相前後して発見され，両者は縄文時代の住居形態として認識されるようになったのである。

ところで，縄文時代の竪穴住居の形態は一様ではない。地域的な違いや時期的な変化が認められ

る。いわばその地方・時期ごとに流行が認められるのである。この特徴を捉えて，古くから竪穴住居の形態・形式分類が行なわれてきたが[3]，最近は上屋構造の復元的研究を含めて，より細かな住居址の型式学的研究が盛んとなっている[4]。ここでは，そうしたこれまでの研究成果を参考として，縄文時代の竪穴住居の形態について，甚だ恣意的ではあるが，筆者のフィールドである神奈川県の事例を中心に，南関東地方における時期別変遷のありかたについて概観してみることとする。

南関東地方における竪穴住居形態の時期別変化
──神奈川県の事例を中心として──

縄文時代の住居は竪穴構造を基本とするが，ほかにも洞穴や岩蔭を利用したものや，床面に敷石をもつ，いわゆる敷石住居や，掘り込みをもたない平地式の構造をもつ住居の存在も知られている。このうち，敷石住居は黒土層中に敷石面をもつものが多く，古くから平地式構造をもつものと認識されてきたが[5]，最近の事例をみると，竪穴構造をとるものも多く，また，発生史的にみても竪穴住居の系譜を受けていることから，竪穴構造をもつものが基本であったと思われる。また，平

地式の住居は，近年，「長方形柱穴列」や「掘立柱建物跡」と呼ばれている[6]遺構がそれに相当するが，そのほとんどは炉址を伴わないことから，一般的な住居ではなく，倉庫や，公共的施設あるいは一時的な構築物と考えられる。

竪穴住居の平面形態は当然のことではあるが，上屋構造と深い関わりを有していると考えられる。これまでにもそうした観点から竪穴住居の形態を分析したすぐれた研究がみられるが[7]，上屋構造の復元的研究はそれらにゆずるとして，ここでは平面形態の変化のありかたについて概観してみることとしたい。

縄文時代初頭，草創期（前半）段階の居住痕跡は洞穴，岩蔭遺跡がこれまで多く知られていたが，近年，開地遺跡の調査が増加するとともに，その発見が相次いでいる。藤沢市慶応義塾藤沢キャンパス内遺跡発見の住居状遺構（図1—1）は隆起線文土器を伴うものであるが，浅い掘り込みはあるものの明瞭な竪穴形態をとらない。他に発見されている事例も多くは不定形であることや屋内炉をもたないことから，典型的な竪穴住居とはいえず，簡単な小屋掛け程度の施設であったものと思われ，この期がいまだ先土器時代的様相から脱却していないことを示している。

早期前半（草創期後半）・撚糸文土器様式期段階に入ると，近年各地から多数の竪穴住居址が検出されているが，とくにその後半段階には複数の住居址からなる集落構造が明らかとなりつつあり，まさに「竪穴住居の定着期」[8]として評価される時期である。横浜市寺谷戸遺跡21号住（図1—2）のように，この期の竪穴住居址の多くは隅円の方形プランを有し，明瞭な主柱穴配置をもたない。また，プラン中央部には浅い方形の掘り込みをもつのが特徴である。この掘り込みについては，明瞭な焼土の堆積がないことから，地床炉ではなく，尖底土器を立てるための「灰床炉」[9]と理解されている。

続く，早期後半，沈線文土器〜条痕文土器様式期は南関東では竪穴住居址の発見例が少ない時期である。とくに早期終末期・条痕文土器様式期は広範な土器群の広がりに比して竪穴住居址の検出例はきわめて少ない[10]。それに対して，炉穴と呼ばれる遺構が多数の遺跡から群在して発見されており，竪穴住居址の検出例の少なさと対照をなしている。この期の竪穴住居址は，横浜市大熊仲町

遺跡80号住（図1—3）のように隅円方形のプランをもつもので，撚糸文土器様式期のそれと形態的には類似している。また，最近報告された清川村ナラサス遺跡から検出された早期末〜前期初頭の集落址をみると，早期末の不整方形・楕円形プランから前期初頭・羽状縄文土器様式期の方形プランへの漸移的変化がうかがえる（J18号住・図1—4）。

続く前期前半・羽状縄文土器様式期から後半・諸磯式土器様式期になると，関東地域は縄文海進がピークに達し，気候の温暖化とともに各地に多数の定住集落が形成される。この期の竪穴住居形態をめぐっては，これまでにもすぐれた分析的研究がなされている[11]が，関東地方は概ね，方形を基調とする長方形ないし台形プランが主体を占めるようになり，主柱穴をもつ定型的な竪穴住居が完成する。この時期の事例として横浜市三枚町遺跡J3号住（花積下層式期・図1—5），同J5号住（黒浜式期・図1—7），横浜市能見堂遺跡J1号住（関山式期・図1—6），横浜市細田遺跡5号住（諸磯b式期・図1—8）をあげてみた。前半段階の長方形プランから後半段階の方形プランへの変化がうかがえる。ただし，能見堂遺跡例は南関東にあっては特異な円形プランを呈するのが特徴である。

関東地域では，前期末から中期初頭期は遺跡数の激減と竪穴住居址の発見例がきわめて少ない時期として知られる。その背景には居住形態の変化や人口の減少が想定されている[12]。そうした現象が生じた理由は，いまだ不明な点が多いが，こうした断絶を挟んで，中期中葉以降，大規模な集落が各地に形成され始めるのである。

中期中葉・勝坂式土器様式期の竪穴住居は，楕円形，円形，隅円方形を基調として，4本〜8本の主柱穴をもつ定型化した形態をもつのが特徴である。この時期の事例として相模原市下原遺跡A地区4号住（図1—9）をあげてみた。炉址は奥壁部より設置され，土器を炉体として用いたいわゆる埋甕炉が多いが，ほかに石囲埋甕炉，石囲炉，地床炉などがある。また，最近報告された海老名市杉久保遺跡36号住（図1—10）のように主柱穴をつなぐように周溝が認められる例がある。住居内部を間仕切りして空間分割したものと考えられる。この住居内の空間分割の痕跡で注目されるのは，東部関東を中心に阿玉台式土器様式期にみられる，いわゆる「二段床構造住居址」とか，

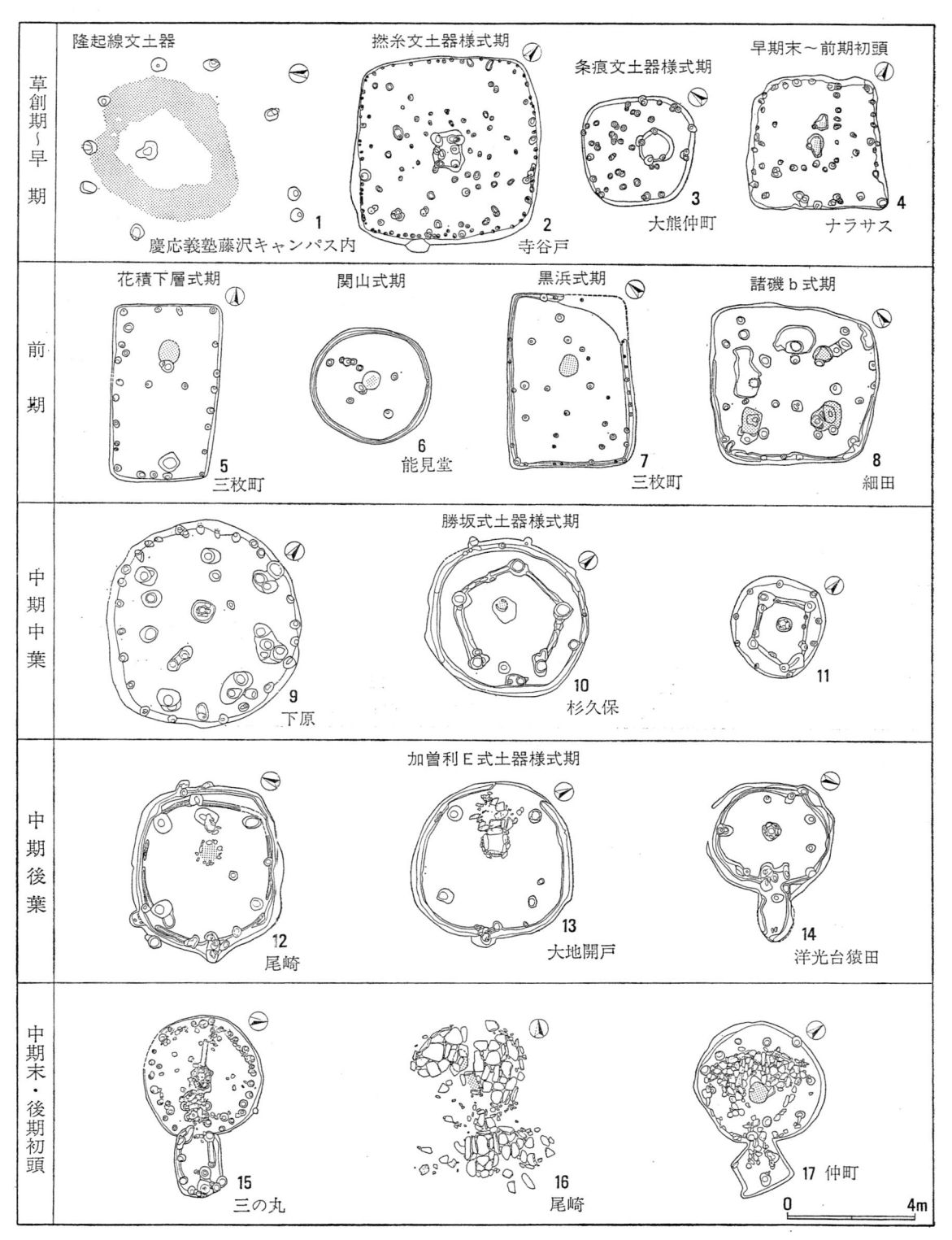

図1　縄文時代竪穴住居址の形態変遷（1）

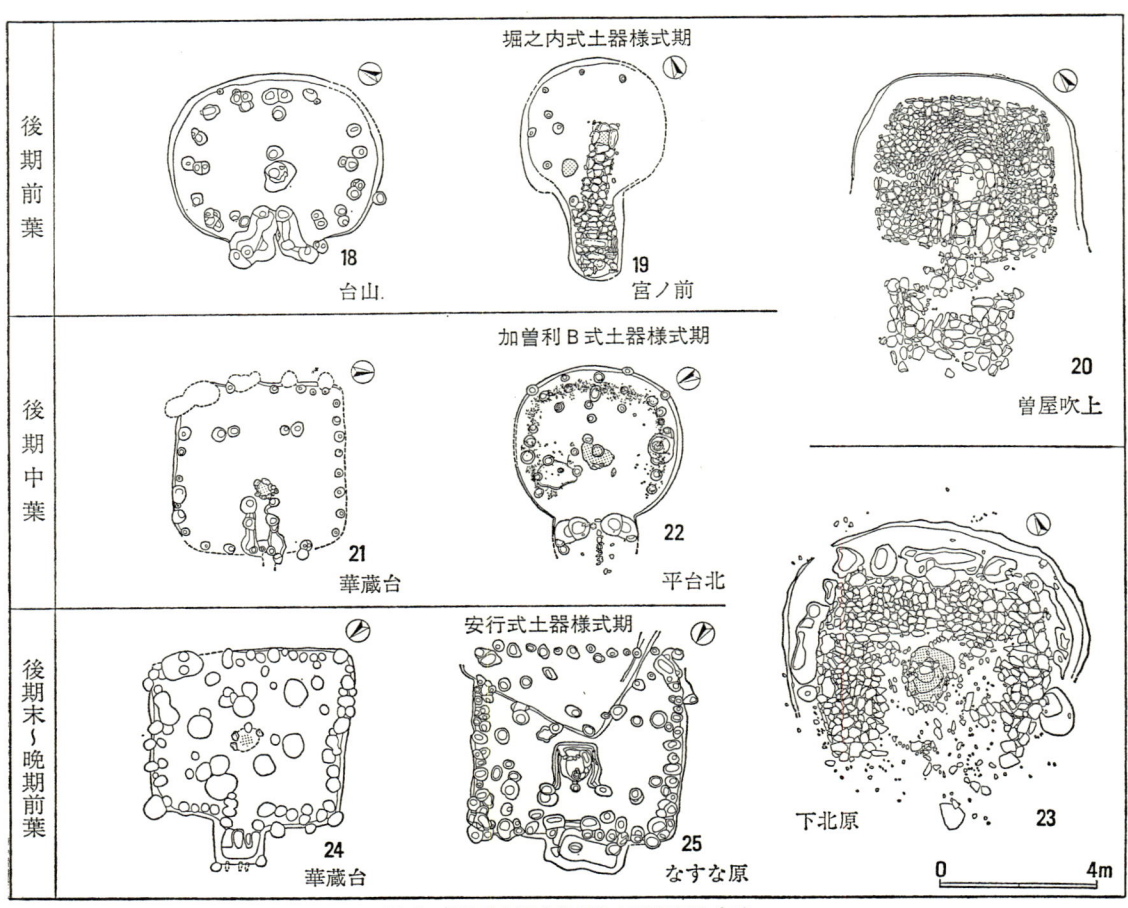

図 2 縄文時代竪穴住居址の形態変遷（2）

「有段式竪穴遺構」，「二段掘り込み住居」[13]などと呼ばれている床面に段差をもつ住居の存在である。主柱穴をつなぐようにその内部の床面が一段低くなっており，その多くは炉を有していないことから，一般的な住居と区別する考えもみられる。この住居に近い事例として相模原市下原遺跡A地区25号住（図 1—11）をあげることができる。ただし，この住居址の場合，炉址をもつことや，有段部分に一部周溝をもつという違いがある。

中期後半・加曽利E式土器様式期に入ると，集落規模はピークを迎え，竪穴住居が多数構築されるようになる。この期の竪穴住居の形態は，円形・隅円方形を基調として，主柱穴をもつ。炉址は奥壁部に造られ，その多くは石囲炉となる。勝坂式期との大きな違いは，住居の出入口に相当する箇所に埋甕が多く設置されることである。しかも，山北町尾崎遺跡23号住（図 1—12）のように，埋甕を中心として，わずかに壁が外側へ突出する小張出部をもつ住居が現われる。また，屋内施

設としては，津久井町大地開戸遺跡J7号住（図 1—13）のように埋甕とは別に奥壁部に石柱・石壇施設が造られる例が現われ，この敷石行為と埋甕を中心とする小張出部が結合して，中期終末期に柄鏡形敷石住居が完成するものと考えられる[14]。

このように南関東を中心に中期終末から後期初頭期にかけて竪穴住居形態は大きな変化を遂げ，出入口施設を発達させた柄鏡形の住居が出現し，以後形状の変化を辿りながら，晩期前半に至るまで，出入口施設は造られ続けるのである。柄鏡形住居は内陸の山間地域では床面に敷石をもつ，いわゆる敷石住居例が多く，一方，海寄りの低位な台地域では敷石が施されないか，あってもごく部分的なありかたを示すという地域性が顕著となる[15]。

敷石をもたない初源段階の柄鏡形住居址の例としては，横浜市洋光台猿田遺跡10号住をあげることができる（図 1—14）。典型的な中期終末期の柄鏡形住居址例である横浜市三の丸遺跡EJ2号住

（図1—15）と比較すると，大きな違いは洋光台猿田遺跡例は主柱穴配置であるのに対し，三の丸遺跡例は主柱穴をもたない壁柱穴を巡らせているという点にある。形態の変化とともに柱穴の配置も壁柱穴へと変化を遂げるのがこの時期の特徴といえよう。一方，山間地域では，柄鏡形の敷石住居が盛んに造られるようになる。山北町尾崎遺跡11号住（図1—16）のように，柱穴や掘り込みが確認されない例も多く，古くは平地式の構造をもつものと考えられていたが，川崎市仲町遺跡（図1—17）のように，明瞭な竪穴構造をもち，壁柱穴を巡らせる例があり，敷石を除けば柄鏡形住居址と差はない。

後期に入ると，基本的には柄鏡形態を維持しつつも，とくに張出部の形状変化が顕著となる。後期前葉・堀之内式土器様式期の事例をみると，前段階からみられる長柄状の張出部を有する例も多いが，例えば，大和市台山遺跡J1号住（図2—18）のように，その形状がヒゲ状（ル字状）を呈したり，あるいはハの字状，凸字状に変化する例が認められ，柄鏡形とはいいがたい事例が登場する。敷石のありかたも前段階と同様に伊勢原市宮ノ前遺跡1号住（図2—19）のように部分的な敷石をもつ例や，秦野市曽屋吹上遺跡6号敷石住（図2—20）のように方形プランで全面に敷石をもつ例がある。とくに曽屋吹上遺跡例は，張出部が主体部との接続部でいったんくびれる凸字形を呈しており，敷石をもつ張出部も形状の変化が認められる。また，縁石に沿って炭化した柱材が残存しており，しかもその柱材が半截されているという特徴をもっている。

後期中葉・加曽利B式土器様式期になると，プランは方形化の傾向を辿る。横浜市華蔵台遺跡3b号住（図2—21）は方形プランを呈し，壁柱穴と主柱穴をもち，石囲炉は出入口部寄りに設置され，しかも出入口施設は張り出さず主体部の内側に対状の溝を有する特徴をもつ。横浜市平台北遺跡の柄鏡形住居址（図2—22）は，隅円方形に近いプランをもつもので，壁柱穴に沿って焼土を伴う焼けた小礫が巡っており，いわゆる「環礫方形配石遺構」[16]と呼んでいる遺構と考えられる。敷石住居は，ほぼ後期中葉段階で終末を迎えるようである。伊勢原市下北原遺跡14号住（図2—23）は隅円方形の竪穴プランに壁柱穴を巡らせ，その内側に方形の敷石が全面に施されたもので，張出部は

あまり明瞭ではないが，ヒゲ状を呈する可能性がある。

後期後葉から晩期前半・安行式土器様式期の竪穴住居址例は，神奈川県内では発見例がきわめて少なく，これまで川崎市下原遺跡や横浜市華蔵台遺跡に知られている程度である。いずれも詳細は報告されていないため不明な点が多いが，図版に概略図を示した華蔵台遺跡J14号住（図2—24）は，この期の竪穴住居例である。方形プランにコの字状の小さい張出部が付設されている。この期の事例として，神奈川県内の事例ではないが，近接する町田市なすな原遺跡154号住（図2—25）をあげてみた。形態的には，華蔵台遺跡J14号住に類似している。

このように南関東地方における縄文時代の竪穴住居は，草創期以来形態的変化を遂げながら不断に構築され続けたが，晩期終末段階に至るとほとんど事例が認められなくなる。それがどのような意味をもつものか解釈が分れるが，縄文時代集落の形成は実質的には晩期前半段階で終焉を迎えたものといえよう。

以上，神奈川県域の事例を中心として南関東地方における竪穴住居址形態の時期別変化のありかたを概観してみた。もとより，ここに示した竪穴住居址の形態的変化は南関東地方の通有な傾向を示しているわけでもなく，まして全国的に普遍化できるものでもない。はじめに触れたように縄文時代の竪穴住居の形態は，地域的・時期的特性が色濃くうかがえるのである。その点不備があるが，縄文時代における竪穴住居の多様な形態変化の一端がとらえられれば幸いである。

なお，図版に用いた竪穴住居址の平面図は，各調査報告書などから引用したが，統一を図るため，一部加除筆のうえ，同一縮尺にして再トレースしたものである。その点ご容赦願いたい。再トレースにあたっては，安田千夏さんの協力を得た。記してあつく感謝したい。

註
1）縄文時代住居址の初発見は，大正13年（1924）6月，柴田常恵・田沢金吾らによって発掘調査が行なわれた，富山県氷見郡氷見町（現・氷見市）朝日貝塚貝層下から発見された住居址とされる。ただし，この住居址は明瞭な竪穴構造としては捉えられなかった。柴田常恵「石器時代住居址概論」『考古学研究録』1，1927；松村　瞭ほか「下総姥山ニ於ケル石器時代遺跡」『東京帝国大学理学部人類学教室研

究報告』5，1932

2）後藤守一「高ヶ坂発見石器時代集落遺址」『東京府史跡名勝天然記念物調査報告書』4，1926；後藤守一「南多摩郡南村高ヶ坂に於ける石器時代集落遺跡」『東京府 史跡名勝 天然記念物 調査報告書』5，1927；柴田常恵「高ヶ坂の石器時代住居址」史跡名勝天然記念物，1―10，1926

3）八幡一郎「日本石器時代の住居型式」人類学雑誌，49―6，1934；関野　克「日本古代住居址の研究」建築雑誌，48―591，1934；後藤守一「上古時代の住居（上）・（中）・（下）」『人類学先史学講座』15・16・17，雄山閣，1940

4）石野博信「考古学から見た古代日本の住居」『日本古代の探求　家』社会思想社，1975；橋本　正「竪穴住居の分類と系譜」考古学研究，23―3，1976；赤山容造「竪穴住居」『縄文文化の研究』8（社会・文化），雄山閣，1982；宮本長二郎「関東地方の縄文時代竪穴住居の変遷」『文化財論叢』同朋舎，1983；菅谷通保「竪穴住居の型式学的研究―縄文時代後・晩期の諸問題―」なわ，23，1985；宮本長二郎「縄文の家と村」『古代史復元』2（縄文人の生活と文化），講談社，1988；櫛原功一「縄文時代の住居形態と集落―甲府盆地を中心として―」『山梨考古学論集』Ⅱ，山梨県考古学協会，1989；都築恵美子「竪穴住居址の系統について―縄文中期後半から後期初頭の住居変遷と時期的動態―」東京考古，8，1990；笹森健一「住まいのかたち―上屋復元の試み―」季刊考古学，32，1990；小薬一夫「『住居型式』論からの視点―縄文時代前期の集団領域解明に向けて―」研究論集，Ⅹ，1991

5）註 3）に同じ

6）坂上克弘・石井　寛「縄文時代後期の長方形柱穴列」調査研究集録，1，1976；石井　寛「縄文集落と掘立柱建物跡」調査研究集録，6，1990

7）註 4）石野，橋本，宮本，笹森論攷に同じ

8）原田昌幸「撚糸文期の竪穴住居址―資料の集成とその解題的研究―」土曜考古，7，1983

9）今村啓爾「縄文早期の竪穴住居址にみられる方形の掘り込みについて」古代，80，1985

10）小林謙一「縄文早期後葉の南関東における居住活動」縄文時代，2，1991

11）村田文夫「関東地方における縄文時代前期の竪穴住居について」考古学雑誌，55―3，1967；笹森健一「縄文時代前期の住居と集落（Ⅰ）・（Ⅱ）・（Ⅲ）」土曜考古，3・4・5，1981・82；註 4）小薬論攷に同じ

12）渋江芳浩・黒尾和久「縄文時代前期末葉の居住形態＜予察＞」貝塚，39，1987；今村啓爾「縄文前期末における人口減少とそれに関連する諸現象」『武

蔵野の考古学』1992

13）今橋浩一「阿玉台文化の一側面―二段床構造住居址の検討―」『古代探叢』Ⅱ，1985；中野修秀「有段式竪穴遺構に関する覚書―関東地方縄文中期における異系統の竪穴住居址―」日本考古学研究所集報，Ⅶ，1985；小薬一夫ほか「住居跡から住居へ―縄文時代の竪穴住居における研究史的素描として―」東国史論，4，1989

14）山本暉久「敷石住居出現のもつ意味」古代文化，29―2・3，1976

15）山本暉久「縄文時代中期終末期の集落」神奈川考古，9，1980

16）鈴木保彦「環礫方形配石遺構の研究」考古学雑誌，62―1，1976；山本暉久「いわゆる『環礫方形配石遺構』の性格をめぐって」神奈川考古，20，1985

図版引用文献

図 1―1：小林謙一ほか『湘南藤沢キャンパス内遺跡』2（縄文時代Ⅰ部），1992；2：鹿島保宏『寺谷戸遺跡発掘調査報告』1988；3：坂上克弘・今井康博「大熊仲町遺跡発掘調査概報」調査研究集録，5，1984；4：長岡史起ほか「宮ヶ瀬遺跡群Ⅱ　ナラサス遺跡」『神奈川県立埋蔵文化財センター 調査報告』21，1991；5・7：相原俊夫ほか『横浜市神奈川区三枚町遺跡発掘調査報告書』1988；6：小宮恒雄ほか「横浜市能見堂遺跡の調査」第8回神奈川県遺跡調査・研究発表会発表要旨，1984；8：白石浩之「細田遺跡」『神奈川県 埋蔵文化財調査報告』23，1981；9・11：三ツ橋　勝ほか『神奈川県相模原市下原遺跡』1992；10：河野一也ほか『神奈川県海老名市杉久保遺跡Ⅰ（勝坂期）』1992；12・16：岡本孝之「尾崎遺跡」『神奈川県埋蔵文化財調査報告』13，1977；13：河野喜映ほか「青野原バイパス遺跡群　大地開戸遺跡」『神奈川県立埋蔵文化財センター年報』11（平成3年度），1992；14：山本暉久「横浜市洋光台猿田遺跡発見の柄鏡形住居址とその出土遺物」縄文時代，4，1993；15：伊藤　郭ほか「三の丸遺跡調査概報」『港北ニュータウン地域内埋蔵文化財調査報告』Ⅵ，1985；17：笠野毅ほか『仲町遺跡』1971；図 2―18：麻生順司ほか「神奈川県大和市台山遺跡発掘調査報告書」1988；19：難波明ほか「伊勢原市三ノ宮・宮ノ前遺跡の調査」第13回神奈川県遺跡調査・研究発表会発表要旨，1989；20：高山　純ほか『曽屋吹上一配石遺構発掘調査報告書＜図録篇＞一』1975；21：坂上克弘・石井　寛「縄文時代後期の長方形柱穴列」調査研究集録，1，1976；22：戸田哲也ほか『横浜市菅田町平台北遺跡群発掘調査報告書』1984；23：鈴木保彦「下北原遺跡」『神奈川県埋蔵文化財調査報告』14，1977；24：佐久間貴士ほか「荏田4遺跡の住居址について」港北のむかし，58，1974；25・26：重久淳一ほか『なすな原遺跡 No.1 地区調査』1984

竪穴住居の面積

東京大学埋蔵文化財調査室
■ 武 藤 康 弘
（むとう・やすひろ）

縄文時代の竪穴住居の面積は小形住居から大形住居まで変異が大きく，民族学的方法も含めて居住形態を解釈することが必要である。

1 竪穴住居の面積の意味するもの

住居の床面積は，建築学的な意味で構造物としての収容人員の量を意味している。その一方で，集落全体での住居相互の関係，居住者の構成のあり方なども反映している。しかし，考古学資料としての竪穴住居は，上屋構造さえも全くわからないただの穴で，それのみでは何も解釈しえない。民族誌資料を含めた住居とその居住形態に関する研究では，アメリカ考古学で興味深い成果が得られている。

住居の面積と居住集団の規模およびその構成に関する研究は50年代から行なわれているが，最初に両者の関係を数値化したのはナロールである。ナロールは，住居の床面積と集落人口が把握可能な18の事例を収集し，両者の関係を統計学的に求め，概略的ながら居住人員の数を居住面積（m²）の1/10と算定した[1]。一方，70年代になると，住居面積と居住規定を関連づけた論文が発表される。エンバーは住居の面積と婚後居住規定との関係を統計学的に求めている。最初は22の事例について検討し，18例の父方居住の床面積の平均を30.3m²，4例の母方居住の床面積の平均を80.6m²と算出した。次いで，15の事例を検討し，父方居住の10例の平均値を 21.6m²，5例の母方居住の平均値を114.8m²と算出し，母方居住の場合の方が大形の住居に住む傾向が高いことを統計学的に求めている[2]。さらに，ディベールはエンバーの方法を踏襲して32例について同様の検討を行ない，父方居住の13例の平均値を 28.2m²，母方居住の19例の平均値を 188.4m²と算出し，エンバーと同様の結論を得ている[3]。エンバーやディベールの研究は，ディーツがアリカラインディアンの竪穴住居が小形化する要因として，居住規定のような社会組織上の変化を推定した事例[4]をもとに，婚後居住形態などの社会組織上の現象を，住居の面積という考古学資料をもとに統計学的に指標化することを目的としたものであった。

このように，住居の面積の研究は居住人員の量から構成の究明へと研究が進展してきたが，80年代になってコンテクスチュアルアーケオロジーが台頭するとともに，住居をめぐる研究も単純な通文化比較や数量化の研究はあまり行なわれなくなり，かわって集団内の階層化などの社会内部の変化などを追求する方向へ研究が移行していった。住居の面積に関する研究は，協同集団と共住集団の問題を取り上げたヘディンの論文[5]で若干言及されているほかは，80年代以降あまり進展していない。

2 民族例にみる竪穴住居と居住の特性

竪穴住居は主に中高緯度地帯の半定住的な狩猟採集民が採用している住居形態で，その分布はユウラシアから北米まで広く拡散している。その中で最も詳細な資料が残されているのが北米である[6]。なかでも内陸サーリッシュや北部カリフォルニアインディアンは，高度に水産資源に適応をとげた定住的な北西海岸インディアンの後背地に位置し，狩猟採集に生業の基盤をおき19世紀まで竪穴住居に居住していたため，多くの歴史写真などの資料が残されている。そこで，内陸サーリッシュのトンプスン[7]と北部カリフォルニアインディアンのモードック[8]の民族誌をもとに，半定住的な狩猟採集民の竪穴住居の様相を以下のようにまとめてみた。

竪穴住居は図1〜2に示したトンプスンの例に典型的な天井に出入り口を設置する構造となっている。竪穴は深く，1〜1.5m 掘り込まれる。上屋構造は4本柱の主柱で，竪穴の外縁部へ放射状に配列された垂木を支える構造をもつものが多い。屋根の形状は円錐形または半球状を呈し，天井部には排煙口兼用の出入り口が設けられる。屋根は樹皮や草のマットなどで葺かれた後，例外なく保温のため土が被せられる。また，昇降用の丸太梯子に接続して土葺きの屋根に階段状の作り出しが設けられることもある。竪穴住居は基本的に

図1 トンプスンの竪穴住居の全景

図2 同竪穴住居の室内（左端は丸太梯子）

図3 トンプスンの仮小屋（右端は高架型の物置）

図4 トンプスンの高床倉庫

図5 内陸サーリッシュの竪穴住居の発掘例[19]

冬の住居で，使用されるのは11月〜3月の厳冬期である。居住者は春から秋の狩猟，漁撈のシーズンに分散していた血縁関係にある複数の家族である。トンプスンでは直径6〜12mの竪穴に15〜30人で居住する。モードックでは竪穴の直径は平均で6.6mで，小さいものでは1家族ないし2家族，大きなものでは6〜8家族が共住する。また，モードックでは竪穴住居だけでなく，3〜5家族が共住するロングハウスのマットハウスも冬の家として併用される。竪穴の内部はトンプソンでは4本の太い垂木によって4区画に分割され，それぞれの家族毎に区画が割り当てられるが，間

仕切りのようなものはとくに設けられない。薪などの貯蔵場所は梯子の裏側があてられる。モードックでは竪穴の屋根と地面との隙間の棚状の部分も日用品の貯蔵場所に利用される。また、モードックは炊事を室内ではなく、屋外に別に作られた炊事小屋で行なう。竪穴住居の建築は主に女性が竪穴の掘削を、男性が木材の確保と上屋の組み立てを分担している。トンプスンでは15〜20人がかりで、しばしば一日で完成させる。モードックは上屋の組み立てまでは短期間で行なうが、屋根葺きを時間かけて丁寧に行なう。竪穴の寿命は短くほぼ1シーズンで建てかえられる。また、居住期間内に死者がでた場合は直ちに解体され、建築材も決して再利用されない。

　紙数の関係もあり多くの事例を提示することはできなかったが、民族例を検討した結果、竪穴住居の面積と居住人員との対応関係はナロールが統計的に求めた数値とは全く適合しない。これは大林太良氏も指摘しているように、統計に用いた民族資料に竪穴住居の居住民が全く含まれていないことに主な要因がある[9]。加えて竪穴住居の居住の特性も竪穴住居の面積と居住人員とが対応しない要因となっている。その特性とは季節的な住居の変異である。沿岸部の定住的な狩猟漁撈採集民を除くと、大部分の竪穴居住民は半定住的で、春から秋にかけての狩猟・採集のシーズンには小集団に分散して図3のような仮小屋に住み、冬期には越冬地に回帰して竪穴住居に集住するという居住形態をとっている。さらに、もう一つの居住の特性として、1軒の竪穴住居に複数の家族が住む傾向があげられる。その構成は、血縁関係にある家族同士が住む場合が一般的であるが、基本的に建設に関わった者すべてに住む権利があり、時によっては全くの他人が同居する場合もある。このような状況は居住規制とはとくに対応しているとはいえない。したがって、竪穴住居は冬期に同一の竪穴住居に集住するため、面積あたりの人口密度が高い点と居住者の構成が居住規制を強く反映したものではない点を考えあわせると、エンバーやデベールが提示したような住居の面積と居住規制の関係も適用するのは困難である。

3　縄文時代の竪穴住居の面積

　縄文時代の竪穴住居の面積は地域差や時期差があるものの、平均的にみて約20m²ほどである。

そして、10m²台の住居がやや小形の、30m²台の住居がやや大形といえる。そして、一般的な超大形住居で100m²以上、超小形の住居で5m²以下である。竪穴住居の面積と居住人員に関する研究では関野克氏[10]と和島誠一氏[11]の先駆的な業績があげられる。関野氏の居住人員の計算方法では先述のナロールの方法よりも竪穴住居の居住の実態に近い数値が算出されている。一方、林謙作氏は住居面積の変動を世帯の膨張・分裂などの構成員の変動と結び付ける見解を表明している。それは、小形住居をめぐる集落の構成に地域差が認識され、最小の住居の面積が3m²以下の場合は新規に住居を構える契機が配偶者の獲得にはなく、5〜7m²の場合は配偶者の獲得にその契機があり、この場合単身者は他の親族と同居する必要があるため、30〜40m²の比較的大きな住居が存在するとしている[12]。筆者は面積が3m²以下の超小形の住居は居住施設とするよりは、民族例にみられる月経小屋のような特殊な用途の施設ではないかと考えている。

　一方、大形住居をめぐる最近の調査例では、長軸8〜15m、面積にして40〜80m²台の大形住居が環状に配列された縄文時代中期の集落が東北、北陸地方で発掘され注目されている。図6に示した新潟県清水上遺跡[13]では、A類住居と分類された長さ10m前後、幅4m前後の住居が28軒環状に配列された集落が調査されている。また、五丁歩（ちょうぶ）遺跡[14]ではC−③類の長さ8m、幅3m、面積が30m²前後の長方形住居6軒を含む、59軒の住居が環状に配列された集落が完掘されている。さらに、山形県西海淵（さいかいぶち）遺跡では、長さ10〜15m、幅4mの長方形大形住居が24軒環状に配列された集落が発掘されている。一方、規則的には配列されないものの、秋田県館下（たてした）Ⅰ遺跡[15]では長さ8〜10m、幅5m前後の楕円形住居のみで集落が構成されている。また、青森県富ノ沢(2)遺跡[16]では、面積6m²前後の小形住居と併存して、長軸8〜15mで面積40〜80m²の規模の住居が21棟発掘されている。これらの住居は図7や図8に示したように従来認識されていた長軸20m、面積100m²以上の超大形住居よりは規模が小さいが、長方形ないしは長楕円形の平面形で、長軸上に2〜4基の複数の炉が設置される点や対向する柱配列などの建築構造は非常に類似しており、北海道南部、東北地方から北陸地方の縄文時代中期中葉の住居

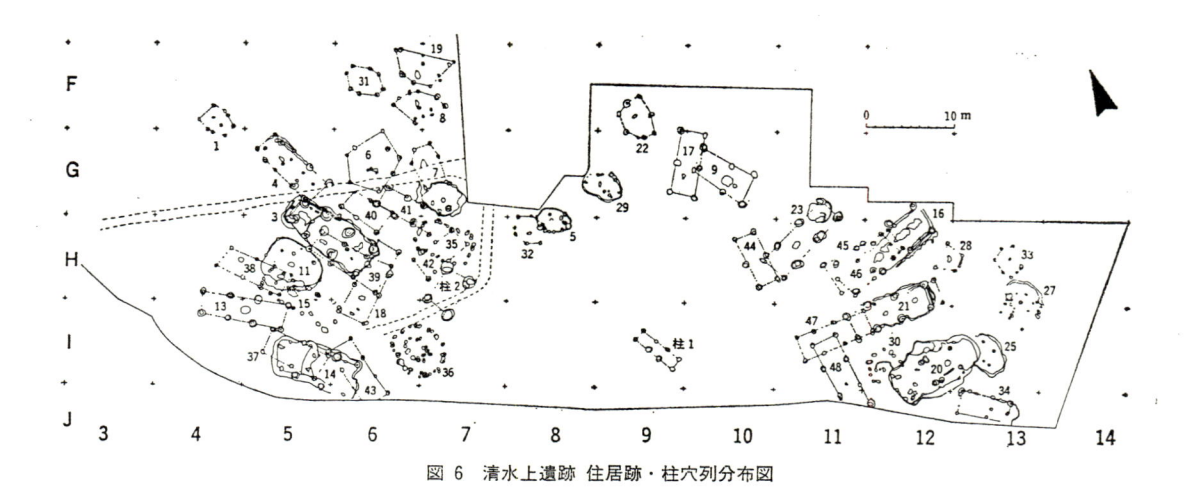

図 6　清水上遺跡　住居跡・柱穴列分布図

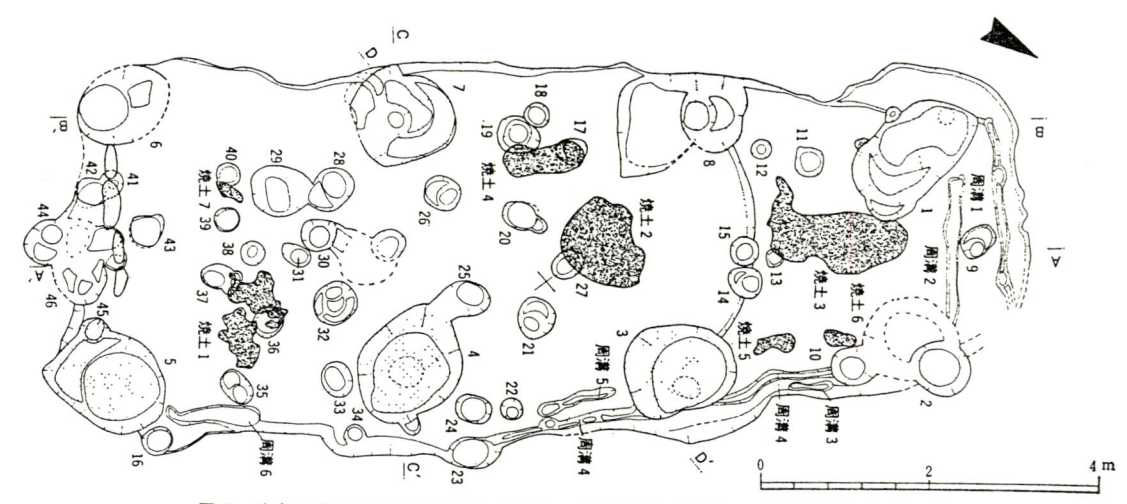

図 7　清水上遺跡　3 号住居（長軸 11.75 m，短軸 3.7～5.058 m，面積 46.6 m²，炉 4 基）

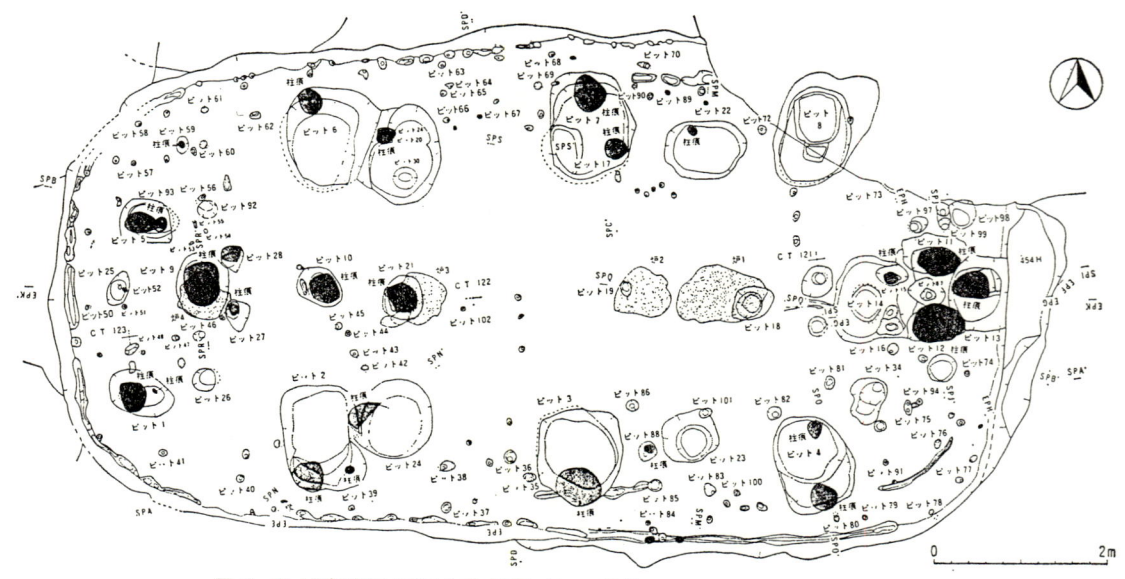

図 8　富ノ沢(2)遺跡　216号住居（長軸 11 m，短軸 6.2 m，面積 57.76 m²，炉 4 基）

の一型式として認識される。

先に筆者は長軸上に多数の炉が設置される長方形超大形住居の機能を複数の家族が共住する複合居住家屋（多家族家屋）であると推定した。さらに，前章の民族誌にみられる竪穴住居の居住の特性の検討から，縄文時代の一般的な竪穴住居でも複数家族が共住している可能性が高いことが指摘される。これらを考えあわせると，前述の長方形大形住居は一般の竪穴住居と相同の関係にあり，複合居住家屋としての変異形態と把握することも可能である。そして，複合居住の特性は，住居の短軸長が 4〜5m でほぼ一定にも関わらず，長軸長が 8〜15m の間で分散し規格性に乏しいことにも表われており，共住する家族数などに応じて適宜に大きさが決定されたことを意味していると考えられる。同様に，長軸 20m，面積 100m² を越える超大形住居も住居構造は，それ以下の規模の大形住居と相似の関係にあり，長方形大形住居の複合居住という特性が極度に発達して形成されたものと考えられる。

一方，長方形大形住居を複合居住家屋（多家族家屋）とした場合，富ノ沢(2)遺跡や青森県近野遺跡のように大形住居と一般的な竪穴住居とが併存する場合はどのように解釈されるのであろうか。反復的に形成された集落の同時期の構成を正確に把握することは現状では難しいが，住居型式に関する社会的規制といったものは強くはたらかず，居住施設として複数の型式の住居が選択的に利用されていたのでないかと推定される。したがって，長方形大形住居のみで構成される集落は，その型式の住居だけが択一的に利用された結果と解釈される。また，分布の上で長方形大形住居が縄文時代前期から中期中葉の東北地方に集中することは，環境が決定因とは言えないものの冬期の積雪との関連が窺える。

4　まとめ—方法論的展望—

住居の住まい方や居住者の構成といった領域は，考古学資料のみで解釈することは困難である。そこで，現前の考古学資料から一歩離れて民族学などの関連分野の方法をもとに解釈の理論を構築していくことも必要である。筆者の依拠する方法は次の 3 点に収斂する。

1 は社会生態学的視点である。縄文文化は巨視的には環北太平洋沿岸の海洋適応[17]の一形態とし

て捉えられる。2 はシステム論的視点である。縄文文化は 1 万年の長期間にわたり地域的な適応形態が反復的に出現していると解釈される。これは従来の単純な進化論的視点では把握することができない。3 は直接歴史的接近法[18]である。これは考古学資料と民族学資料の両方を連結させる資料を用い，両者の解釈上の乖離を防ぐものである。

註
1) Naroll, Raoul　Floor area and settlement population. *American Antiquity* 27, 1962
2) Ember, Melvin　An archaeological indicator of matrilocal versus patrilocal residence. *American Antiquity* 38—2, 1973
3) Divale, William　Living floor area and marital residence : a replication. *Behavior Science Research* 12—2, 1977
4) Deetz, Jame　*The dynamics of stylistic change in Arikara ceramics*. The University of Illinois Press, 1965
5) Hayden, Brian, and Cannon, Aubrey　The corporate group as an archaeological unit. *Journal of Anthropological Archaeology* 1—2, 1982
6) 渡辺　仁「竪穴住居の体系的分類　食料採集民の住居生態学的研究（Ⅰ）」北方文化研究，14，1981
7) Teit, James　The Thompson Indians of British Columbia. *Memoir of the American Museum of Natural History* Ⅰ—Ⅳ, 1900
8) Ray, Verne　*Primitive Pragmatists The Mordoc Indians of northern California*. Univ. of Washington Press, 1963
9) 大林太良「縄文時代の社会組織」季刊人類学，2—2，1971
10) 関野　克「埼玉県福岡村縄文前期住居址と竪穴住居の系統について」人類学雑誌，53—8，1938
11) 和島誠一「原始聚落の構成」『日本歴史学講座』学生書房，1949
12) 林　謙作「住居面積から判ること」信濃，33—4，1981
13) 新潟県教育委員会『清水上遺跡』1990
14) 新潟県教育委員会『五丁歩遺跡　十二木遺跡』1992
15) 秋田県教育委員会『館下Ⅰ遺跡発掘調査報告書』1979
16) 青森県教育委員会『富ノ沢(2)遺跡Ⅴ』1992
17) 渡辺　仁「北太平洋沿岸文化圏—狩猟採集民からの視点Ⅰ—」国立民族学博物館研究報告，13—2，1988
18) Trigger, Bruce　*A history of archaeological thought*. Cambridge Univ. Press, 1989
19) Blake, Michael　The Ollie site : Preliminary report. *Archaeological Survey of Canada* 26. National Museum of Canada, 1974

竪穴住居の間取り

調布市郷土博物館
■ 金井安子
（かない・やすこ）

縄文の竪穴住居内の空間は出入口と炉を結ぶ主軸によって左右に分割され，炉によって炉辺部と周辺部，同時に前と奥に分割される

1 住居の基本的機能と間取り

　住居の基本的な機能には睡眠，休息，育児・教育，炊事，食事，家財管理，接客，隔離などがある[1]。縄文時代の竪穴住居は基本的には一棟一間取りであった可能性が高いので，一軒の住居でこのような諸機能を備えていたか，あるいは複数の住居が機能的に使い分けられていたのであろう。したがって，住居の間取りについて考えることは，住居内空間がどのように使用されていたか，住まい方の問題であり，このような視点から間取りについて考えてみたい。

　竪穴住居の間取りについて考える場合には，二つのアプローチの方法がある。一つは遺構としての住居跡そのものを分析する方法で，平面プランや柱穴・炉・周溝・貯蔵穴などの配置から，住居内空間がどのように分割されていたかを推定する。もう一つは住居内の出土遺物のあり方から，空間がどのように使用されていたかを推定する方法で，遺物がその住居に伴うものかどうか，またそれが廃棄されたものか，遺棄されたものかなどを検討した上で，住居内のどこでどのような活動が行なわれていたかを推定する。ただし，住居が家財管理の空間として機能する場合，生活に必要なものは住居内にあること，そしてそれがよりよく機能するためには，ものが置かれる空間と使用される空間が一致していることが前提条件である[2]。

2 竪穴住居の間取りに関する研究

　遺物の出土状況から住居内空間がどのように使用されていたかを考える場合，もっとも適切な資料を提供するのは焼失住居で，しかも不慮の火災により住居内の家財を外へ持ち出す暇もなく，焼け落ちた住居であろう。長野県藤内遺跡 9 号住居址の例では出入口，作業場，家族団欒の場，寝間という間取りが復元されている。

　中部・関東地方の中期の住居では，出入口とそれに接して作業の場，炉辺，炉の左右に居間が普遍的な間取りとして想定できる。居間は出入口に近く，簡単な仕事や道具などの置場となる昼間の居間と，奥寄りの寝間に分けられている。長野県与助尾根遺跡では，右居間に男性祭祀と関連する石棒が，左居間に女性祭祀と関連する土偶や埋甕が，奥居間に祖霊を祀る石柱があることから，「右居間に男，左居間に女，奥居間に時に家長の座」という性的分割の原理が想定されている[3]。

　北方ユーラシア・中央アジアにおける狩猟民・遊牧民の住居と縄文時代の住居の比較からも，「土偶や埋甕のある家屋の前半が女性の空間であり，石柱や石棒のある後半が男性の空間」という分割原理が想定されている。住居空間を性別によって分割する習俗は，北アジアや中央アジアの諸民族に広くみられ，これらの諸民族は父系外婚制をとっていて，このような分割原理は婚入してきた女は他所者で異分子とみなされる社会組織に関係するものと解釈されている[4]。

　アムール川流域のニヴヒや中国のオロチョンの住居も，縄文時代の住居と同じような間取りをとっていて，出入口に近い作業空間は炊事や食料・生活資材の貯蔵など，女に関係が深いことから，入口に近いところが女と子どもの，奥側が男と客人の空間（寝間）であり，縄文時代の住居も同様の間取りだったのではないかという見解が示されている[5]。

　一般に中期後半の住居では炉が中央部よりも壁に片寄って設置されることが多く，平面プランや主軸の方向，炉・柱穴・埋甕などの配置から，入口寄りの生活空間と奥壁寄りの非生活空間という構造が想定されている[6]。

　竪穴住居の主軸は住居の平面をほぼ相似形に二分する位置にあり，炉が主軸上に設置され，平面構造は「出入口から住居の通路・中央部（火所を含むばあいが多い）までを〈共用平面〉とし，それを〈個別平面〉が馬蹄形に囲むと理解」されている[7]。

北海道のハマナス野遺跡では住居内の出土遺物に性別機能を想定し，その分布を検討することによって，性的分割の原理が想定されている[8]。

中部地方を中心とした地域の中期の住居址では，主軸によって住居空間を左右に分割する「主軸分割」，柱穴を結ぶ円によって分割する「同心円分割」，横軸によって前部と奥部に分割する「横軸分割」の三つの構造が考えられ，右空間に完形石皿の出土が多いことから，石皿を女性の道具と考えた場合，右空間＝女性，左空間＝男性という性的分割の原理が想定されている。また，炉を私的性格の強い空間のシンボルと考え，炉を含む私的空間と含まない公的空間に分けたとき，炉を含む内部空間や奥部空間は「家族」的空間であり，このような社会に対して閉ざされた空間に関与するのは女性と考えられることから，石皿以外の遺物の出土状態もあわせて，右空間―内部空間―奥部空間↔左空間―周辺部空間―前部空間という二系列の構造が想定されている[9]。

栃木県原町西貝塚では住居内を炉空間と非炉空間に分け，さらに炉・主柱・出入口・住居の平面プランや床面出土の遺物のあり方から，入口から炉に向かって右側に女性空間，左側に男性空間が想定されている。さらに炉の奥には祭祀的空間，

入口寄りに作業空間，炉と接する位置に炊事空間，狭隘な四隅は物置場，特殊な土壙のある空間は屋内祭祀をつかさどる人物が占有するという間取りが復元されている[10]。

以上，みてきたところでは，住居跡の平面構造の分析から，出入口と炉を結ぶ住居の主軸によって住居内の空間を左右に分割し，炉を起点に前と奥あるいは炉辺部（炉空間）と周辺部（非炉空間）という構造が導き出されている。溝や段差によって住居内を区画する間仕切り施設の例からみても，炉辺部と周辺部という構造があったことは確認できる[11]。このように分割された空間に対して，おおむね住居内と外部を結ぶ出入口，外光のさしこむ出入口寄りに作業場，調理・暖房・照明・食事の場である炉辺，炉の左右に居間または寝間，奥寄りに儀礼の場という間取りが想定できる。さらに住居内の出土遺物のあり方とその性別機能から，性的分割という原理を想定して，縄文時代の社会構造にまで考察をすすめようとするのが，住居の間取りに関する研究の現段階での到達点といえよう。

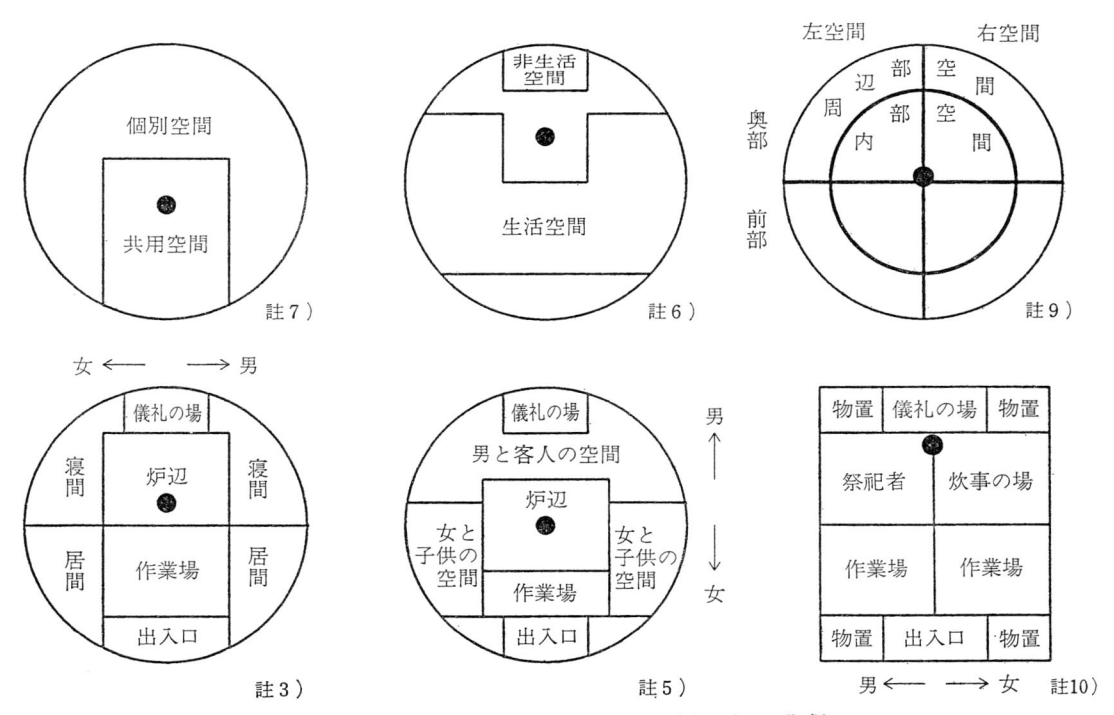

図1 住居空間の分割と間取りモデル（各文献をもとに作成）

3 炉を中心にみた住居の住まい方

(1) 炉の実用的機能

一般に遺構として検出される竪穴住居跡は，柱穴・炉・周溝・貯蔵穴などの存在によって住まいとして認識される。これらの施設の中でもとくに重視すべきは炉であろう。検出した遺構が竪穴住居であるかどうかの認定にも，炉の有無は重要な条件の一つとなっている。炉の機能は照明，暖房，調理，除湿，種火保存などが考えられる。初期の竪穴住居に炉が必置されなかったことを考えると，住居は本来「寝ぐら」，「シェルター」としての機能が第一であり，炉は必ずしも設置される必要のない施設であったといえよう。この段階では生活の舞台は竪穴住居周辺の屋外にあり，住居は睡眠や休息の場であったと考えられる。住居内へ炉を持ちこんだことは炉を囲む生活の始まりを意味する。シェルターとしての住居の基本的な原理は，個体ではなく家族を収容する場であることが指摘されている[12]ことを考え合わせると，住まうことの生活様式が単なる「寝ぐら」以上のものへ変化していったと推測できるのではないだろうか。

屋内炉の主な機能は，炉の周辺に土器や石器がとくに多いということもないので，「住居構成員の食料炊さんの場ではなく，土間の中央，あるいは片すみにあって，"暖"や"明"をとるのが本来の姿であろう。主たる厨房の場は，屋外炉と推定」する見解も示されている[13]。同様に，煮炊き料理は本来屋外で行なわれていたと推定して，「炉即ち炊事用という図式は，考古学上の裏付けのないままに，いかにも現代的思考をあてはめていた」という問題提起がなされている[14]。これに対する批判もあるが[15]，食料が乏しくなり，貯蔵しておいた食料に頼らざるを得ない冬季をのぞけば，自然そのものが天然の食料貯蔵庫であり，その恵みを存分に享受でき，その日，もしくは数日間食べる分だけを採ってくるという食生活では，土器を使用した日常的な煮炊きが，住居内の炉ではたしてどの程度行なわれたのであろうか。やはり再考の余地があるのではないかと考える[16]。

復元した竪穴住居に実際に寝泊まりした経験からは，床面に敷物を敷いても，地中からにじみ出る湿気が相当高いことが報告され，また実際に寝てみると，中が意外に狭く，炉の火も暖房という

点ではそれほどの効果を得られないことから，中二階が利用されたのではないかと想定し，梁の上に根太を渡して床を作ったところ，大人でも4〜5人は楽に寝られ，また炉のおき火のおかげで暖気が伝わり，かなりの厳寒期でも安眠できることが確認されている[17]。夜間の睡眠や雨天の日，寒さの厳しい冬季などには竪穴住居内で過ごす時間が多くなると考えられるので，住居内の空間は当然このような場合の使い勝手や快適性が求められたであろう。縄文時代の住居はシェルターとしての機能が第一と考え，他の機能については住居内にとどまらず，住居外の空間の使用も含めて，間取りを復元する必要があるのではないだろうか。

(2) 炉の象徴的機能

炉辺は「居住者の集まる場所であるだけに行事や伝承の継承，家に関したいろいろな事の相談や決定の場」ともなったと考えられている[18]。ここに実用的機能に加え，炉を囲むことにおいて，炉が果たす徴的機能が想定できないだろうか。

南信地方の中期後半の住居跡は非常に整然としていて，強い規制力のもとにつくられたと考えられている。炉は巨大化して，その位置は住居の中心部よりも奥寄りで，炉縁石の配置にも住居空間の前と奥という区別が明確に意識されている。また，「この種の炉がかくも大きく，かくも豪勢に火が焚かれたことについては，この炉がもはや単なる暖炉炊餐家族団欒のための火使用の場を超えた存在になってしまった」として炉の火に対する観念の複雑化が推察されている[19]。住居内の炉は弥生時代や古墳時代の住居の炉から類推すれば，さほどの施設でなくとも基本的な用は事足りたと考えられるので，炉自体に実用的な機能を超えて，象徴的な機能も想定できるのではないだろうか。通常の炉とは別に小形の石囲炉が副炉として設けられたり，同時に使用されていたと考えられる複数の炉を持つ住居の存在も日常的な火と非日常的な火の分化をうかがわせる。

複数の炉は大形住居にみられるが，前期の黒浜式期から諸磯式期の住居にも複数炉が存在する。埼玉県鷺森遺跡では単数炉で構成される住居に単世代，複数炉で構成される住居に複数の世代の居住が想定されている。住居内の炉空間と非炉空間という対立には，入口に対して開かれた空間と閉じられた空間という分割原理が考えられている。また，住居の建替や新築に際しても，炉に象徴さ

れる空間分割にほとんど変更がないことに注目して、炉に象徴される空間が次世代に引き継がれたと考え、加えて性の対立というもう一つの分割原理から、「世代を異にする複数の婚姻世代が居住する、いわゆる直系家族的形態に近いもので、男性を外から迎える妻方居住を想定することができよう。」と考察され、当時の社会構造まで復元しようとこころみている[20]。

4 おわりに

縄文時代の竪穴住居内の空間は柱穴・炉・周溝などの施設の配置の検討から、出入口と炉を結ぶ主軸によって左右に分割され、炉によって炉辺部（炉空間）と周辺部（非炉空間）、同時に前と奥に分割されるという構造をとるのが基本的なあり方と考えられる。溝や段差などの間仕切り施設によって、住居内を目に見える形で仕切る例も存在するが、多くの住居では間仕切りだけを目的とした施設は設けられず、目には見えない間取りが意識されていたのであろう。それは住居の住まい方にかかわるものであり、住居外の空間も含めて縄文人の活動がどこで、どのように行なわれていたかを復元する中で検討していく必要があるだろう。また、型式が異なる住居が同時に存在する場合には、機能的に使い分けられていた可能性も考えられる。夏の家と冬の家とが季節によって使い分けられていたとみる考え方もあり、この場合、後者の方が屋内で過ごす時間が長く、住まい方が異なる可能性も考えられる。また、時代や地域によって住居内の空間の分割や間取りに差異がみられるかどうかも、今後検討する必要があるだろう。分割された竪穴住居の空間に対して、出入口・作業場・居間・寝間などの間取りを想定することは可能だが、どのような作業が行なわれていたのか、炉辺で調理と食事が日常的に行なわれていたのか、住居内での具体的な活動については、現代的思考をそのままあてはめるだけではなく、多角的に考慮する必要があるのではないだろうか。

伝統的住居は社会構造とも深い関係を持っていて、リネージ・相続・結婚後の居住規定・年齢集団など社会構造の基礎となる制度と住居を切り離して考えることはできないという[21]。縄文時代の住居の間取りについても、このような方向を指向

することによって、研究がさらに止揚されることを今後の展望としたい。

註
1) 石毛直道『住居空間の人類学』鹿島出版会、1971
2) 石毛直道 註 1) 前掲
3) 水野正好「縄文時代集落復元への基礎的操作」古代文化、21—3・4、1969
4) 大林太良「縄文時代の社会組織」季刊人類学、2—2、1971
5) 佐々木高明『日本史誕生』集英社、1991
6) 加藤 緑「中期縄文人のすまい」Circum-Pacific、1、1975
7) 橋本 正「竪穴住居の分類と系譜」考古学研究、23—2、1976
8) 小笠原忠久「ハマナス野遺跡」『縄文文化の研究』8、雄山閣、1982
9) 田中 信「住居空間分割に関する一試論」土曜考古、10、1985
10) 小杉 康「住居址に関する問題」『原町西貝塚発掘調査報告書』古河市史編さん委員会、1985
11) 大塚昌彦「間仕切り遺構について」『行幸田山遺跡 本文編II』渋川市教育委員会、1987
12) 石毛直道 註 1) 前掲
13) 石野博信『日本原始・古代住居の研究』吉川弘文館、1990
14) 小林達雄「縄文時代の居住空間」國學院大學大学院紀要文学研究科、19、1988
15) 桐生直彦「住居床面に遺棄された土器の認識について」東国史論、6、1991
16) 縄文時代の遺跡からは自然礫が多く出土し、その過半数、あるいは9割以上を焼礫が占めることから屋外炉を使用して、ボイリングストーンによる煮炊きや石蒸料理が行なわれていた可能性が指摘されている（宮本長二郎「古代の住居と集落」『講座・日本技術の社会史第七巻 建築』日本評論社、1983）。
17) 楠本政助「竪穴住居の復元」『考古学叢考』下巻、吉川弘文館、1988
18) 水野正好 註 3) 前掲
19) 桐原 健「縄文中期にみられる屋内祭祀の一姿相」古代文化、21—3・4、1969
20) 笹森健一「住居跡について」『鷲森遺跡の調査』埼玉県上福岡市教育委員会、1987
21) 石毛直道ほか「シンポジウム 住居—民族学にみる物質文化の諸問題—」民族学研究、34—2、1969

間取りについては、複数の住居が機能的に使い分けられていた場合や住居内が明確に仕切られている敷石住居にも触れなければならないが、今回は一般的な竪穴住居に限って言及したことを追記しておきたい。

集　落　論

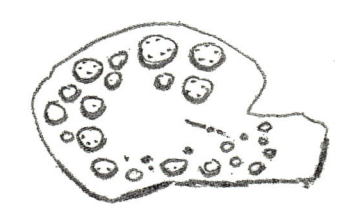

環状集落の構造や集落の大きさの問題，さ
らに食料貯蔵の問題を巨視的にとらえ，ま
た集落の変遷を各々地域別に追ってみよう

**環状集落の構造と類型／集落の大きさと居住形態／縄
文集落の変遷―北海道・東北・関東・九州／食料貯蔵**

環状集落の構造と類型─────■ 丹羽佑一

香川大学教授
丹羽佑一
（にわ・ゆういち）

縄文社会の象徴としての意味をもつ環状集落には２大群構成，小群の
対構成，第三群構成という３種の構成が知られ，これがすべてである

先に地域性を探る目的で，縄文中・後期の関東
地方を中心とした集落に，諸施設の形式，空間構
成，集落形態の３項目から集落型式を設定した[1]。
大別７型式の内，住居配置に限定すれば，A，
B，C，G型式は総体として環状，D型式は並列
状，F型式は不定形状を呈する。不定形状は他の
形状の変形と推察されるものもあり，明確な形態
は，環状と並列状の２つに集約できる。環状集落
は，この環状住居群を骨格として，加えて最も整
美な形態を有することから，縄文集落の代表であ
り，縄文文化の特徴とされる。本稿では環状集落
の類型化は先稿に委ねて，さらに進んでその構造
を追求する。

1　縄文集落分析の基本的考え方

縄文集落は月の満ち欠けのように，生成から廃
絶に至る間変貌を繰り返す。いずれの容貌を真の
姿とすべきか。あるいはそれぞれを真の姿とする
べきなのか。月はその運動によって本質を伝え
る。縄文集落もまた運動の中にその真の姿を求め
るべきである。

縄文集落にはいくつかの容貌が知られる。住居
の分布がその骨格となっている。住居の分布は住
地規制と密接な関係をもつが，完全に従っている

とは限らない。それは規制は法に基づき，法と現
実の乖離は珍しいことではないからである。法は
社会を語るが，そのすべては語らない。現実も同
様である。社会（集落）の本質は，法と現実との
関係にこそ求めることができるのである。

住居の分布は出土土器の型式を基準として，住
居の重複，間隔などの情報を考え合わせて同期の
住居を抽出することによって明らかにされる。同
期を同時に高めるためにも，土器型式の細分が必
要であるが，これは型式の同定の困難さも招き，
同一集落の住居群に数種の編年案が考察される場
合もある。また，住居址出土の土器そのものに関
しても，それが住居の建築，使用，廃絶，再築の
過程のいずれに関連するか検討された上で編年に
用いられる。要するに編年の精度を高めるために
住居址から多量の情報が必要とされ，今後その傾
向がさらに進むことになるであろう。これは考古
学の進歩につながる。しかし，その方法を厳密に
すればするほど各住居址間の情報量の差が増大
し，精度の高い編年においては時期保留の住居が
増える恐れも想定される。この面を強調すれば，
この傾向は集落論の停滞をもたらす。いかに対処
すべきか。基本的，それ故普遍的方法を用いるこ
とにしよう。セット関係である。土器と石器の型

式の同時性は地層や住居の床面におけるセット関係の経験によって確認される。住居址のセット関係とは。それは，時期の確定した住居を要として一定の傾向をもつ住居分布によって想定され，経験を重ねることによって確認されるのである。

2 環状集落の構造分析

（1）子和清水貝塚[2]（千葉県松戸市—図1～3）

中期の阿玉台式から加曽利E1，E2式期にわたる竪穴住居群が知られる。住居群の内側には土壙が同心円状に分布するが，中心部は分布も粗のうえ，形態も長方形に近い異型式のものが直径上に並ぶ。

阿玉台式期では北，東，西に住居群が認められるが，小規模な北群をあいだに約97.4mの間隔をとって東，西群が相対する。東，西群はその分布形態から南北に二分される可能性もある。加曽利E1式期になると，住居群は長径101m，短径43mの同心円状に内外二重に分布する。外側のものは，阿玉台式期の分布空間を踏襲している。この時期の環状集落では，住居空間が外から内へ移動するのが通例である点からすると，外側の住居が古くて，内側の住居が新しいことになる。しかし，次の加曽利E2式期においても長径94m，短径43mの内外二重の分布が知られるところから，本集落では住居の同心円状の配置が認められるのである。

このように，本住居址群の分布形態は，阿玉台式期と加曽利E1・2式期の間で異なるが，その変遷から，住居空間がA—Nの14区に分割され，各々に構築空間を占有する住居小群a—n群の存在したことが知られる。いまa—n群の分布関係を検討すると，加曽利E1式期ではaとj，bとi，cとh，eとg，kとl，mとn群が南北に相対しており，E2式期ではkとl，mとn群の関係が崩れていることがわかる。そして，この両期ではそれらが南，北に各々集合して，2大群を構成し，総体としては東西に扁平な環状住居群が形成されたことが知られるのである。この南北2大群の構成は，広場中央の直径軸に沿う二列の土壙とaとjの住居構築空間の形態から想定される広場の2分割軸によって具体的に認知される。ただ，この2分割軸は西部においては住居群を分割するが，東部ではf群の分布によって妨げられる。f群が終始相対する群をもたない特異な群であるこ

とや，その位置が2大群の結節点であることを考え合わせると，f群にはむしろ統合の象徴としての役割を求めることができるのである。それでは遡る阿玉台式期の住居群の構成はどうか。加曽利E期との間に不連続性を想定すると，北群が加曽利E期のf群に，東西群が南北2大群に対応し，小群の相対関係は東西群に属する小群間に求めることができる。住居群は総体として，並列状配置をとることになる。連続性を想定すると，加曽利E1式期の環状配置の前身で，未完成な状態を示すものとして位置づけられる。

以上，本住居址群の配置から2大群構成，小群の対構成，統合の象徴としての小群構成と，構成要素としての大群，小群を分析することができた。統合の象徴としての小群を特別の群として第三群の名称によって区別する。

なお，住居群は3土器型式期に編年区分されているが，各期に頻繁な建て替え（切合現象が最も明確な例となる）が認められるところから，より実態に即した住居群の構成を把握するためには，建設期，対となる断絶期（切合関係にある住居間に離村期間を想定する——1回切合いが認められる場合2回の建設期と1回の離村期の計3期に集落編年が細分される）を単位とした編年の細分が必要である。本遺跡の建て替え現象の詳細は知り得ないけれども，切合い例を取り上げると，阿玉台式期には，a，k，m，n小群で2基の切合い，l群で3基の切合いが各々1件知られる。したがって，上記a—nの小群では少なくとも2期，l群では3期の建設期が想定されるから，a，k群では3基～1基，m群では極めて接近した2基に建て替え行為を認めると，4基～2基，n群では4基～1基，l群では1基を各期間に数えることができる。切合関係はないけれども，以上に連動してd群では3基～1基，m′，n′群では2基～1基となる。同様の方法で加曽利E1式期を検討すると，各小群に2基～5基の切合い関係が知られ，2，3基の場合が多い。これより群によっては1期に6基を想定し得るものもあるが，2基の頻度が最も高くなる。加曽利E2式期でも1期4基を最高に，2基，1基の頻度が高い。ところが，1基の場合はその前後の期間で最多4基，最少2基を数えることになり，群を形成する住居数の変動幅が大きくなりすぎるため，多くの小群においてその想定は不適当である。加えて各小群の住居址

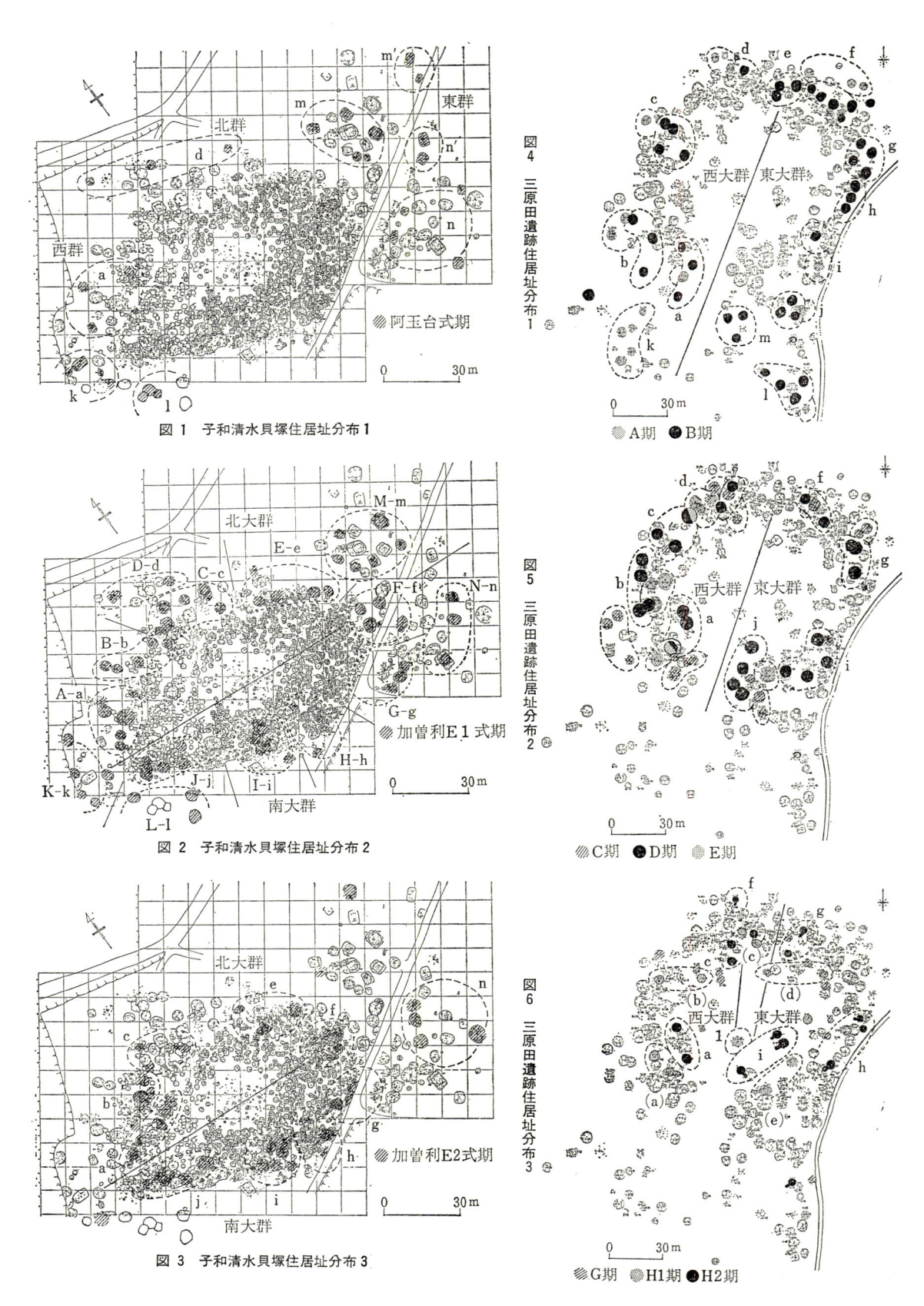

図1　子和清水貝塚住居址分布1

図2　子和清水貝塚住居址分布2

図3　子和清水貝塚住居址分布3

図4　三原田遺跡住居址分布1

図5　三原田遺跡住居址分布2

図6　三原田遺跡住居址分布3

34

分布に 2 基のまとまりが顕著であることを考え合わせると，小群は 2 基から形成されることが一般的であったと思われる。

（2）　三原田遺跡3)（群馬県勢多郡―図4～6）

前期黒浜式期から後期堀之内式期の竪穴住居址 341 基，ピット約 4,000 基，配石遺構 1 基などが検出されている。ここでは台地東北部の高みに検出された中期の環状住居群を分析する。

住居はAからH 2 期の 9 期に編年区分されているが，A期には勝坂，阿玉台，加曽利E 1 式期，B期には加曽利E 1 式からE 2 式期にわたるものがまとめられている。C期には加曽利E 2 式期のものがあげられ，次期からは加曽利E 3 式期に属するものが，D期からH 1 期まで 5 期に細分されている。最後のH 2 期には加曽利E 4 式期のものがあげられている。各土器型式の期間には同一の年数が割り当てられていること，1 住居址存続年数はそれに比較すると短いものになることから，住居群の変遷を跡づける資料としては，加曽利E 3 式期のものが適している。そこで，E 3 式期をまず分析し，次いで前後の期間を検討する。

住居群は，長径 129m，短径 59m の広場を環状に巡るが，南半の住居群が廃絶されるG期を境に住居の分布は変化する。D―F期では，その変遷から住居群は大きく東西に分かれることが知られる。これは，子和清水貝塚の 2 大群構成に対応する。また，a～j の小群が抽出されるが，東西に 2 大群が相対すること，a，j 群に配分された住居空間の配置から，D期では a―j，b―i，c―g，d―f 群の各組合せに小群の対構成が想定される。E期は東大群の集団が離村した形。F期には 2 大群が揃うが，西大群が不完全な形になっている。

G期には南半の住居群が廃絶される。恐らく南半の集団が一斉に離村した結果であろう。重要な点は，その離村が小群の対構成を単位として行なわれた点である。E期では大群を単位として行なわれた。つづくH 1 期では南半群が再び入村して，短径が 39m に縮小した環状住居群が形成される。大きな変化の生じたことが知られるが，(a) と(e)群，(b)と(d)群間に対構成が認められ，(c)群は単独で第三群に比定されるなど，構成上は従前のものを継承する。なお，住居址 1 は環状の配置からはずれ，広場内に建設される。これは子和清水貝塚では知られなかったものであるが，その位置

から住居址 1 は南半群のまとまりを示すものではないだろうか。H 2 期になると北半群は小さくまとまり環状配置は崩れ，並列状配置に近くなるが，小群の対構成は維持される。南半でも基本的な構成は変わることはないが，住居址 1 が第三群(i)に拡大される。

C期（加曽利E 2 式期）では，E 3 式期と同じ構成が認められる。ただ，土器 1 型式の期間としては住居数が少ないが，重複が少ないから，建築回数が少なかったものと考える。

B期にもE 3 式期と同じ構成が想定されるが，住居の建築が盛んであるから，数次の集落建設期を想定して，住居群を細分する必要がある。

A期（勝坂・阿玉台式期，加曽利E 1 式期）には環状配置ではなく，小群間の並列的対称配置が想定される（a―j，b―i，c―g，d―f，k―l 群）。当期もC期同様住居建設は低調であるが，f，k 群の住居間隔から，少なくとも 2 回は想定する必要がある。なお，A・B期は他期に比較して住居建設空間が広い。

以上，本遺跡においても住居群の 2 大群構成と小群の対構成が認められる。第三群はB, F 期の e 群，H 1 期の(c)群，H 2 期の(i)群に求め得るが，明瞭ではない。統合という意味を担う第三群が不明確なことに対応するのか，本遺跡では 2 大群が各大群を単位に離合集散する傾向が強い。また，A期では住居群は環状に分布せず，並列する。D期に最も整った環状住居群が形成されるが，C期をその中間に位置づけることができる。いずれも群構成の基本は同じであるから，本遺跡においては，その差異は小群分布密度（凝集度）に関係するようである。

なお，小群を形成する住居数であるが，土器 1 型式期，さらに細分された住居間に重複（切合い）が認められるから，小群における重複回数から建設期数を算出すると，2 期に細分される場合が多いうえに，多数の小群で 1～3 基か，2～2 基の 2 通りの住居数の推移が想定される。子和清水貝塚と同様の現象，想定が提示されることになるが，同じ理由から小群は 2 基から形成されることが一般的であったと考える。このような作業を通じて，勝坂・阿玉台，加曽利E 1，E 2，E 4 式期の住居群存続期間がE 3 式期の細分期に対応すること，したがってE 3 式期以外の時期には住居建設が低調であったことが確認されるのである。

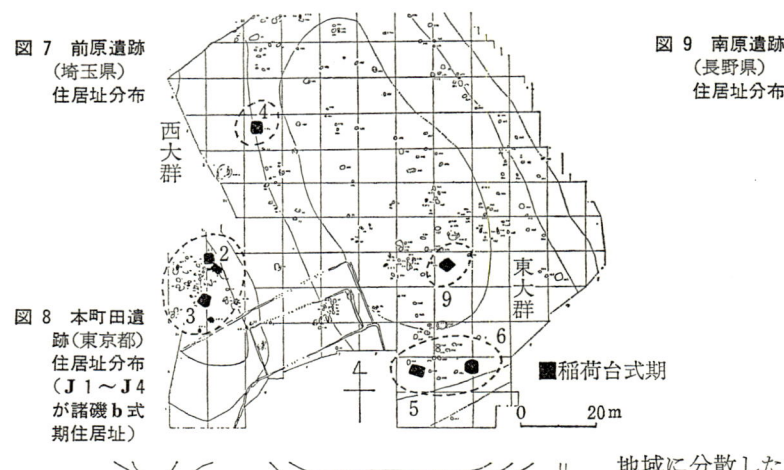

図7 前原遺跡
（埼玉県）
住居址分布

西大群

図8 本町田遺
跡（東京都）
住居址分布
（J1～J4
が諸磯b式
期住居址）

東大群

■稲荷台式期

0　10m

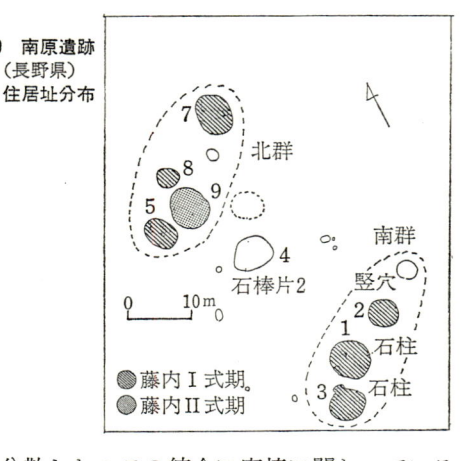

図9 南原遺跡
（長野県）
住居址分布

北群

石棒片2

南群

竪穴

石柱

石柱

0　10m

⬤ 藤内Ⅰ式期
◯ 藤内Ⅱ式期

3　環状集落の構造と縄文社会

　環状集落の住居配置の分析から構造を構築する3種の構成を抽出した。2大群構成，小群の対構成，第三群構成である。これらは環状集落という集団の集合形態から抽出されたものであるから，集団の関係に置換できるとともに，集団の統合原理に密接に関わる。ほぼ満足できる情報をもつ各地，各時代の他の環状集落も同様である[4]。しかも他の明確な形態として認知される並列状住居配置でも同種の構成が抽出されるのである[5]。三原田遺跡A，H2期，図7～図9の諸遺跡[5]を参照されたい。つまり現時点では縄文集落にはこの3種の構成が知られ，そしてこれがすべてなのである。したがって環状集落と他の集落の形態差の主要因は，集合と分散を繰り返す縄文社会の動態と，集合か分散かいずれかを選択する社会の指向に深く関わっているといって差し支えない。西日本の環状集落が極めて珍しい事例であるのは，後者の要因によって説明できるかもしれない。しかしもっと重要な点は，3種の構成がすべてであるといった状態，および本稿で紹介した三原田遺跡の展開も根拠にして，これが村内の統合を越えて，地域に分散したムラの統合に密接に関わっていると推定されることである。環状集落の内部に取り込まれた墓にも同種の構成が見い出されるが，この3種の構成が彼岸，此岸両世界に共通であることも，この推定の証左になる。政治機関の発達とともに，国，地域，ムラの三組織が区分され，各各に固有で相互に対立の関係にある3つの統合原理が働く弥生時代以降の社会を複相社会とすると，統合原理が一つと推定される縄文社会は単相社会である。縄文社会は，どの断面でも同じ顔をしている。地域は一つのムラなのである。

　環状集落は縄文集落の中で最も整美な形をしている。それは縄文集落の到達点であり，理想型である。縄文社会の象徴としての意味を与えることができるのである。しかしそれが何故円環なのか。本稿の終わりにこの点についてふれておこう[6]。縄文集団は3種の構成から，2つの大群に分かれ，かつ1つのまとまりをもつ存在であるとされる。この構成に最も適合的な住居群の配置は，平行の2線でも，四角形でもなく，円環であった。しかし厳密にいえば，住居群が円周を巡るのではなく，大群が半円となり，2大群が対となって全円を形成するのである。

註
1)　丹羽佑一「複合した地域性・集落」季刊考古学，21，1987
2)　子和清水貝塚発掘調査団『子和清水貝塚』1973，松戸市教育委員会『子和清水貝塚』1974・1975
　　分析は，丹羽佑一「縄文集落の住居配置はなぜ円いのか」『論苑　考古学』1993に加筆。
3)　日本考古学協会・山梨大会実行委員会編『シンポジウム縄文時代集落の変遷』1984
　　分析は丹羽註 2)論文に加筆
4)5)6)　丹羽註 2)論文参照

集落の大きさと居住形態

カナダ・マッギール大学博士課程
■ 羽生淳子
（はぶ・じゅんこ）

石器組成からみた遺跡機能の分類と，住居址数からみた遺跡規模
との比較を通じて，諸磯式期における居住形態の問題を検討する

1 集落の大きさと居住形態

縄文研究のなかで，集落の大きさの問題は，多くの研究者の関心を集めていながら，未だに議論の分かれている分野である。その原因のひとつは，集落の大きさの推定が，居住形態の研究と切り離せない点にある。

縄文集落研究の基礎を築いた和島誠一は，1955年の南堀貝塚における48軒の住居址の発掘結果に基づき，縄文時代の住居址は台地中央の広場を囲んで円形に分布する，と指摘した。そして，出土土器の型式から各住居址の時期を推定し，住居間の重複関係を考慮にいれた上で，一時期に存在した住居数を6，7軒から10軒と計算した[1]。

和島の研究以後，南堀貝塚のような，いわゆる「環状集落」を縄文集落の典型とする考え方が，縄文集落研究の主流を占めるようになる。そして，1960〜70年代における集落研究の焦点は，住居配置の規則性の解釈を中心とした縄文時代共同体の復元に向けられる。

このような集落研究の流れのなかで，小林達雄による「セトルメント・パターン」の研究[2]は，住居址を伴う縄文遺跡にも様々な規模があることを指摘した点で，きわめて重要である。小林は，広場をもつ「環状集落」をパターンA，パターンAよりは住居址が少なく環状の住居配置をもたない遺跡をパターンB，1〜2軒の住居址しか伴わない遺跡をパターンCとして，住居址遺跡の分類を行なった。

小林が指摘したような遺跡規模の違いを集落の大きさや集落人口の解釈へと結びつけていくためには，遺跡規模の違いを，全体としてのセトルメント・システムとの関連で考えることが重要である。ここでは，近年，欧米で注目を集めている生業・集落システムのモデルを用いて，縄文時代の集落の大きさと居住形態について考える。

2 民族誌モデルからみた集落の大きさと機能

1980年代以降における欧米の集落研究の特徴のひとつは，狩猟採集民のセトルメント・システムは生業活動と密接に関連していると考えて，全体としての生業・集落システムの解明をめざす点にある。アラスカにおけるヌナミウトの民族誌事例に基づいて，狩猟採集民の生業・集落システムのモデル化を試みたビンフォードの研究[3]は，このような研究の代表例である。

ビンフォードは，定住的な狩猟採集民をコレクター，より移動的な狩猟採集民をフォーレジャーとして，両者の生業・集落システムの違いを考察する。モデルの詳細は別稿に記してある[4]ので，ここで繰り返すことはしないが，注意すべきは，定住的とされているコレクターでも，多くの場合，年に数回の季節的移動を行なっている点である。季節ごとに集落を動かすことの合理性は，季節的・地域的変化の大きい環境への適応，という観点から説明されている。

このモデルの長所は，セトルメント・システムと考古資料との対応関係が明確にモデル化されている点にある。フォーレジャーは，レジデンシャル・ベースとロケイション（資源の獲得場所）の二種類の遺跡しか残さないのに対し，コレクターは，これらに加えて，フィールド・キャンプ（資源獲得隊の一時的キャンプ），見張り場，貯蔵所などの多様な遺跡を残す。さらに，ビンフォードによれば，こうした遺跡の機能は，遺跡から出土した遺物組成の幅を比較することによって推定可能である[5]。レジデンシャル・ベースでは様々な種類の活動が行なわれることから，幅広い種類の遺物が残されるのに対し，フィールド・キャンプ，貯蔵所など機能の限定された遺跡には，限られた種類の遺物しか残らないことが予測される。

このモデルに基づいて，縄文時代の集落遺跡を考えてみよう。縄文遺跡からは，コレクターの特

徴である食料貯蔵の証拠が数多く見つかっている
から，縄文人の集落・生業システムは，一般的に
は，フォーレジャーよりはコレクターに近いと考
えられる。そこで問題となるのは，縄文人は季節
的な移動を行なっていたのか，という点である。

季節的移動の有無を考える際のひとつの手がか
りとしては，レジデンシャル・ベースの規模と石
器組成の検討があげられる。季節的移動を行なっ
ていた場合には，季節ごとのレジデンシャル・ベ
ースに伴う石器群は，生業活動の季節性を反映し
て相互に異なっているはずである。また，季節的
移動は，しばしば居住集団の拡散や融合を伴うか
ら，レジデンシャル・ベースの規模にもかなりの
幅がみられる可能性が高い。これに対し，年間を
通じて同一遺跡に定住していた場合には，レジデ
ンシャル・ベース間の規模や石器組成の変異の幅
は，相対的に小さいことが予測される。

3 石器組成と遺跡の機能

以上のようなモデルに基づいて，筆者は，縄文
時代の住居址遺跡の特徴を，石器組成の幅という
観点から検討した。分析の対象とした時期は，前
期諸磯式期である。分析の第一段階では，諸磯式
土器の分布の中心をなす一都五県（群馬，埼玉，東
京，神奈川，山梨，長野）を対象として，これまで
に刊行されている調査報告書を調べ，住居址遺跡
の集成を行なった。その結果，諸磯式期の住居址
遺跡として239遺跡が確認された。

分析の第二段階は，239遺跡における諸磯式期
の石器組成を調べる作業である。これらの遺跡の
多くでは，諸磯式以外の縄文土器も発見されてい
るから，遺跡全体の石器組成が諸磯式期の石器組
成を示すとは限らない。そこで，他時期の遺構・
遺物が数多く見つかっている遺跡では，諸磯式期
の住居址に伴った石器だけを用いて，石器組成の
資料とした。遺跡出土土器の大多数が諸磯式土器
である場合には，出土した石器の大多数も諸磯式
期のものと判断して，遺構外資料も加えた出土総
数を石器組成の資料とした。この結果，239遺跡
中，67遺跡について，定量的な比較に耐え得る量
の諸磯式期の石器が出土していることがわかっ
た。そこで，これらの遺跡について，1. 石鏃類
（尖頭器を含む），2. 石匙，3. 掻器・削器類，4.
石錐，5. 打製石斧，6. 磨製石斧，7. 礫器，8.
石皿，9. 磨石・敲石類，10. 砥石，11. 浮き，

12. 石錘，13. 装飾品，という13種類の石器の出
土量を調べた。

分析の第三段階は，石器組成に基づいて遺跡を
分類する作業である。この目的のために，ここで
はクラスター分析を用いた。まず，各遺跡におけ
る13器種の石器数量の合計を求め，これを1とし
た場合の各器種の相対出現頻度を計算した。次に，
これをもとにして遺跡間のユークリッド平方距離
を計算し，クラスター分析の距離データとした。
クラスター間の距離の算出は平均連結法に依っ
た。クラスター分析のプログラムは SAS/STAT
(Release 6.03) を用い，これを IBM 互換機のパ
ーソナル・コンピューターのもとで稼働させて分
析を行なった。

図1は，検討対象とした67遺跡について，13種
類の石器の相対出現頻度を変数としてクラスター
分析を行なった結果を，樹形図として示したもの
である。この樹形図から，67遺跡は大きく5つの
クラスターに分類された。樹形図の横には，各ク
ラスターにおける石器組成の特徴を線グラフで示
してある。グラフ上でのピークは，その器種が相
対的に高い出現頻度を占めることを意味する。

クラスターAに分類された遺跡では，総じて磨
石・敲石類の出現頻度が高い。このクラスターの
遺跡では，磨石・敲石類が単一のピークを示すこ
とはなく，必ず他のピーク（主として掻器・削器類，
打製石斧，礫器のいずれか）を伴う。クラスターB
は，すべて，石鏃類の相対出現頻度が高い遺跡で
ある。このクラスターは，樹形図から2つのサブ
クラスターに細別可能である。クラスターB1の
遺跡は，石鏃類のほかに，掻器・削器類と打製石
斧のいずれか，あるいはその両者が高い出現頻度
を示す点で共通する。これに対し，クラスターB
2の遺跡では，石鏃類の相対出現頻度がきわめて
高く，他の器種にはピークが認められない。クラ
スターCの遺跡では掻器・削器類，クラスターD
の遺跡では打製石斧，クラスターEの遺跡では石
錘がそれぞれ単一のピークを示す。

以上の結果を要約するならば，クラスターAと
B1は，石器の相対出現頻度において複数のピー
クを持つのに対し，クラスターB2，C，D，E
は単一のピークによって特徴づけられる。これ
を，石器組成の多様性の幅という観点から考える
ならば，クラスターAとB1の遺跡では多様な石
器類が認められるのに対し，クラスターB2，

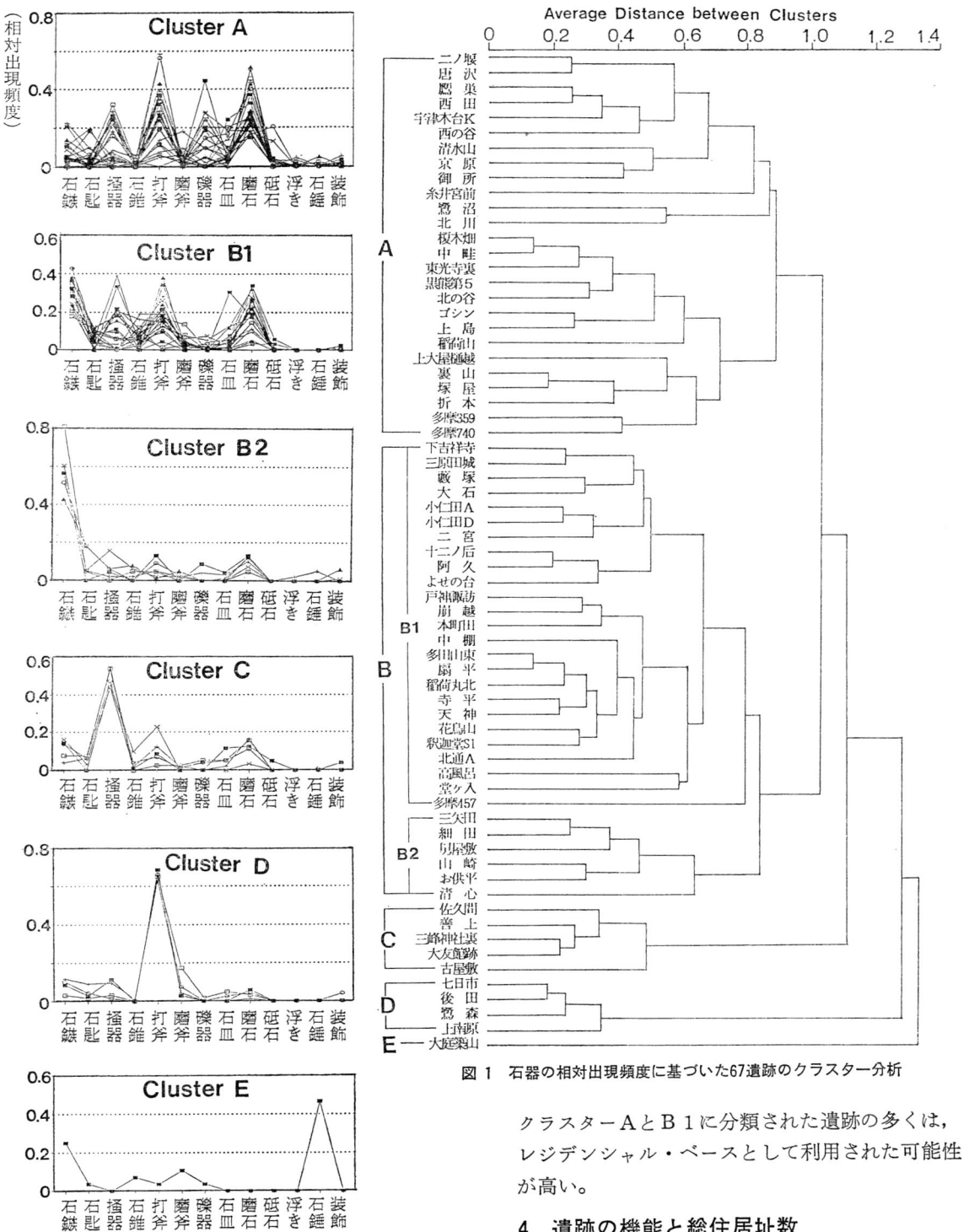

図1 石器の相対出現頻度に基づいた67遺跡のクラスター分析

クラスターAとB1に分類された遺跡の多くは、レジデンシャル・ベースとして利用された可能性が高い。

4 遺跡の機能と総住居址数 からみた遺跡規模

　図2は、図1で示した遺跡の分類に基づいて、各遺跡を記号化し、その分布を示したものである。黒塗りの記号は、クラスターA（●）とB1

C、D、Eの遺跡では、石器組成の幅はきわめて狭いということになる。前述のモデルに基づいて考えるならば、クラスターB2、C、D、Eは機能の限定された遺跡と推測されるのに対し、

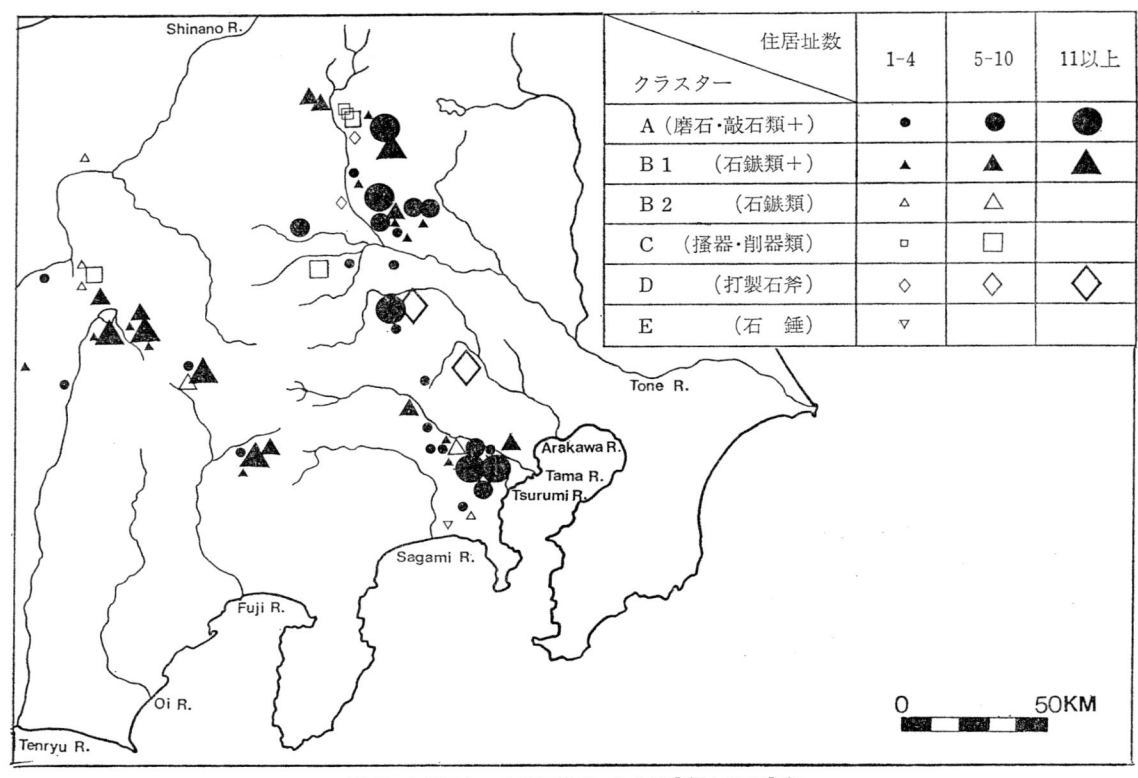

	住居址数	1-4	5-10	11以上
クラスター				
A（磨石・敲石類＋）		●	●	●
B 1 （石鏃類＋）		▲	▲	▲
B 2 （石鏃類）		△	△	
C （掻器・削器類）		□	□	
D （打製石斧）		◇	◇	◇
E （石 錘）		▽		

図2 クラスター分析に基づいた遺跡分類とその分布

（▲）の遺跡を示す。線描きの記号（△・□・◇・▽）は，それぞれ，クラスターB2，C，D，Eの遺跡をあらわす。記号の大きさは，各遺跡から検出されている住居址の総数を反映する。

　図2からは，いくつかの興味深い点が指摘できる。第一に，クラスターAとB1の遺跡（●と▲）の分布は，特定の地域に集中する傾向がみられる。クラスターB2，C，D，Eの遺跡（線描きの記号）は，これらの遺跡の集中地域の周辺に分布することが多い。クラスターAとB1の遺跡をレジデンシャル・ベース，クラスターB2，C，D，Eの遺跡を限定された機能の遺跡と考えた場合，このような遺跡の分布状態は，ビンフォードによるコレクターのモデルと，きわめてよく一致する。モデルによれば，フォーレジャーが生業活動を行なう範囲は，主として，レジデンシャル・ベースの周囲半径約10km内に限られる。これに対し，コレクターの生業活動には，資源獲得隊による遠隔地での活動が含まれるから，その行動範囲は，フォーレジャーよりもずっと広くなる。したがって，コレクターのセトルメント・パターンでは，レジデンシャル・ベースは，主たる生業活

動の場から遠くないところに集中し，その周辺地域には，種々の限定された機能を持つ遺跡が分布するはずである。図2に示した遺跡の分布パターンがコレクターのモデルと類似するという結果は，諸磯式期の人々の居住形態がビンフォードの考えるコレクター・システムと近かったことを示唆するものである。

　第二に興味深いのは，石器組成に基づいた遺跡の分類が，住居址の総数からみた遺跡規模の分類とは必ずしも一致しない点である。石器組成の幅が狭い遺跡（クラスターB2，C，D，Eの遺跡）は，荒川流域の2遺跡を除いて，中規模ないし小規模のものばかりである。しかし，住居址数からみて中・小規模な遺跡の中には，クラスターAやB1に分類された遺跡も多数存在する[6]。前述のモデルにしたがって，クラスターAとB1の遺跡をレジデンシャル・ベースと考えるならば，諸磯式期のレジデンシャル・ベースは，いわゆる大規模遺跡と小規模遺跡の両方を含むという結論になる[7]。

　さらに興味深いのは，クラスターAとB1に分類された遺跡の分布である。関東地方北西部およ

び南部では，クラスターAの遺跡がＢ１の遺跡よりも多く，しかも大規模遺跡のほとんどがクラスターAに分類されているのに対し，中部地方では，クラスターＢ１の遺跡がクラスターAの遺跡に比して圧倒的多数を占める。ただし，各地域における両者の分布は排他的ではない。関東地方北西部・南部にもクラスターＢ１の遺跡は存在するし，中部地方からもクラスターAの遺跡はみつかっている。クラスターAとＢ１の遺跡をレジデンシャル・ベースと考えた場合，こうした分布のあり方は，関東地方と中部地方の間の生業活動の差を反映すると同時に，各地域内におけるレジデンシャル・ベースの生業活動の多様性を示すものと解釈できる。

　これらの結果を前述のモデルにしたがって解釈するならば，ここで明らかにされたレジデンシャル・ベースの規模および生業活動の多様性は，レジデンシャル・ベースの季節的居住を示している可能性が高い。季節的移動の可能性は，分析地域における資源分布のあり方から考えても，検討に値する仮説である。小林達雄が提唱する「縄文カレンダー」[8]からも明らかなように，縄文人が利用した資源の大部分は，季節的な変動がきわめて大きい。こうした自然環境への適応を考えるとき，季節ごとに資源の近くに居住地を動かすことの合理性は明らかである。

　今後，季節的移動の可能性をさらに追求する方法としては，いくつかのアプローチが考えられる。個々の遺跡の季節性を推定するためには，石器組成の特徴を，周囲の自然環境の分析結果と対比させることも，ひとつの方法であろう。貝塚遺跡の場合には，動物遺存体の分析結果が，季節性の特定に大きく貢献し得る。こうした研究を重ね合わせてゆくことにより，当時の人々の居住形態の一端が明らかになってゆくことが期待される。

5　展　望

　以上，石器組成からみた遺跡機能の分類と，住居址数からみた遺跡規模との比較を通じて，諸磯式期における居住形態の問題を検討した。ここで論じてきたような，季節的移動とそれに伴う集落規模の季節的変動を考慮にいれて，縄文集落の大きさや集落人口を考えた場合，集落の平均の大きさを論じることにはあまり意味がなくなる。たとえば，ビンフォードがコレクター・モデルの基本

としたヌナミウトの民族誌例では，冬と初夏のレジデンシャル・ベースはかなり大規模であるが，夏には，この居住集団が広域に分散して小さなレジデンシャル・ベースをいくつも残す。したがって，集落の大きさの研究をさらに前進させるためには，居住の季節性を含めた全体としてのセトルメント・システムの解明が必要不可欠である。

　今回示した分析は，モデルに基づいた縄文資料の分析の一例を示したものである。今後，資料数を増やしたり，クラスター間の距離の算出に異なった方法を用いた場合には，得られる結果に多少の変化が生じることが予測される。今後機会があれば，さらに資料を増やして，同様の分析を行なってみたい。

註
1)　和島誠一「南堀貝塚と原始集落」『横浜市史』第1巻，1958
2)　小林達雄「原始集落」『岩波講座日本考古学』4，1986ほか
3)　Binford, L. R., Willow smoke and dogs' tails. *American Antiquity* 45(1), 1980.
4)　羽生淳子「縄文時代の集落研究と狩猟・採集民研究との接点」物質文化，53，1990，羽生淳子「縄文文化の研究に民族誌はどう役立つか」鈴木公雄・石川日出志編『新視点日本の歴史』1，新人物往来社，1993
5)　Binford, L. R., Nunamiut Ethnoarchaeology. Academic Press, 1978.
6)　図中で小規模とした遺跡のうち，約1/3は，全体のごく一部しか発掘されていない遺跡であるから，これらについては，正確には規模不明と考えるべきである。しかし，残り2/3については，遺跡面積のかなりの部分が発掘されているので，実際に小規模な遺跡であったと推定される。
7)　今回の分析では，遺跡規模の指標として総住居址数を用いた。したがって，ここに示した遺跡規模は，同時存在と推定される住居の数ではない。同時存在住居数については別個の分析を行なう必要がある。
8)　小林達雄「縄文世界の社会と文化」『日本原始美術大系』1，講談社，1977

　＜付記＞　資料作成にあたり，奈良国立文化財研究所と明治大学考古学博物館の図書室を利用させていただくとともに，大泉村歴史民俗資料館，財団法人横浜市ふるさと歴史財団埋蔵文化財センター，山梨県埋蔵文化財センターからは，未発表資料を閲覧する機会を与えていただいた。また，都出比呂志先生には，草稿の一部をお読みいただき，分析結果の解釈について有益なご教示をいただいた。末尾ながら，これらの方々に心から感謝の意を表する。

縄文集落の変遷─北海道

北海道教育庁文化課
■ 長沼 孝
（ながぬま・たかし）

厳しい自然環境の北海道では条件のよい場所が繰り返し利用される。
また，最近検出されている環壕は防御施設としての性格がうすい。

北海道の縄文文化は，基本的に東日本縄文文化の枠組の中にある。しかし，列島の最北に位置し，四方を海に囲まれているという地理的条件や温帯と亜寒帯の接点という気候的環境などの影響で，本州各地の縄文文化とは異なった特長がみられる。また，広大な土地ゆえ地域性も強い。道北・道東は石刃鏃文化にみられるように北方から直接・間接的な影響があり，道南は東北地方北部の影響が強く，円筒土器・亀ガ岡文化などは津軽海峡を挟んで展開し，道央はそれらの接点となっている。したがって，全道を一様に論じることはできないが，近年調査された遺跡を紹介しながら大まかな変遷を示し，さらに，環壕や盛土・焼土遺構などの注目される遺構について触れたいと思う。

1 道東最古の集落

北海道の草創期は，可能性のある遺物はみられるがその実体は不明である。早期初頭の 暁 式土器は，道東の平底条痕文土器群を代表するものの一つで，帯広市八千代A遺跡では，住居跡103軒，土壙47基が調査されている。八千代A遺跡は帯広市街の南方 30km，標高 280m 前後の河川源流部に近い湿地に面した馬の 背状の 台地にある。103軒の住居跡は重複が少なく，三つの地点（1地点・79軒，2地点・13軒，4地点・11軒）から確認され，土器からみて2・4地点が1地点にやや先行するらしい。住居跡の平面形は円形または楕円形，大きさから大型（径8m以上），中型（径3〜8m），小型（径3m以下）に大別され，中型が全体の8割を占める。炉跡は全体の6割に認められ，小型と大型のタイプにはないものが多い。先行する2・4地点では，炉跡のない大型タイプが2軒ずつある。炉跡の有無が住居の機能の相違を示していれば，一時期の住居構成として大型1軒と中型5・6軒という組合せが想定できる。

遺跡の立地や石錘の出土がないことから，生業の中での漁撈のウエイトが極めて低かったと思わ

れる。一方，花粉分析や炭化植物遺体（ミズナラ・キハダ）の出土から，現在の北海道に分布する冷温帯落葉広葉樹林が遺跡周辺に存在し，さらにそれらの堅果を食料資源としていたことが確認できた。定期的に得られる植物資源の存在が定住化の一つの条件であったことがわかる。

2 貝殻文土器群の大集落

道南の貝殻文尖底土器群を代表する集落は函館市中野A・B遺跡である。中野A・B遺跡は，函館市街の東方 8km，現海岸線より 1〜1.2km 内陸の小沢に面した海岸段丘上にある。中野A遺跡は昭和50・51年の調査で早期末綱川町式の住居跡8軒（グループⅠ），早期中葉物見台式の住居跡6軒（グループⅡ）が確認され，平成3・4年にはグループⅡの北東 150m の地点で早期前葉日計式の住居跡1軒，物見台式の住居跡53軒，前期前葉春日町式の住居跡2軒が調査された。53軒の物見台式の住居跡は 80×40m の範囲にあるが，小型で掘り込みの浅いものは径 30m の範囲に集中している。屋内炉は全体の3割程度，八千代A遺跡の半分である。平成3年調査の13軒の分析では，一時期に共存するのは2・3軒と推定されている。

中野B遺跡は中野A遺跡の沢を挟んだ対岸で，昭和50・51年に早期中葉住吉町式の住居跡21軒が調査され，平成4年には隣接地で 148 軒の住居跡が確認でき，今年も調査が継続されている。時期的には住吉町式のものが多く，ムシリⅠ式，さらにそれらの過渡的なものもみられる。調査途中であるが，各時期の住居跡は環状に分布し，さらに土壙墓も廃棄された住居跡に沿って環状になる傾向があるという。屋内炉は3割程度しかないが，石組炉の萌芽的なものも認められる。土壙は焼礫や焼土がみられるもののほか，フラスコ状ピットもある。

中野A・B遺跡では早期中葉を中心に連綿と集落が営まれている。海岸に近い立地や石錘の多量の出土など，先の八千代A遺跡とは対照的で，漁

撈が活発に行なわれたようである。しかし，キハ
ダやクルミの出土や擦石，石皿などの礫石器の多
さなど，八千代A遺跡同様植物資源の利用を裏付
けるデータも得られた。

環状の住居分布，墓，フラスコ状ピットなどの
遺構，さらに初源的な土偶もみられ，その後の縄
文集落の基本的な要因が，この時期にすでに出揃
っている。

3 東釧路式系土器群の集落

貝殻文・条痕文土器群の時期は，条件の良い場
所が繰り返し利用されるが，遺跡数は少なく，分
布も道南から道東の太平洋側の海岸部が中心であ
る。しかし，早期後葉の東釧路式系土器群[1]の時
期になると，土器も全道的に分布し，集落も各地
にみられるようになる。

石狩川中流域の深川市納内6丁目付近遺跡で
は，現在の水田下から小沢に面した中茶路式の住
居跡が27軒調査された。住居跡の分布は小沢に挟
まれた150×80mの範囲で重複はない。集中する
24軒は60×50mの範囲で，ほぼ環状に分布し，
中心部は作業空間，外側や沢部分は土器などの廃
棄空間であったことが指摘されている。

道央・新千歳空港の美沢川流域でもこの時期か
ら集落が営まれ，美沢2遺跡ではコッタロ・中茶
路式の住居跡33軒，美沢3遺跡では東釧路IV式の
住居跡11軒，土壙墓1基，美々7遺跡では東釧路
IV式の住居跡16軒，土壙墓12基が確認されてい
る。住居跡は大・中・小の三タイプに区分され，
2～4m程度の小型のタイプが多く，一時期に三
タイプが組み合わされていた可能性がある。美々
7遺跡では斜面下部に住居跡が集中し，台地上に
土壙墓がみられる。美沢川流域ではこのパターン
がその後も踏襲されていく。さらに美沢3・美々
7遺跡の土壙墓からは小児の足形が付いた土製品
が出土し，墓と土偶の結び付きの強い北海道的な
埋葬観念の萌芽といえそうである。

斉一性のある土器の全道的な分布や墓を伴う安
定した集落の誕生するこの時期を，北海道的な縄
文文化の成立と考えることができる[2]。

4 縄文尖底土器の集落

気候の温暖化を背景に全道的に分布した東釧路
式系土器群に続き縄文尖底土器群が地方色を示し
ながらもほぼ全道的に分布する。さらに縄文海進

もピークに達し，各地に貝塚がみられるようにな
るが，住居跡の調査は意外に少ない。

美沢川流域では美々4遺跡で33軒，美々5遺跡
で72軒の住居跡が台地の南斜面で確認されてい
る。美々5遺跡では斜面の等高線に長軸を合わせ
た隅丸長方形の住居跡が4段にみられ，限られた
空間を有効に利用した集落の好例といえる。大型
石錘の多量出土は漁撈活動の活発さを示し，南方
1kmの美沢4遺跡や北東1.5kmの美々貝塚はこ
こを母村とする季節的な貝の処理場であった可能
性がある[3]。居住適地と生業の場の分離という生
活の多様化がうかがえる。

5 円筒土器文化の集落

初期の円筒土器文化の代表的な集落は，函館市
函館空港第4地点で，円筒土器下層a・b式の住
居跡が115軒以上調査されている。昭和49年調査
の55軒は，重複が少なく，平面形は円形に近い。
大きさは径2～6m，主柱穴の状況から1・2・4
本の三つのタイプに分けられ，さらに主柱の方向
性から一時期の住居は最大23軒，最少7・8軒と
されている。また，道南の前・中期の集落を分析
した小笠原は各時期における「3基1単位の集落
構造」，さらに南茅部町ハマナス野遺跡における
「集落二分構造」（内帯・住居，外帯・土壙）と住
居内の男女による性的な二分構造を指摘してい
る[4]が，資料の提示が不十分である。円筒土器文
化の集落は道南を中心に調査され，その分析は十
分ではないが，いくつかの特長が指摘できる。第
一は明確な二段構造のある住居の定形化，第二は
100m²を越える超大型住居の出現，第三は多量
の遺物を伴う「物送り」的な廃棄行為の顕在化で
ある。廃絶した住居の凹みへの廃棄は，中期末～
後期初頭の時期の貝塚にもみられ，さらに一定の
場所への土器や石器の廃棄は後に述べる盛土や焼
土遺構と複合し，より祭祀的な色合いが強くなっ
ていく。

6 環壕集落？

道央・苫小牧市静川16遺跡には中期末～後期初
頭の環壕がある（図1）。環壕は上幅2m前後，底
幅0.3～0.5m，深さ1～2m，断面はV字形，総
延長は138.5mで，丘陵先端は崩れて不明だが，
全体の形は長さ66m前後のひょうたん形である。
3カ所に出入口とみられる壕の切れ目があり，壕

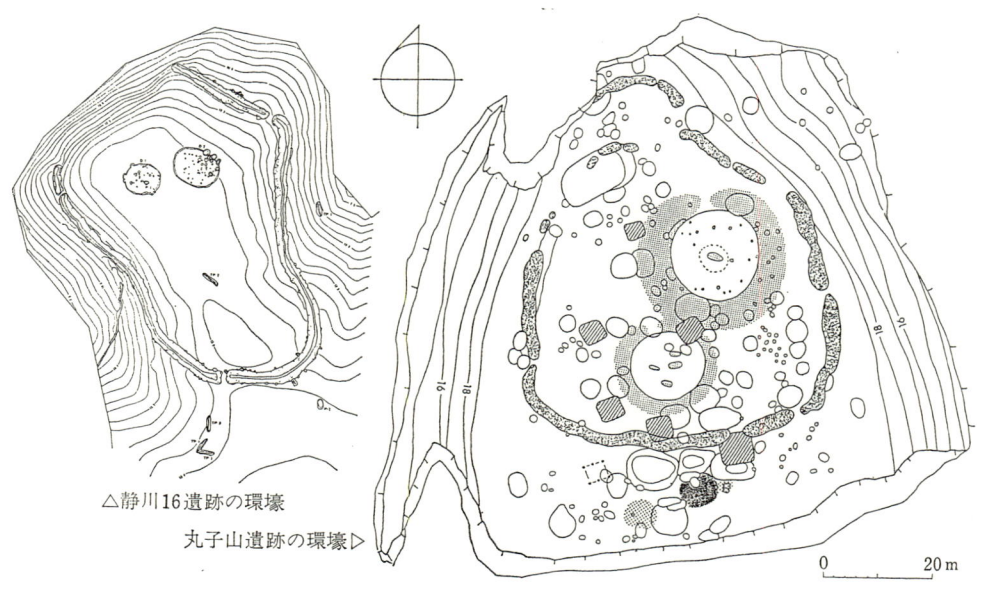

△静川16遺跡の環壕

丸子山遺跡の環壕▷

0   20 m

図 1　縄文時代中～後期の環壕

の内側，丘陵の先端に近いところに住居跡が 2 軒ある。同時期とみられる余市式の住居跡は沢を挟んだ B 地区に26軒ある。したがって，集落を守る施設としての環壕とは思われず，マツリの場としての意味が強いのかもしれない[5]。

　平成 2 年から調査されている千歳市丸子山遺跡の環壕（図 1 ）は静川16遺跡より古く，中期中葉サイベ沢Ⅶ式の頃と思われる。未報告であるが略図でみると，環壕の上幅は 2 ～ 4 m 程度，断面はV字形，出入口と思われる切れ目以外にも途切れている部分が多い。総延長はおよそ 170m，60×70m の規模で，静川16遺跡より一回り大きい。北側はややいびつで，掘り直しが行なわれたか，二重である可能性がある。また，内側は溝状のピットが連結したような状況で，環壕の製作工程を知ることができる。住居跡，周堤墓，ピットなどは環壕の内外にあるが，環壕と同時期のものは全くなく，遺物も少ない。したがって，丸子山遺跡も静川16遺跡同様「環壕集落」とはいえないようである。二遺跡の環壕は「マツリの場」的な一定の空間の区画を意図した可能性が強く，また，掘削行為そのものにも集落構成員の共同作業として意味があったのかもしれない。

　部分的な調査であるが，戸井町浜町 A 遺跡・戸井貝塚では中期頃の溝状遺構，上磯町茂別遺跡では縄文時代と思われる深さ 1 m，上幅20m，長さが 120m にも及ぶ可能性のある壕の一部が調査されている。いずれも何らかの空間区画を意図した

ものかもしれない。

7　盛土・焼土遺構

　盛土や焼土遺構と呼ばれているものが，中～後期の集落で確認されている。盛土は住居掘削時の排土や一定の区域を削平した際の排土などを意図的にマウンド状に堆積したもので，焼土や多数の遺物を伴う場合が多い。道東・標茶町茅沼遺跡第 2 地点・開運町遺跡（図 2 ）では北筒式の環状に分布する住居跡の中央部に盛土が確認されている。盛土は住居掘削時の排土と思われ，焼土・炭化材・小ピットなどが伴う。道央・千歳市美々 3 ・ 4 遺跡でも北筒式の時期の人為的な土の移動による凹地と盛土がある。道南・木古内町新道 4 遺跡では後期前葉の長さ 80m，厚さ 1 m を越える多数の遺物を伴う盛土がみられる。盛土は隣接区域の削平・平坦化に伴う排土と思われ，平坦化された区域には環状ないし弧状に分布する大型の柱穴が31カ所あり，「ウッド・サークル」的なものの存在が指摘されている。

　焼土遺構は，一次的にその場所で火が焚かれただけでなく，二次的にも焼土が堆積されてマウンド状になったもので，盛土同様多量の遺物を伴うケースが多い。道央・江別市萩ケ岡遺跡では中期後半萩ケ岡 1 ～ 4 式の時期，千歳市末広遺跡では後期中葉鮀間式の焼土遺構が調査されている。萩ケ岡遺跡は丘陵の緩斜面にあるので，廃棄場所的な性格が強い。末広遺跡は台地の縁辺部に同時期

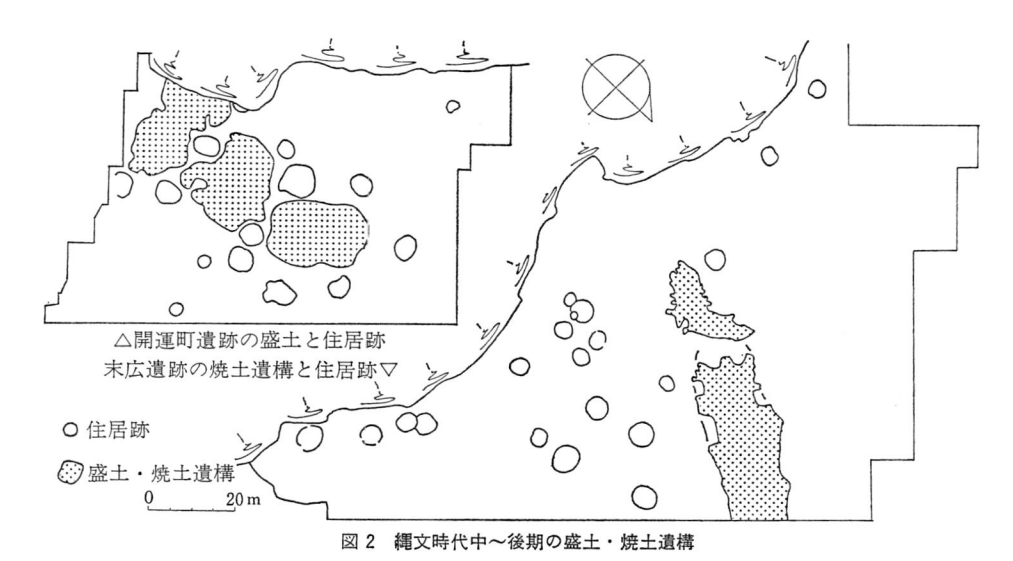

図2 縄文時代中〜後期の盛土・焼土遺構

の住居跡が19軒あり，それらよりやや奥まった場所に幅 15m，長さ 70m 以上，厚さ 30〜50 cm のマウンド状の焼土遺構がある（図2）。

盛土・焼土遺構はいずれも同時期の住居跡に隣接し，土や焼土の排土場所，土器や石器などの廃棄場所，そして作業や儀式の空間という複合した性格をもっている。それらは集落における継続的な一定の慣習の存在を意味すると思われ，時期や地域によって違いがあるが，集落構造を考える上で重要である。

8 おわりに

広大な土地のある北海道，しかし，厳しい自然環境ゆえに居住適地は少なく，条件の良い場所は繰り返し利用される。小範囲の 例は早期の 貝殻文・条痕文土器群の集落，やや広い範囲では美沢川流域がその好例であろう。また，美沢川流域でも住居や墓が集中するのは川に面した斜面とその裾，そして台地の縁で，台地平坦面はＴピットしかみられない，という本州各地ではみられない土地利用の特長[6]がある。

環壕については今のところ集落の防御施設としての性格は薄く，一定の区画空間の確保と集落の共同作業としての意義が考えられ，一見浪費的ではあるが集団秩序の維持のために構築されたであろう周堤墓と共通するものがありそうだ。

盛土は竪穴の掘削や土地の削平などの土木工事の産物であるが，土器や石器の廃棄行為とも複合し，送り場だけでなく儀式の場としても機能したようである。焼土遺構も盛土同様だが，送り・儀

式の場の性格がより強い。これらは規模や遺物の多少の差はあるが，本来的にはどんな集落にも存在する可能性がある。遺跡の遺存状況にも大きく左右されるが，認定が困難な場合が多いのかもしれない。条件の良い遺跡では，遺構外をいかに掘るかが重要である。

後〜晩期の状況について今回は十分触れることができなかった。検出住居跡の減少や焼土の群集状況から，この時期の集落は平地式住居と屋外炉の組合せが主流という意見もある[7]。しかし，最近は竪穴住居跡の調査例も増加している。平地住居跡が検出できないのか，それとも無いのか，意識的に調査する必要がある。

紙数の都合上，紹介した遺跡の報告書については割愛させていただいた。なお，本論をまとめるにあたり，大沼忠春，田村俊之氏には資料の提供のほか，いろいろと御教示いただいた。末筆ながら感謝申し上げます。

註
1）大沼忠春「施文原体の変遷—東釧路式土器」季刊考古学，17，1986
2）藤本 強『北辺の遺跡』教育社歴史新書，17，1979
3）西本豊弘「狩猟・漁撈の場と遺跡」季刊考古学，7，1984
4）小笠原忠久「北海道西南部における縄文時代前・中期の集落」『北海道の研究』1，1984
5）林 謙作「Ⅱ縄文時代」『図説発掘が語る日本史』1 北海道・東北編，1986
6）林 謙作「北海道考古学・回顧と展望 縄文文化前半期」北海道考古学，20，1984
7）宮本長二郎「縄文時代の竪穴住居—北海道地方の場合」季刊考古学，7，1984

縄文集落の変遷─東北

秋田県埋蔵文化財センター
■ 冨 樫 泰 時
（とがし・やすとき）

集落の二大別は早期末からはじまり，前期中葉によりはっきりとす
る。この伝統は以後の東北の縄文時代を通じてみられる特徴である

　東北地方の縄文時代集落研究は，資料が増加している にもかかわらず，本格的に論じられたことは少ない。その中にあって， 1991年10月に刊行された『よねしろ考古』第7号の特集「縄文時代前・中期のムラ」が注目される[1]。それより以前「大型住居跡」が注目され，それに関連するいくつかの論考があった[2]。筆者は，1981年2月「秋田県縄文集落研究の現状と課題」を書き，当時，秋田県内で発掘調査された遺跡を中心に縄文時代の集落を論じたことがある[3]。が，いずれも遺跡全体を発掘調査するといった例が少なく，論を展開するには資料が少なすぎた。

　近年，東北地方においても大規模な開発に伴って広い面積の発掘調査が実施されるようになり，岩手県西田遺跡のように，中心に墓域があり，その外に掘立柱建物群，さらに外に住居群があるという縄文時代中期中葉の一典型と考えられる遺跡の調査があった。また秋田県上ノ山Ⅱ遺跡のように，配石遺構を中心に広場があり，その広場を囲むように環状に住居群が配置されるという縄文時代前期後葉の集落跡の調査があり，さらに山形県西海渕遺跡（中期），青森県富ノ沢(2)遺跡（中期），青森県風張(1)遺跡（後期）などの発掘調査がおこなわれ，あらためて縄文時代集落を論ずることが要求されるようになった。

　このように一つの集落跡を発掘調査するのとは別に，福島県真野ダム建設に伴って真野川流域の大倉地域が長年月かけて発掘調査され[4]，その地域全域の縄文時代遺跡群の分析がなされたり，秋田市御所野台地全域の調査が実施され，台地全域の縄文時代の遺跡のあり方などを論ずることなども可能になり，東北地方の縄文時代集落や遺跡群のあり方などを研究する新段階が到来したと考えられる。そういう意味も含めて，東北地方の縄文時代集落を見てみようと思う。

1　草創期・早期

　岩手県馬場野Ⅱ遺跡から径1.8mの円形に近い竪穴遺構が確認されている。ほかに，この時期の遺跡としては，青森県表館(1)遺跡から隆起線文土器，福島県高山遺跡，愛宕原遺跡，南諏訪遺跡からも，この時期の遺物が発見されているが遺構などは不明である。次の爪形文などが発見された青森県鴨平(2)遺跡，岩手県大新町遺跡などがあるが，竪穴住居跡などの遺構は現在のところ確認されていない。

　早期の押型文土器（日計式）の伴う竪穴住居跡が福島県竹之内遺跡，宮城県松田遺跡などで発見されている。松田遺跡では竪穴住居跡と呼ばれているもの2棟，竪穴遺構3基が確認されている。それを見ると平面形は，隅丸の長方形に近いもの1棟，円形に近いもの2棟あり，その一つには西壁に近い所に焼土，それに接して炭化物の広がりがあり，炉跡を推測させる遺構がある。青森県見立山(2)遺跡からは，円形と隅丸方形で大きさは2m前後の竪穴住居跡が発見されているが炉跡はない。福島県岩下向A遺跡からは無文土器の時期の竪穴住居跡が検出されている。

　このように早期前半には確実に竪穴住居跡があり，しかも一部には炉跡と思われる遺構も伴うが，その数は2棟前後のものである。

　早期中葉から後半の時期になると，しっかりとした竪穴住居が造られるようになる。青森県八戸市から下北半島の太平洋岸で，この時期の集落跡が発掘調査されている。中野平遺跡からは白浜式期の竪穴住居跡が，重複しているものの12棟発見されている[5]。これらの住居跡の平面形は方形・隅丸方形・楕円形などで，柱穴のあり方も多様である。中でも注目されるのは長さ9〜12mのいわゆる大型住居跡が中野平遺跡をはじめ，長七谷地貝塚，表館(1)遺跡などで発見され，この時期に大型住居跡が存在していることである。

　竪穴住居跡が重複し，建替えられていること，土坑群が存在することなどを考えると，少なくとも何シーズンか，この場所で生活していたことを裏づけるものと解釈してよいであろう。東北地方

全域が，そうであったかどうかは問題があるが，この青森県八戸市から下北半島にかけては，かなりの期間定住して生活するようになった時期と考えてよいであろう。このような状況は早期末から前期になると，さらに顕著になる。

早期末から前期初頭の集落遺跡として長七谷地貝塚の例を見てみよう[6]（図1）。

この遺跡の各地点で発見されている竪穴住居跡

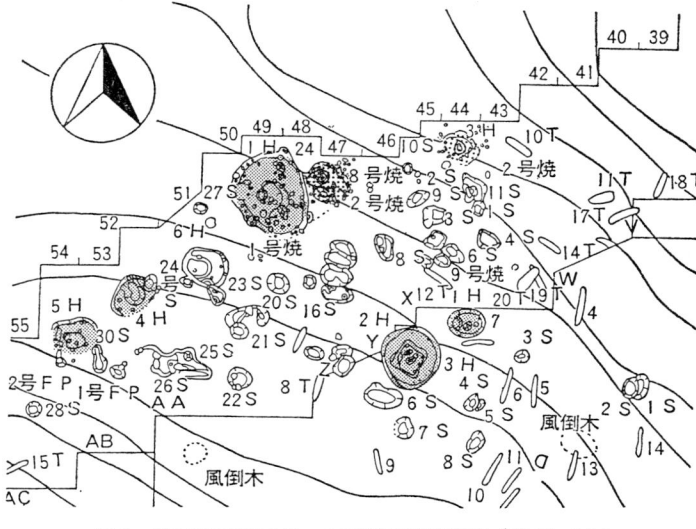

図1　長七谷地貝塚1次・2次遺構配置図部分（註6）より）

を合計すると35棟になる。その中で昭和52年・53年に青森県教育委員会が発掘調査した地点が注目されるのでそれに的をしぼって見てみよう。報告書によると早期末（早稲田5類）の竪穴住居跡は5棟，それ以前と考えられるもの3棟，それ以降，前期初頭（長七谷地Ⅲ群土器）のもの5棟である。その中で第2次調査で検出された2号・3号は，第1次調査の1号竪穴住居の例などから床に段のつく1棟の竪穴住居跡と考えられる。とすると早期末の早稲田5類以前の竪穴住居跡は2棟ということになる。

したがって，この遺跡は2号・3号の竪穴住居が最初に存在し，その次に1号・4号・5号と，第2次調査の1号・2号が早期末の早稲田5類の時期の竪穴住居ということになる。それを見ると，北側に第1次調査の1号・4号・5号の3棟の竪穴住居が存在し，空間を設けて，第2次調査の1号・2号が存在することになり，この村は早期末の時期には大きく南と北に分かれて竪穴住居が存在していたことになり注目される。

この集落で注目されるのは，竪穴住居跡のすべての床面の中央部が一段低く掘り込められていることである。この段のつく床面は，早期中葉の貝殻文（白浜式）の時期に出現しバラエティーをもちながら中期まで続くのである。

この時期の竪穴住居跡は日本海側の秋田県寒川Ⅰ遺跡[7]でも7棟検出され，平面形は楕円形が主体で規模・形態から三つに分類されている。

2　前　　期

前期になると，一層竪穴住居跡の数が増え集落が大きくなる。またこの時期の中頃から東北地方には，南部に前期大木土器様式の土器，北部に前期円筒土器様式の土器がつくられ，土器文化において，きわだった違いが生ずる時期である。その違いは竪穴住居跡にも反映する。すなわち南部の大木土器様式の地域では平面形が方形あるいは長方形が主体をなし，それに隅丸長方

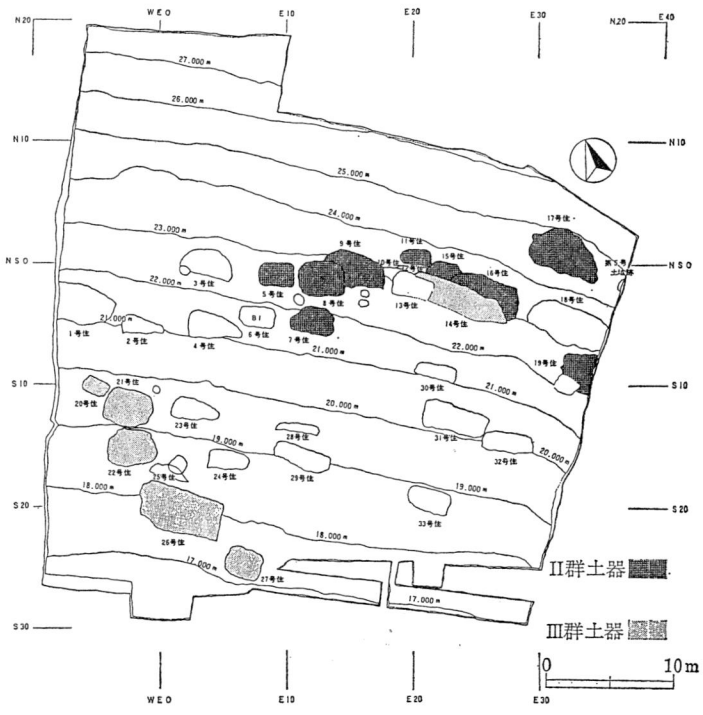

図2　千鶏遺跡竪穴住居出土土器別分布図（註8）より）

形の大型の竪穴住居跡が伴い，北部の円筒土器様
式の地域では，平面形が円形あるいは楕円形が主
体をなし，それに大型のロングハウスが伴うとい
った傾向が見られる。

このように土器文化による地方色がはっきりす
る以前，すなわち前期前葉の集落はどうであった
ろうか。この時期の発掘調査された遺跡に岩手県
千鶏遺跡の例がある。それを見てみよう[8]（図2）。

遺跡は山田湾に面し「南側を流れる千鶏川と北
側の沢によって区画された段丘及び，小起伏山地
から続く山麓の緩斜面上の先端部に立地」し，標
高 25〜18m の南面したところにある。発掘調査
の結果，前期初頭から前半の竪穴住居跡が重複す
るものを含めて34棟検出された。それを出土土器
別に住居跡を分類したのが図2である。これを見
ると竪穴住居跡の平面の基本形は，方形・長方形
を呈するものが主体で，円形を呈するものは1棟
だけである。そして長軸は，すべて等高線に平行
している。時期を決定できない竪穴住居跡も，遺
跡全体の出土土器と，住居形態から見て前期初頭
から前半の時期のものと見てよいであろう。

集落全体を見ると，中央に広場があり，それを
囲むように竪穴住居跡が配置されてい
る。北東側（標高の高い方）にⅡ群の土
器を出す竪穴が集中し，南西側（標高
の低い方）にⅢ群の土器を出す竪穴が
集中する。そして竪穴住居跡全体の配
置を見ると，1号・2号と31号・32号
を結んだ線で，北東側の住居跡群と南
西側の住居跡群に二分することが可能
である。この二群の竪穴住居跡群が対
応していたと考えると，Ⅱ群土器を出
す北東側の住居跡群に対応する南西側
の住居跡は23号・24号・28号・29号・
33号などの竪穴住居跡群と考えられ
る。反対にⅢ群土器を出す南西側の住
居跡群に対応する北東側の住居跡は1
号・2号・4号・6号・30号〜32号の
竪穴住居跡群と考えることが可能であ
ろう。そして実際に同時期の竪穴住居
は重複関係を考慮すると，一群が多く
ても3〜4棟であり，全体で6棟前後
で集落を形成していたものと推測され
るのである。

これと似た配置を示す集落には前期

中葉から後葉にかけての秋田県上ノ山Ⅱ遺跡があ
る[9]。

この遺跡は秋田県横手盆地の北西端に位置し，
雄物川の支流淀川の右岸段丘上にある。ここから
縄文時代前期中葉から後葉の大木4式，円筒下層
b式の大型住居跡が多数発見され，しかも，それ
が環状を呈することで注目された。この遺跡の全
体図（図3）を見ればわかるように，中央に配石
遺構があり，これを囲むように広場を設け，さら
にその広場を囲むように大型住居跡が配置されて
いる。この配置をよく見ると，西側にいわゆるロ
ングハウスの竪穴住居跡が存在し，東側には，そ
れとは異なる楕円形に近い平面形を呈する竪穴住
居跡が存在する。もっとも，これらの竪穴住居跡
は，いずれも重複があり，同時にこれらの住居が
建って集落を形成していたものではない。

報告書では，これらの環状の竪穴住居跡をA・
Bの二グループに分け，さらにそれを二分してい
る。すなわちA—1グループは328号・180号・326
号・170号・150号・314号・213号の住居跡，A—
2グループは215号・229号・218号・217号の竪穴
住居跡，B—1グループは199号・190号・327号，

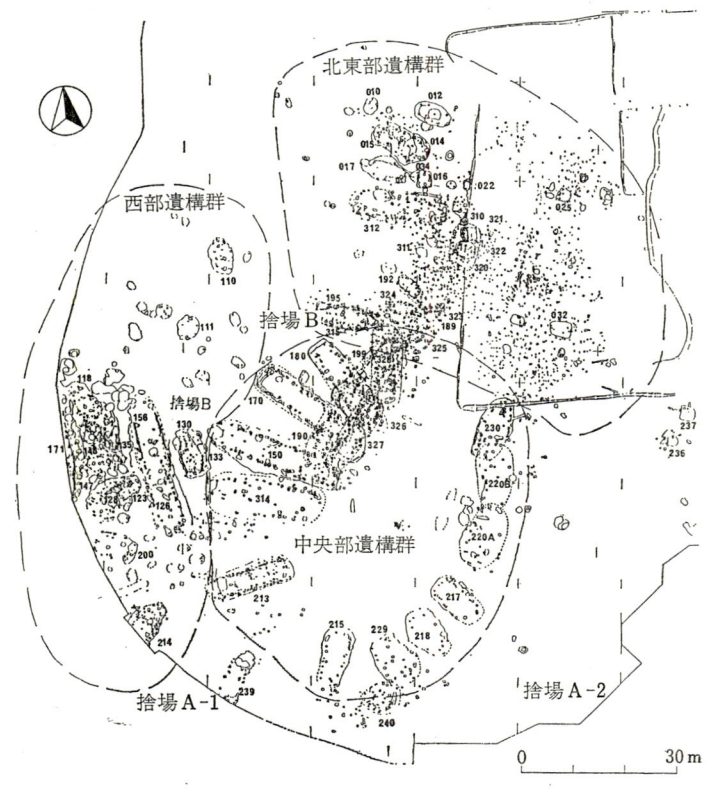

図3 上ノ山II遺跡遺構全体図（註9）より

48

B—2 グループは230号・220A号・220B号である。そしてA—1グループよりB—1グループが新しいし、180号より326号が新しく、230号より220B号が新しいという。

この事実と、グループ分けを借りて、この集落を中央広場をはさんで、東西の竪穴住居跡が対応すると仮定して復元してみよう。

最初A—1グループの1〜2棟、A—2グループの229と217?の1〜2棟が建てられ、この対応する二つのグループで2〜3回の建替えがおこなわれる。その後、B—1グループとB—2グループと対応する形で2回建替えがおこなわれたと見ることができないだろうか。

もちろん他に北部および西部遺構群が存在するので、このように単純に割りきれないだろうが、少なくとも、広場を中心にした集落は、大きく東と西に、家の平面形も、つくりも違う系統の人達が共存していたことを推測させるのである。

前記の宮古市千鶏遺跡も、この上ノ山II遺跡も、その集落は二大別でき、それは早期末からその傾向が出はじめ、前期中葉になってよりはっきりと遺構から読みとることができるようになり、この二大別の伝統はそれ以後の東北地方の縄文時代を通じて見られる特徴である。

他に前期の集落遺跡として注目されるものに宮城県今熊野遺跡、福島県八重米坂A遺跡などがある。八重米坂A遺跡は大木1〜3式期の集落跡で、竪穴住居跡の平面形は方形が基本で壁に沿って柱穴が配される典型的な前期大木土器様式の竪穴住居跡である[10]。すべての竪穴住居跡が重複している。ここで注目されるのは、この住居跡群から北方に100mほど離れた地域に同時期の土壙墓群が存在していることである。この時期、すでに集団の墓域が、集落から少し離れた地点に営まれていたことを示す遺跡として注目される。

3 中期・後期

前期末から中期には多くの集落遺跡が発掘調査されている。その代表的なものに秋田県杉沢台遺跡、館下I遺跡（図4）、下堤A遺跡を含む御所野台地の遺跡群、天戸森遺跡など。青森県で

は三内沢部遺跡、富ノ沢(2)遺跡など。岩手県では鳩岡崎遺跡、西田遺跡、塩ヶ森遺跡など。宮城県の小梁川遺跡、山形県西海渕遺跡など大きな集落遺跡が発掘調査されている。その中で注目されるのは西田遺跡である[11]（図5）。この遺跡は、中期大木8a式期に営まれた環状集落として知られている。集落の中心に土壙墓群がある。土壙墓群は中心に、南北にそれぞれ6基二列に配列され、それから少し間隔をもって、この二列の土壙墓群を囲むように192基の土壙墓群が存在する。土壙墓は、小判形、隅丸長方形、楕円形を呈し、円形のものはない。この土壙墓の長軸のほとんどが中心を向いている。土壙墓群の環状の大きさは外径で28〜31m、内径で23〜29mほどである。この土壙墓群を、その方位などによってA〜Hの8つの構成単位に大別することができるという。報告書では8群をさらに17群に細分している。

環状土壙墓群の外側に掘立柱建物群（長方形柱穴列）がある。この掘立柱建物群は、柱穴4本で方形あるいは長方形を呈するもの、柱穴6本で短辺の中央柱が外側に突き出して六角形を呈するものとがある。この建物群の方位はまちまちで、環状土壙墓群の中心の方向に長軸をもつものと、それに直交する方向をもつものがあり、後者の数が

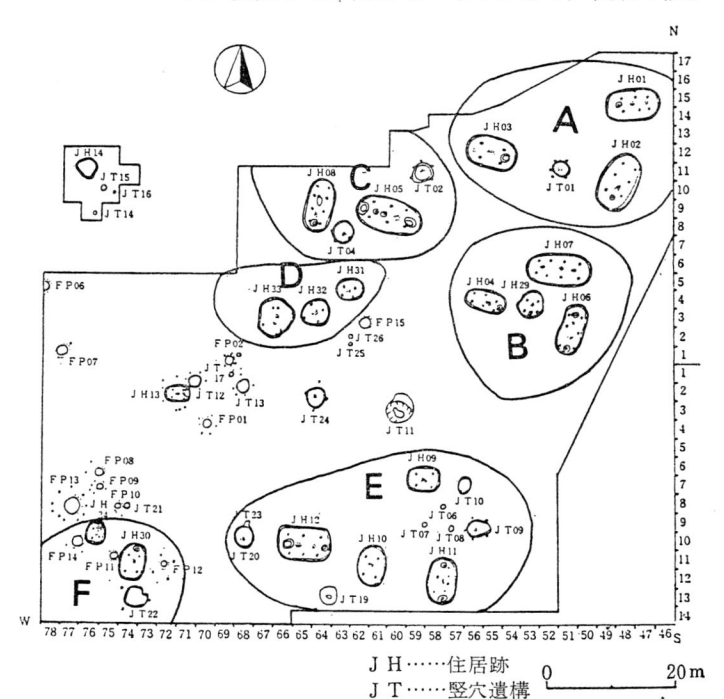

図4 館下I遺跡（A） 中央部の土坑群を境に竪穴住居跡が南北2群に分かれている。（A〜Fのグループについては文献3）参照）

J H……住居跡
J T……竪穴遺構
0 20m

少し多い。またこの建物群には重複があり，そしていくつかにグルーピングすることが可能で，報告書では10群にわけている。

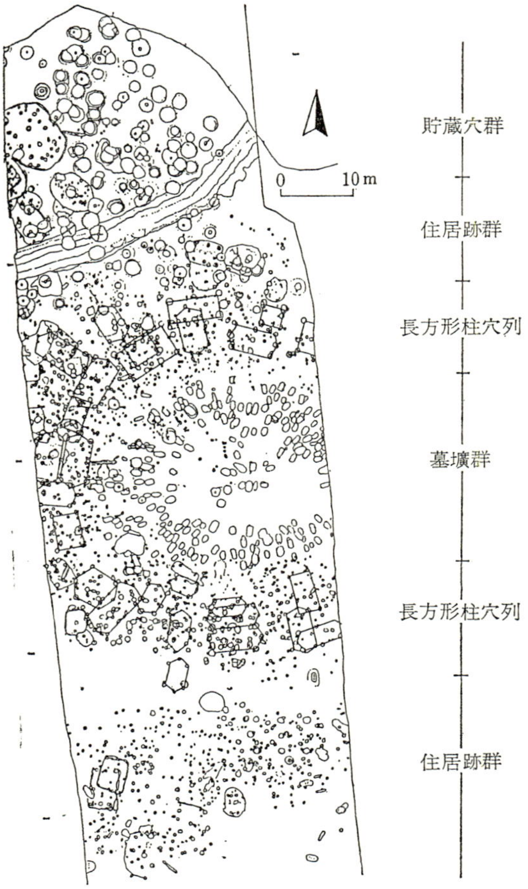
貯蔵穴群
0　10m
住居跡群
長方形柱穴列
墓壙群
長方形柱穴列
住居跡群

図 5　西田遺跡遺構全体図（註 11）『岩手の遺跡』より）

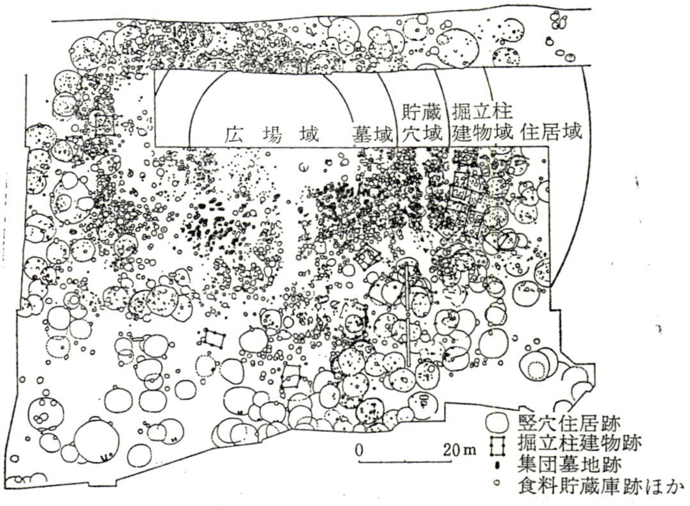
広　場　域
墓域
貯蔵穴域
掘立柱建物域
住居域
竪穴住居跡
掘立柱建物跡
集団墓地跡
食料貯蔵庫跡ほか
0　20m

図 6　風張(1)遺跡の縄文後期遺構図（註 12）より）

この時期の竪穴住居跡は，掘立柱建物群との間に若干の空白地帯を設けて外側に14棟検出されている。発掘調査地域の関係で東西の状況は不明であるが，南北の竪穴住居跡のあり方は土壙墓群や掘立柱建物群の数に比較して少なく，まばらであり，本当に環状土壙墓群と同じように竪穴住居跡群が環状に存在するか否か疑問である。

中心の土壙墓群が二列に配列されているのを見ると，竪穴住居跡群は大きく二群が存在し，環状を呈するとは限らないのではないかと考えられる。

この西田遺跡と非常に良く似た集落跡が青森県風張(1)遺跡で発掘調査された[12]。この遺跡は縄文時代後期後半の遺跡である（図 6）。

この遺跡の場合は中央に広場があり，広場南側の東西に土壙墓群が二群存在する。土壙墓の方位は，東側の土壙墓群では南北を向くものが多く，西側の土壙墓群では東西を向くものと，南北を向くものとがあり，西田遺跡の場合よりバラエティーがある。この土壙墓群を囲むように貯蔵穴群が存在し，その外側に掘立柱建物群がある。掘立柱建物群は，４本柱の方形・長方形が多い。中に長辺の中央柱が少し外側に出た六角形のものも若干確認されている。この六角形の形も西田遺跡のものと異なる。そして掘立柱建物群は東側に圧倒的に多く，西側には１棟，南側に２棟あるだけで，これは環状を呈することはなさそうである。

ところが，その外側に存在する竪穴住居跡群は環状を呈するのである。それを全体的に見ると二群ある土壙墓群を境にして，東西二群に分けられるものと考えられる。住居跡個々がどのように存在したかは，さらに検討を加える必要があるが，東西それぞれ10棟前後の竪穴住居が存在していたものと推測される。

この風張(1)遺跡の遺構全体のあり方は，後期前葉の大湯（おおゆ）環状列石遺跡[13]の姿を反映しているように見える。

大湯環状列石の場合は，ご存知のように万座・野中堂の二つの環状列石が83m ほどの空間地帯をもって存在する。万座環状列石の西側には環状列石の直ぐ外側に掘立柱建物群が存在することが発掘調査で明らかにされ，さらにその外側に断片的にではあるが竪穴

住居跡が検出されている。一方，野中堂環状列石の周辺は万座環状列石のような発掘調査はおこなわれていないが，現状変更や，昭和60年の発掘調査で野中堂環状列石の北側 15m ほどの所から，10基ほどのフラスコ状土坑（貯蔵穴）が検出されている。その貯蔵穴は環状列石に近い方から多く発見されていることから，野中堂環状列石の北側には貯蔵穴群が存在している可能性が大きい。このように見てくると，万座環状列石には掘立柱建物群が伴うが，野中堂環状列石には，それが伴っても少なく，風張(1)遺跡のような状態を推測できるのである。したがって大湯環状列石に伴う集落も大きく二群存在する可能性があると考えられる。

4 晩 期

後期から晩期の集落跡の発掘調査例は少なく，前記した青森県風張(1)遺跡の例を除くと，晩期の竪穴住居跡の発掘調査例は増加しているものの，この時期の集落の姿がよく見えていないのが現状である。

その原因の一つは，東北地方の縄文時代中期末以後，一般的な傾向として，竪穴住居跡が小型化し，集落は少数の竪穴住居で構成され，しかも分散する傾向が強くなったことによるものと考えられる。

集落跡の発掘調査例は少ないが，墓域の発掘調査例は秋田県地方遺跡[14]，藤株遺跡，梨ノ木塚遺跡，平鹿遺跡などがあり，秋田県が圧倒的に多い。

これらを含めて中期まで墓域のあり方をさかのぼって見ると，中期の二列にきれいに配列された土壙墓群の検出された青森県三内丸山遺跡，後期の万座・野中堂の二つの環状列石からなる大湯環状列石遺跡，晩期の大きく2群に分かれて600基以上の土壙墓群が存在する秋田県地方遺跡などの例がある。

これらの墓域のあり方は，縄文時代のそれぞれの時期の集落あるいは社会の姿を墓域に強く反映した結果と見ることができる。

この時期の集落が少数の住居で，分散して存在していても，早期末から前期初頭にできた集落内での二群化（二系統化）は前期，中期になって発達し，後期・晩期になっても，その伝統は生き続け

ていたことを，前記の墓域のあり方は物語っていると考えられるのである。

5 おわりに

集落遺跡の発掘調査例は年々増加するが，その他に，秋田市御所野台地 400 ヘクタール全域を分布調査し，そのほとんどが発掘調査されて，縄文時代の遺跡・集落のあり方などを検討できる資料が提示されている。また最初に記したように，福島県真野ダム建設に伴って真野川流域の大倉地域の発掘調査が終了し，それを分析した論考も発表されるようになってきた。集落遺跡の分析と，一つの広大な地域あるいは流域を広く見た場合を含めて，総合的に東北地方の縄文時代集落を検討できる時期が到来しつつあるように思える。

註
1) よねしろ考古学研究会「特集　縄文時代前・中期のムラ」よねしろ考古，7，1991
2) 中村良幸「大形住居」『縄文文化の研究』8，1982
3) 冨樫泰時「秋田県 縄文集落研究 の 現状 と 課題」『秋田地方史論集』1981
4) 鈴鹿良一「真野ダム関連の縄文時代遺跡」『発掘ふくしま』1993
5) 青森県教育委員会『中野平遺跡』1991
6) 青森県教育委員会『長七谷地貝塚』1980
7) 秋田県教育委員会『寒川Ⅰ遺跡』『一般国道７号八竜能代道路建設に係る埋蔵文化財発掘調査報告書』1988
8) 宮古市教育委員会『千鶏遺跡―昭和62年度発掘調査報告書―』1989
9) 秋田県教育委員会「上ノ山Ⅱ遺跡」『東北横断自動車道秋田線発掘調査報告書Ⅱ』1988
10) 福島県教育委員会『八重米坂Ａ遺跡発掘調査報告書』1991
11) 岩手県教育委員会『東北新幹線関係埋蔵文化財調査報告書―Ⅶ（西田遺跡）』1980
　　（財）岩手県埋蔵文化財センター「西田遺跡」『岩手の遺跡』1985
12) 青森県教育委員会『青い森の縄文人とその社会―縄文時代中期・後期編』1993
13) 鹿角市教育委員会『大湯環状列石周辺遺跡発掘調査報告書(2)』1986
14) 秋田市教育委員会「地方遺跡」『秋田新都市開発整備事業関係埋蔵文化財発掘調査報告書』1987
　　その他の報告書などについては省略させていただく。

縄文集落の変遷＝関東

東京都埋蔵文化財センター
■ 小 薬 一 夫
（こぐすり・かずお）

集落景観はそれぞれの時代・地域において多様な動態を形成し
ており，生業形態を背景とした地域研究の必要性が指摘される

1965年，高橋護氏は「一つの遺跡の始まりがどの時期からあって，どの時期までの土器がみられるかをはっきり示すことのできる遺跡は非常に少なく，とくに隣接の遺跡ではどうなっているのかということを考察しようとしたときに，ほとんど困難なのが現状」という段階の中で，集落分布の変遷とその動態について正面から取り組む研究の第一歩を踏みだした[1]。あれから25年，60年代後半の高度経済成長期の落し子として全国的規模で数多くの集落遺跡の調査が行なわれ，同時に土器型式の細分化もはかられてきた。これら新しい事実の蓄積は，縄文集落に対する認識をも変えてゆき，住居跡の単なる集合体から，住居以外の諸施設を取り込んだ集落の構造体としての認識へ，さらに一つの集落から自然環境を包括しながら面的な広がりとしての領域の問題へと拡大してきている。そして，問題が拡大してくればしてくるほど，住居跡や遺構自体の微視的な視点，構成体としての同時性の問題など，より精密な議論が反復的に展開されていかなければならないといえる。

集落の変遷を語るにあたって，2つの点に留意しておきたい。第1に，情報量の多い現在，各時代の代表的な集落を引き合いに出して概観することは容易なことではあるが，一方でこれまでの多くの調査成果は，単に集落規模が大きいとか，遺物量が多いとかいったものだけが代表的な遺跡ではなく，トピックス的な遺跡を並べているだけでは何の歴史性も語れないことを，現段階での到達点の一つとして認識しておきたい。

第2に，今日明らかにされつつある集落景観は，従来捉えられてきたほど画一的でも単一的でもなく，それぞれの時代・地域において多様な動態を形成している。おそらくこの集落景観は，自然環境へどのような形でどのように働きかけるかといった適応の差として現われてくるはずである。ここに，各時代における生業形態を背景とした地域研究の必要性が指摘できる。

以下では，著者がフィールドとする多摩ニュータウン地域の事例を中心にその変遷をおいかけてみたい[2]。多摩ニュータウン地域は，関東西部山地から多摩川の南岸沿いに細長く延びる多摩丘陵上に位置し，北側は多摩川を境に武蔵野台地，西側では境川との分水嶺を挟んで相模原台地が展開する標高 100〜150m 前後の丘陵地にあたる。この地域でこれまでに調査された縄文時代の遺跡数は約 800 カ所におよぶ。

1 早期後半

この時期を特徴づける遺構として「炉穴」がある。炉穴の分布域は，関東平野という限定された地域のなかで，これまでに約千箇所近くの遺跡から検出され，きわめて時代性・地域性の強い生活址である。多摩ニュータウン地域での炉穴は，境川と多摩川水系の分水嶺上のおよそ南北 3km の地域に，野島式期の炉穴が集中しており，その時期幅と分布に強い偏在性がある（図1―1）。この地区は西側に開ける相模原台地と多摩丘陵との変換点にあたる。そして，東側の丘陵内部からは，約 8,000 基以上の陥し穴土坑が検出されている（図1―2）。この炉穴と陥し穴土坑分布との明瞭なまでの区分は，一見両者の排他関係を示しているかのように見える。確かに炉穴と陥し穴土坑は居住域と狩猟域といったその性格の違いからして，立地・分布が異なることは十分考えられるところであり，現に港北ニュータウン地域の調査でも同様な指摘がなされている。しかし，分水嶺上に集中する炉穴の時期は，そのいずれもが野島式期の一時期に集中しており，その形成期間がきわめて限定されている。これに対して，丘陵内部に広がる 8,000 基以上の陥し穴土坑は，野島式を含む前後の時間幅と多くの小集団による重複利用の結果であり，陥し穴土坑を構築した集団は，分水嶺上の野島式期の集団だけではなく，ニュータウン地域をこえた広い範囲での別集団もが重複利用したものと考えられることから，さらに広い範囲を領域の視点として取り込んでいかなければならない

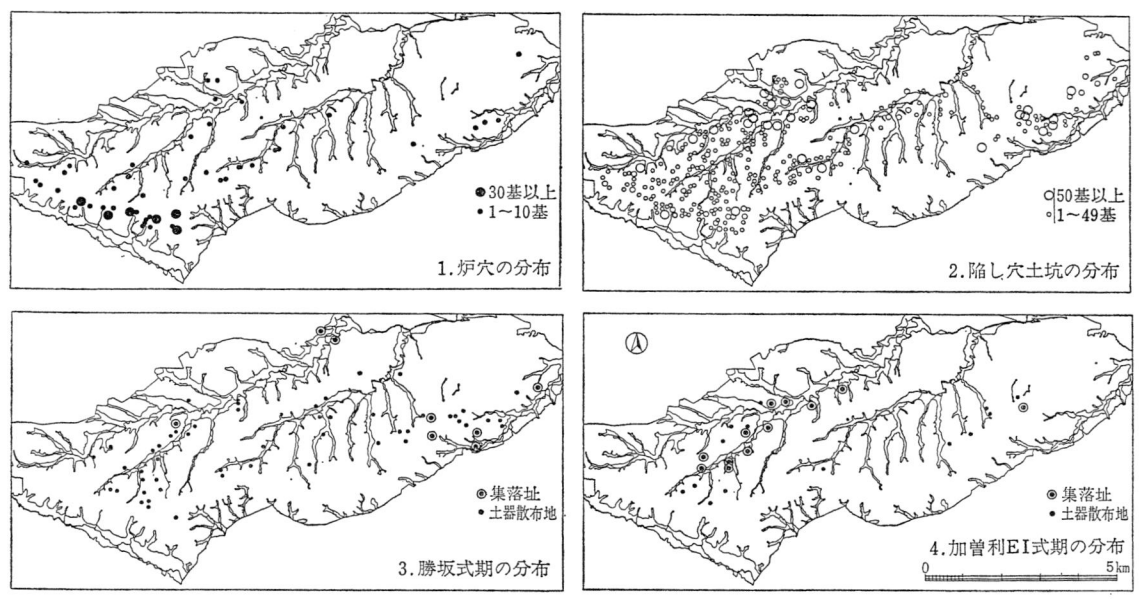

図1　多摩ニュータウン地域内の遺跡分布

1. 炉穴の分布
　●30基以上
　・1〜10基

2. 陥し穴土坑の分布
　○50基以上
　○1〜49基

3. 勝坂式期の分布
　◎集落址
　・土器散布地

4. 加曽利EI式期の分布
　◎集落址
　・土器散布地
　0 ——— 5km

ことがわかる[3]。

　また，多摩丘陵内の石器組成をみると，磨石類が卓越しており「抉入磨石」というこの地域特有の石器も生み出している一方，石鏃の出土率がきわめて低いことが特徴としてあげられる。これは，当該地の狩猟法の一つとしてその地勢を巧みに利用した陥し穴土坑猟が発達したものによると考えられる。これに対して，海浜部寄りの武蔵野台地上に位置し，炉穴409基が検出されている世田谷区堂ケ谷戸遺跡では，石鏃の出土量がきわめて高い。武蔵野台地では陥し穴土坑の検出例がきわめて少ないことが従来より指摘されており，このことと考え合わせると，丘陵地とは異なる石鏃を多用した狩猟法が発達していたものと考えられる。

　関東地方ではこれまでに早期後半の住居址は，88遺跡219軒検出されており，撚糸文式期の39遺跡105軒に比べ2倍以上に増加している[4]。この数量的な増加が，より定着性の度合いを強め人口の増加を促したものなのか，あるいは頻繁な移動の結果によるものであるのかについては，炉穴の重複利用とも合わせて意見の別れるところではある。

2　前期前半

　多摩ニュータウン地域では，遺跡数そのものは前時期と大きく変わらないが，集落址はわずかに

8遺跡だけとなり，大半の遺跡は丘陵内にわずかな土器片を残すだけの遺跡となる[5]。この時期は縄文海進が最も進む時期で，奥東京湾沿いの地域では，幸田貝塚，打越遺跡など花積下層式から関山式にかけての大規模な遺跡が出現している。また横浜の港北ニュータウン地域でも，奥東京湾域よりやや遅れて黒浜式から諸磯a式期の集落が展開し始める。これらはいずれも縄文海進によって形成された海岸部付近に立地する集落で，海への生業依存を強めていった中で大規模な遺跡を形成していったものであり，その自然環境へ新たに適応していったものといえる。そして，この丘陵部の集落と海浜部の集落は，それぞれ異なる土地利用を展開しながらも，土器型式・住居型式にみられる同一性などからみてきわめて有機的かつ密接な関連があったことも指摘できる[6]。

　また一方で，内陸部でも住居址以外に長方形大形建物跡や土壙多数が検出された栃木県根古屋台遺跡や大形住居址・土壙・掘立柱建物跡などが検出されている群馬県中野谷松原遺跡など，早期的な集落景観から脱却した集落址が出現していることは，一つの地域性として注目される。

3　前期後半

　諸磯b式期以降になると，海退の影響を受けてそれまで栄えていた海浜部の集落は，大きく衰退していくが，逆に多摩ニュータウン地域では，こ

れと連動するかのように住居址1・2軒を単位とするような小規模な集落が散在的にではあるが，丘陵内部（とくに丘陵裾部の緩斜面地）に数多く点在しはじめる。これらは，住居軒数こそ少ないものの，一定の生活用具を取り揃え，またこの地域独自の土器も保有していること[7]，さらに多摩丘陵周辺では，諸磯b式期の大規模な集落址が検出されていないことなどからみて，これらの小規模集落が単なるキャンプサイト的な遺跡ではなく，丘陵地の特性を生かして形成された居住形態の一つとして捉えられる[8]。

このような傾向は，同じ丘陵地的な地勢を示す赤城山麓地域においても確認されており[9]，前期における丘陵地形を基盤とした集落景観がうかがえる。なぜこのような居住形態が形成されたかについては，なお検討されなければならないが，これまで中期の特色とされていた打製石斧の出現・普及が諸磯b式期にまでさかのぼることが明らかにされてきており，きわめて中期的な生産用具の確立へ向けての萌芽がすでに形成されてきていることは注目される。

4　中　期

遺跡数が増加した諸磯b・c式以降，前期末から中期初頭にかけては遺跡数も大幅に減少し，集落址もほとんど検出されなくなる。これは単に多摩ニュータウン地域だけではなく，広く関東地方一円にわたって認められる現象である[10]。

勝坂2～加曽利E3式期になると，中央に広場をもち環状に住居址が分布する大規模な集落が各地に出現する。しかし，この事象も土器型式の細分，住居址の重複関係，遺物廃棄のあり方などから，例え多くの住居址が検出されたとしても，同一時期では3軒前後から5，6軒といった規模の集落が，繰り返し居住地として利用した最終的な結果として大規模集落遺跡が形成されたと認識されてきている。ただし，それが例え最終的な結果であったにせよ，あくまでも住居は中央広場へ進出せず，一定のエリア内で重複を繰り返していたことも事実であって，問題は継続にしろ断続・回帰的にしろ，なぜその地が重層的に利用されなければならなかったのかを，集落自体の分析はもとより，生産形態を含めた生活領域をも視点に取り込みながら再検討されなければならない段階にきているといえよう。多摩ニュータウン地域では，

勝坂2式期以降に初めて大規模な遺跡が出現するが，勝坂式期では三沢川流域に，加曽利E式期では大栗川の流域といったように，水系を単位として複数の住居址群が点在する様相がうかがえる（図1—3・4）。しかし，これらの遺跡の規模は概して小さく，住居址も斜面に沿って分布し広場を形成するような環状構成を示すものも少ないといったように，その集落景観はきわめて丘陵的であるといえる（図2—1～3）[11]。

これに対して，多摩川の北岸に開ける野川流域の武蔵野台地南部では，「はけ」面に中山谷・貫井・原山遺跡など，大規模な中期集落が数多く点在している。この地域には，前期集落はほとんど検出されておらず，まさに中期になって爆発的に増加したものであり，多摩丘陵の様相とはきわめて対照的な，台地的な様相を示しているといえる。多摩丘陵の前期にみられた1・2軒を単位とするような小規模集落に対して，武蔵野台地の中期では同一地点での重層的な土地利用が展開したことになるが，この点に関しては「前期の散在的集落から中期の集住的集落へ」，さらに「生産構造の変質と生産領域の変化を前提にした個別から協業へのプロセスを想定」させるという能登健氏の指摘がある[12]。

また，これまで表面的な現象から同一視されてきた環状にめぐる集落構成上においても，千葉・茨城・栃木県の東北関東では，住居址群の内側には貯蔵穴群が形成されているのに対して，東京・埼玉・神奈川の西南関東では，いわゆる広場的空間内に墓壙群が展開するといったような，地域的な差が指摘されており，集落形成における質的な違いがうかがえる。

5　後期～晩期

中期末から後期初頭（加曽利E4～称名寺式期）にかけては，関東レベルで遺跡数が減少する中で，柄鏡形住居というこれまでになかった住居形態を生み出す。多摩ニュータウン地域でもまた例外ではなく，それまでの台地上の占地から，より河岸段丘寄りの低地面へ移行する傾向が強まり，1・2軒を単位とする小規模な遺跡が点在するのみとなる。さらに堀之内式期以降になると，遺物散布地は広く認められるものの，集落址は境川水系付近の2遺跡（No.194・No.245遺跡，図2—2・4）だけとなり，この時期をもって丘陵地内の集落址

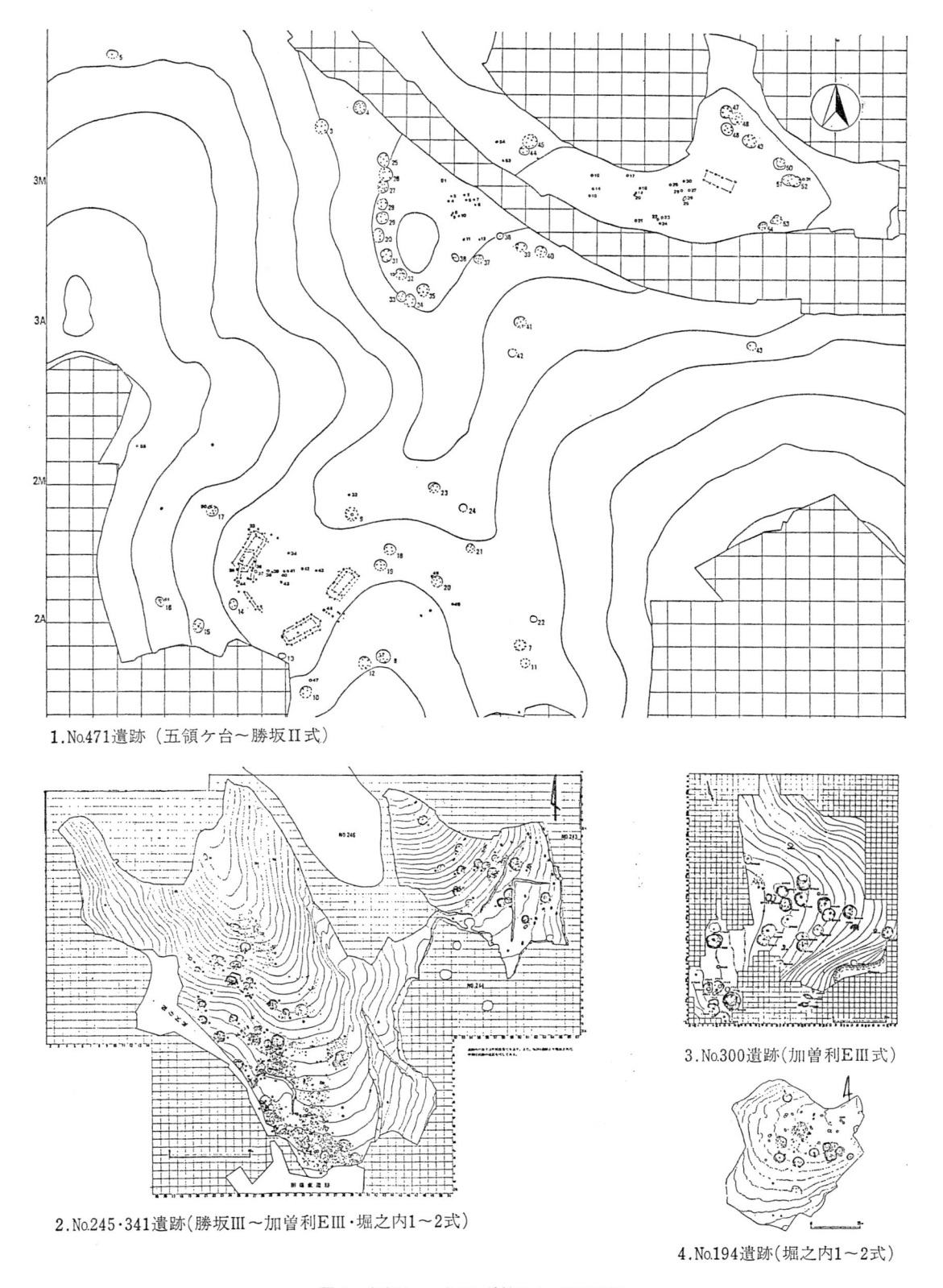

1. No.471遺跡（五領ケ台〜勝坂II式）

2. No.245・341遺跡（勝坂III〜加曽利EIII・堀之内1〜2式）

3. No.300遺跡（加曽利EIII式）

4. No.194遺跡（堀之内1〜2式）

図2　多摩ニュータウン地域の中・後期集落

としての土地利用は終焉を迎える。

　一方，東京湾岸の貝塚地帯や港北ニュータウン地域内では，堀之内式期以降も中期的な集落構成を維持しつつ安定した後期集落が形成されている。ただし，そこにはすでに中期にみられた異常なまでの重層的な土地利用は減少してきている点も指摘できる。

　またこの時期，低湿地遺跡では埼玉県赤山陣屋跡遺跡のトチの実加工場跡や東京都北江古田遺跡や長野県栗林遺跡のクルミ貯蔵穴の検出といったように，低湿地での新たな土地利用の展開が認められる。この点は，集落立地の低位面への移行と合わせて生産形態の変容が考えられ，当該期における集落研究の一視点として注目される。

　後期後半から晩期にかけての集落については，近年話題を集めた山梨県金生遺跡・群馬県矢瀬遺跡・同茅野遺跡などをあげることができる。これらの遺跡は，該期における遺跡数の減少（人口の減少）的傾向のなかで共同体の結束を強めるために，配石遺構や「第二の道具」といった儀礼の構造を発達させたもので，中期集落に比べより居住域・墓域・祭祀域の空間分布が明瞭になる。ただし，これらの傾向は，あくまでも中期の重層的な土地利用の解体という時代性とともに，山間地域といった一定の地域性の中で形成されたものであって，決して特殊なものではないことは言うまでもない。

6　おわりに

　とりとめのないものとなってしまったが，これも縄文集落の多様性故とご了承いただきたい。後期以降については多摩ニュータウン地域での情報量が希薄なため，粗雑になってしまったが，この時期については山本暉久氏の一連の論攷が補ってくれるものと思われる[13]。

　1993年，一つの遺跡の始まりがどの時期からあって，どの時期までの土器がみられるかをはっきり示すことのできる遺跡が多くなった。新しく蓄積された資料をもとに，集落研究の進展を望む。

註
1)　高橋　護「縄文時代における集落分布について」考古学研究，12—1，1965

2)　前期から中期の遺跡分布図は，小薬一夫「多摩ニュータウンの遺跡群調査—丘陵地における集落構造の展開—」研究論集Ⅶ，東京都埋蔵文化財センター，1989を，後期以降については，丹野雅人「多摩ニュータウン地域における後～晩期の遺跡の変遷について」『多摩ニュータウン遺跡—昭和62年度（第5分冊）』東京都埋蔵文化財センター，1989をそれぞれ参照されたい。

3)　これらの点に関しては，別稿「炉穴と領域」として『法政考古学』第20号に投稿済みである。

4)　早期前半の遺跡数は原田昌幸「続・撚糸文期の竪穴住居跡」土曜考古，8，1984，後半の遺跡数は小林謙一「縄文早期後葉の南関東における居住活動」縄文時代，2，1991による。

5)　土井義夫・黒尾和久「縄文時代前期前葉の居住形態—多摩丘陵地域の事例を中心として—」『武蔵野の考古学』吉田　格先生古希記念論文集，1992

6)　小薬一夫「『住居型式』論からの視点—縄文時代前期の集落領域解明に向けて—」研究論集Ⅹ，東京都埋蔵文化財センター，1991

7)　可児通宏「縄文人の生活領域を探る—土器による領域論へのアプローチは可能か—」研究論集Ⅹ，東京都埋蔵文化財センター，1991，岩橋陽一ほか「諸磯ｂ式土器の展開とその様相—多摩丘陵からの視点—」研究論集Ⅺ，東京都埋蔵文化財センター，1992

8)　小薬一夫「縄文前期集落の構造—内陸部と海浜部の集落比較から—」法政考古学，10，1985

9)　能登　健「遺跡分布調査による縄文集落変遷の分析」『粕川村の遺跡』粕川村教育委員会，1985，鬼形芳夫「赤城山麓における縄文文化の展開」群馬県史研究，21，1985

10)　今村啓爾「縄文前期末の関東における人口減少とそれに関する諸現象」『武蔵野の考古学』吉田　格先生古希記念論文集，1992

11)　図2に取り上げたNo. 471，No. 300遺跡の報告書は現在印刷中，No. 245・341，No. 194遺跡については現在整理中の資料である。

12)　能登　健「生産領域論（旧石器・縄文時代）」『日本村落史講座』1，雄山閣，1992

13)　山本暉久「縄文時代中期終末期の集落」神奈川考古，9，1980，「縄文時代後期前葉の集落」神奈川考古，22，1986，「縄文時代終末期の集落」神奈川考古，25，1989

縄文集落の変遷＝九州

鹿児島県立埋蔵文化財センター
■ 新 東 晃 一
（しんとう・こういち）

九州の集落調査は数を増している。とくに早期では北部九州の押型
文土器系統と南九州の貝殻文系円筒土器系統とに大きく区分される

　九州の縄文時代の 集落研究は， 木村幾多郎氏[1]
が十数年前に述べているように，「一軒の 住居址
すら検出することが困難な状況であっては，研究
の対象が集落構造解明の方向にむきにくかったの
は当然のこと」であり，そして，当時の九州地方
の住居址発見件数も総数47基程度であり，他の地
域と比較すると極端に少なく，縄文集落解明の資
料は皆無に等しかった。

　その後，大規模な発掘調査と地質学や火山学な
どの隣接学問の進展と考古学への応用に伴って，
とくに南九州を中心に縄文集落にかかわる新しい
多くの成果が得られている。なかでも，草創期か
ら早期は他の 時期に 比較して遺構の 調査例が多
く，成果も大きい。

　これらの成果から，木村氏の報告時点では前期
とされていた鹿児島市加栗山遺跡[2]の 住居址群は
早期に属し，そのなかでもさらに古い段階の前葉
に位置づけられた。これらはその後の南九州の層
位的な成果によるもので，土器型式の編年も大幅
な変動がみられることになった。

　九州の土器編年の変動の最大の特徴は，南九州
の貝殻文系円筒土器の位置づけであり，これらの
土器文化が単なる地域的な特異性だけでは語れな
い問題となっている。

　そのためここでは，これまで判明している成果
から時期区分の問題とそれに伴う集落について最
も資料の豊富な早期を中心にみてみたい。

1　層序体系の確立

　現在，九州の縄文研究で急がなければならない
課題は，縄文土器の編年および変遷であろう。

　九州では，昭和35年からの長崎県福井洞穴の発
掘調査によって，旧石器時代最終末の細石器時代
終末期の 細石器文化層中に隆帯文土器（三層）や
爪形文土器（二層）が共伴し九州最古の 土器に位
置づけられ，縄文文化の起源に大きな問題を提起
した。さらに，昭和45年からの長崎県泉福寺洞穴
の発掘調査では，隆帯文土器の下層に豆粒文土器

が発見され，九州最古の土器は隆帯文土器から豆
粒文土器へとさかのぼった。泉福寺洞穴の十年次
にわたる発掘調査は，旧石器時代終末期から縄文
文化の起源，草創期文化の変遷についての多くの
資料を提供してくれた。このような状況下におい
て，縄文土器の発生は西北九州あたりに求められ
る形となっていた[3]。

　ところがその後南九州では，桜島を起源とする
薩摩火山灰層の発見および認定以来，その下層に
出土する文化の実態が徐々に判明してきた。火山
灰層の直下には，初期の段階は細石器文化層が確
認され，その後には石鏃や石斧，それから隆帯文
土器などが確認され，細石器を含まない時期の遺
跡が存在することも判明してきた。薩摩火山灰層
は南九州では比較的広範囲に堆積しており，しか
も約11,000年前と限定できる示準層である。

　しかも最近，鹿児島市掃除山遺跡[4]ではこの火
山灰層下より隆帯文土器などを伴った住居址や土
坑（炉穴）などが発見され，草創期段階の集落と
して注目された。そして，早期に発達する円筒形
平底の器形がすでにこの段階で醸成されているこ
とも判明した。

　この薩摩火山灰層の上位には早期文化層を挟ん
で鬼界カルデラを起源とするアカホヤ火山灰層
（約6,300年前）が厚く堆積する。この火山灰層は超
広域な示準層として著名であり，九州 あるいは
西日本の 縄文早・前期土器編年に 大きく 寄与し
ている。この火山灰層発見のとくに大きな成果
は，それまで九州では最古とされていた曽畑式土
器や 轟 式土器がこの火山灰層より後出すること
が判明したことである[5]。さらに，南九州では在
地系土器の位置づけと，その間の土器型式の編年
体系がほぼ確立したことである。早期前葉には前
平式・吉田式土器などの土管状の貝殻文系円筒土
器が，中葉に石坂式・下剥峰式・桑ノ丸式土器な
どのバケツ状を呈した円筒土器が，後葉には平栫
式・塞ノ神式土器などのラッパ状に口縁部を開く
円筒土器が続く。南九州では中葉に押型文土器が

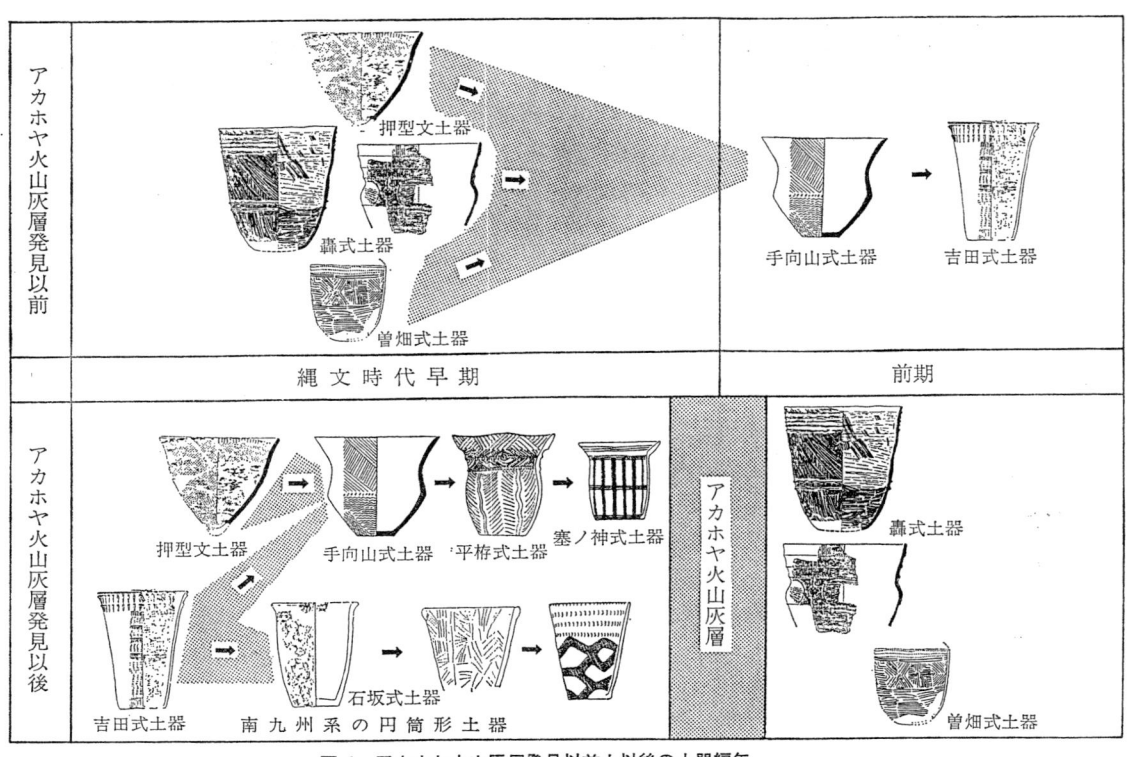

図1 アカホヤ火山灰層発見以前と以後の土器編年

外来系土器として初めて到来している。おそらく、南九州以外の北・東部九州では、前葉のある段階には南九州の貝殻文系円筒土器と対峙して押型文土器の古い段階が存在していたことになる。そして、アカホヤ火山灰層堆積後、尖底（轟式土器）や丸底（曽畑式土器）の器形の汎九州的な広域土器型式へと移行し、在地系土器の様相はまったくみられなくなる。南九州の早期文化は、前葉の段階から後葉へ移行するにいたって北部九州へと分布圏を拡大する傾向にある。また、中葉末から後葉の土器型式には壺形土器がセットとして存在し[6]、さらに、後葉には土製耳飾り（耳栓）が出土するなど、他の地域とは文化の異なる特徴も所持している。

2 草創期の集落

九州の草創期の遺跡は、これまで洞穴遺跡を中心に見られたが、最近の調査では開地遺跡の発見例が増加している。これまで住居址を伴う遺跡は福岡県柏原遺跡[7]と鹿児島県掃除山遺跡の二遺跡があげられる程度であるが、最近南九州では集落に付属すると考えられる遺構の検出が相次いでいる。鹿児島県志布志町東黒土田遺跡[8]では、4層

の薩摩火山灰層の下層の6層から船形配石炉と貯蔵穴が発見されている。船形配石炉は、165 cm×70 cm の平面形に安山岩板石を組み合わせるもので、板石の一部が焼けて内部からは炭化物も確認されるところから屋外炉の用途が考えられる。貯蔵穴は、入戸火砕流（約22,000年前）に掘り込まれて、直径 40 cm、深さ 25 cm の浅鉢状を呈し、内部には炭化した堅果が黒色土と混じて多量に満たされていた。その堅果の ^{14}C 年代は11,300±130年前が測定され、上層の火山灰層とも調和するもので、貯蔵穴としては日本最古の年代を示す。南九州ではこれに類する船形配石炉は、鹿児島市掃除山遺跡や鹿児島県川辺町鷹爪野遺跡（96 cm×67 cm）や鹿児島県加世田市梓ノ原遺跡でも検出されている。いずれも薩摩火山灰層下の検出であり、隆帯文土器を共伴するところから草創期に該当するものである。なお、梓ノ原遺跡では、土坑や集石遺構も確認されており、今後の調査では住居址などの検出も期待される。このように南九州では草創期の段階の船形配石炉・土坑（炉）・集石遺構は、集落を構成する遺構として定着していたことが窺える。

なかでも掃除山遺跡は、薩摩火山灰層下に隆帯

58

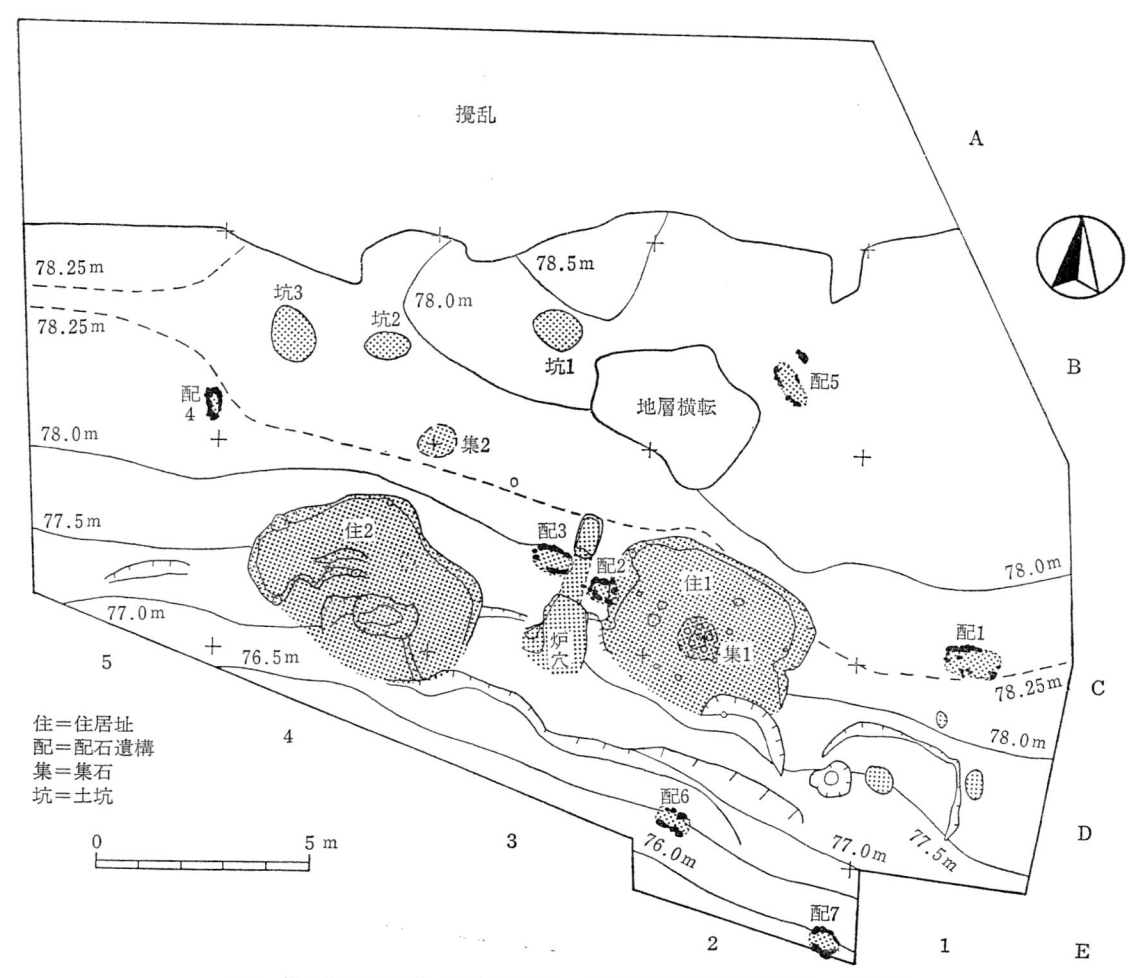

図 2　縄文草創期の遺構〔掃除山遺跡〕　（鹿児島市教育委員会1992を一部改変）

文土器を共伴した竪穴住居跡や土坑（炉穴），船形配石炉などが発見され，草創期集落を概観できる唯一の遺跡といえる。薩摩火山灰層は台地最上部は 30cm〜50cm と薄いが，傾斜地は 1m 以上の厚い堆積がみられる。この火山灰層の直下にチョコレート色の腐植土層が形成され，遺物包含層となっている。遺構は，この層の下層の入戸火砕流を基盤として造られている。共伴した隆帯文土器は，その形状や施文方法からⅤ類に区分されている。注目すべきは底部形態で，平底・上げ底・丸平底・尖底とバリエーションに富む。とくに平底の形態は，南九州の早期前半から発達する貝殻文系円筒土器に連続することが確認された。

　住居址は 2 基発見されているが， 1 号は傾斜面上にあり，4.6m の片側に落ち込みを持つ楕円形プランで住居址内には17本の柱穴をもつ。 2 号は，全形は不整形な約 5.5m の楕円形プランで，

住居址内には総計 4 本の ピット （柱穴）をもち，炭化物の 密集する部分もある（炉址）。炉穴（連穴土坑）は，段落ち部分から高さ 17cm×幅 54cm の横穴（煙道）を約 1m の長さに上向きの傾斜をもって掘られ，長径約 1m の長方形の土坑に連なるタイプである。配石炉は， 7 基確認されている。そのうちいわゆる船形配石炉は 3 基検出されているが，1m〜75cm 程度の 大きさで東西方向に向き，いずれも内部には赤色化土や炭化物が確認されるところから屋外炉と考えられる。その他に，直径80cm 程度の集石遺構が 2 基，直径1m 程度の土坑が 2 基存在する。なお， 1 号住居址の埋土にかけて 2 号船形配石炉がみられる点や 1 号住居址廃棄後 1 号集石がみられる点，さらに土器形態にバリエーションが多い点などから，若干の時期差も考えられる。

　このように掃除山遺跡では，草創期の段階にす

でに竪穴住居跡の他に配石炉，炉穴（連穴土坑），集石遺構を備えた集落が存在していることが確認された。そのうち，配石炉は草創期段階で消滅し，炉穴（連穴土坑）は早期前半に引き継がれ急増している。

一方，北部九州では，福岡県柏原E遺跡の草創期に該当する刺突文土器期に，直径2m前後の不整円形の住居址が8基確認されている。また，隣接するF遺跡でも撚糸文土器と刺突文土器期に，不整円形の住居址が1基と土壙2基が確認されているにすぎない。

3　早期の集落

九州の早期については米倉秀紀氏[9]は，南部九州と北部九州では遺物組成に大きな差があり，それは当時の植生環境を反映した生業に著しい違いがあったとする注目すべき見解を述べている。また，九州の早期の集落については，山崎純男氏や木崎康弘氏[10]らの詳細な遺跡調査の成果を応用し

た高橋信武氏[11]の早期の集落分析があり，九州の集落の実態についてはほぼ網羅した成果が得られている。さらに，和田秀寿氏[12]は，西日本の早期住居形態の集成を試みている。

九州の早期の集落は，北部九州の押型文土器系統に属すものと，南九州の貝殻文系円筒土器系統に属す二つに大きく区分される。そしてこれらは，米倉氏の石器組成からみた生業形態の推定にも調和するもので，九州の集落構成の大きな特徴ともいえる。また，和田氏も指摘しているように，押型文土器文化は円形住居系統であるのに対し，南九州の貝殻文系円筒土器文化は方形住居系統を主体としている。南九州の貝殻文系円筒土器系統の集落は，その系譜は先の掃除山遺跡によって草創期段階から継続することが判明している。そして，中葉にも円筒土器は継続し，さらに後葉の平栫式や塞ノ神式土器も，その形態や分布圏から円筒土器の系統と理解される。その間，南九州では早期中葉段階で円筒土器と押型文土器とが接触している。

早期前葉の集落で貝殻文系円筒土器系統の遺跡は，鹿児島市加栗山遺跡や倉園B遺跡，宮崎県札ノ元遺跡などが知られており，いずれも住居址や炉穴（連穴土坑），集石遺構などで構成されている。なかでも加栗山遺跡は標高170mの東西60m，南北200mの南に延びた舌状台地上に縄文早期の貝殻文系円筒土器の前平式・吉田式・石坂式

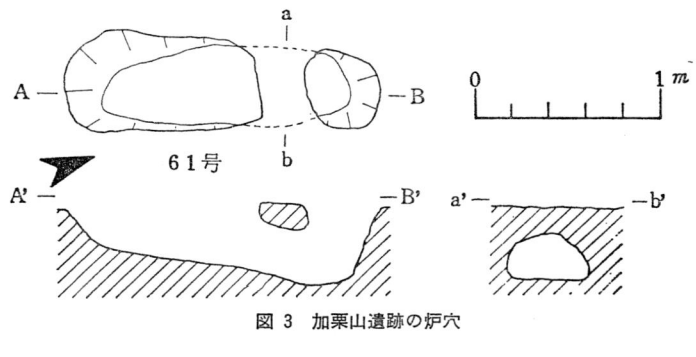

図3　加栗山遺跡の炉穴

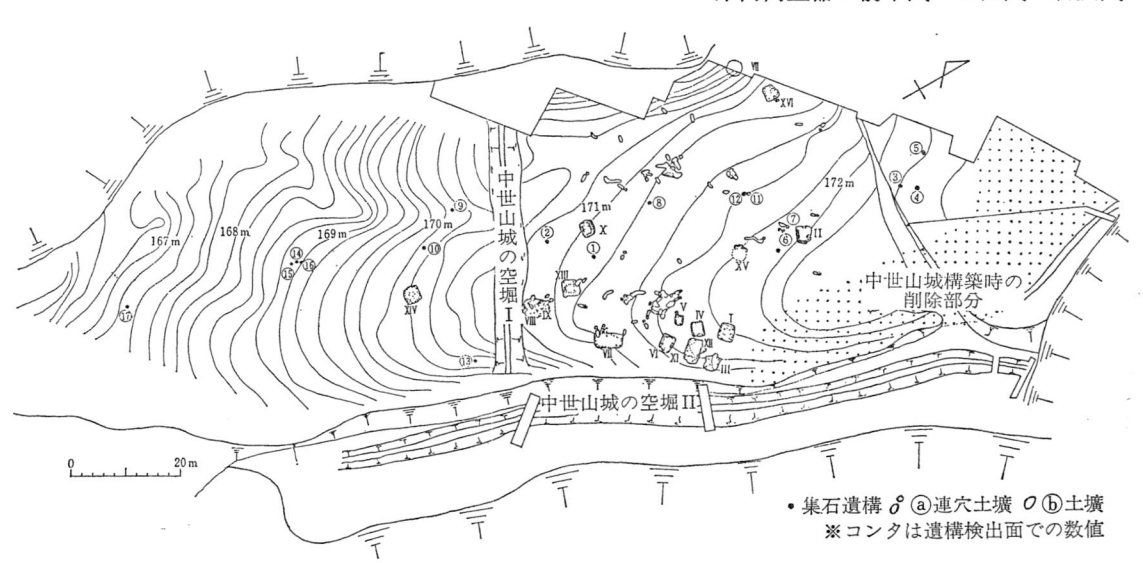

・集石遺構　♂ⓐ連穴土壙　○ⓑ土壙
※コンタは遺構検出面での数値

図4　縄文時代早期の集落〔加栗山遺跡〕（鹿児島県埋蔵文化財報1981より）

土器に共伴する竪穴住居跡群が総数17基検出された遺跡で，早期前葉の集落の全容が把握された遺跡である。住居址群は，台地東側縁辺部に集中し，土坑群や広場的空間を取り囲むように弧状あるいは馬蹄形に分布している。住居址の他に，土坑76基，集石17基が検出されている。住居址の形態は不定形の１基を除き，すべて隅丸方形を呈する。最大規模は長辺5.1m，短辺2.8mで最小規模は長辺1.9m，短辺1.6mである。内部構造は，柱穴・壁柱穴・壁帯溝を設けているが，炉は確認されていない。住居址群は，早期前葉の吉田式土器に属す14基と石坂式土器に属す２基に大きく分かれる。

　土坑の中で炉穴（連穴土坑）は，総数33基を数える。長楕円形土坑（焚き口）と小円形土坑（煙道）をトンネルによって連結するタイプである。土坑は住居址群に隣接した部分や広場的空間にまとまって設置されている。集石遺構は17基検出され，住居址に隣接するものもあるがほとんどは台地いっぱいに拡がって分布する。

　とくに炉穴（連穴土坑）は，鹿児島県倉園Ｂ遺跡や宮崎県札ノ元遺跡，最近調査の椎屋形２遺跡などで相当数が検出されている。掃除山遺跡の草創期段階から貝殻文系円筒土器系統の早期前葉の限られた時期の集落に付随するもので，今のところ中九州や北部九州にはみられない。ところが三重県鴻ノ木遺跡[13]では早期前半の大鼻式土器期の炉穴（連穴土坑）が確認されている。さらに，関東地方では早期後半にこの種の炉穴の存在が早くから指摘されていたが[14]，今のところ南九州の炉穴（連穴土坑）が最も古く位置づけられる。用途を含めその系譜が注目される。

　押型文土器系統の集落遺跡は，福岡県柏原Ｅ遺跡や深原遺跡，長崎県鷹野Ａ遺跡などにみられる。とくに柏原Ｅ遺跡では，竪穴住居址104基，土坑49基が検出されている。そのうち押型文土器に伴う住居址は15基存在している。土坑のうち土壙墓と考えられるものが28基みられるが，九州では初例である。住居址の形態は，ほとんどが不整円形である。

4　おわりに

　九州では，前期以降は良好な集落の調査に恵まれず，九州の集落を特徴づける遺跡は少ないので住居の形態についてのごく概要を記しておきたい。前期では佐賀県千束遺跡の曽畑式土器を伴う直径約2.5m程度の円形住居址で，竪穴内壁周囲に小柱穴がめぐる住居址が１基報告されている。中期では船元式土器に伴う春日式期の住居址が鹿児島県前谷遺跡で５基検出されている程度であり，住居址の検出例は極めて少ない。中期末から後期にかけては竪穴住居址の検出例は近年徐々に増加しており，また最近，前迫亮一氏[15]によって南九州を中心に九州の竪穴住居址の形態が論じられている。それによると，九州の後期前葉から中葉にかけて，方形プランから円形プランへと変化する傾向がみられる。ちょうどこの期は九州では指宿式土器や市来式土器などの在地系土器が発達する時期でもあり，地域を越えて住居址プランが円形化へ進むことは興味ある傾向といえる。

　最後に，九州の集落について紹介してきたが，力不足のために十分な検討がおこなえなかったことをご寛容いただきたい。

註

1)　木村幾多郎「九州地方における縄文時代集落研究の現状」異貌，9，1981
2)　鹿児島県教育委員会「加栗山遺跡」『鹿児島県埋蔵文化財発掘調査報告書』(16)，1981
3)　安田喜憲『環境考古学事始』1980
4)　鹿児島市教育委員会「掃除山遺跡」『鹿児島市埋蔵文化財発掘調査報告書』(12)，1991
5)　新東晃一「火山灰からみた南九州縄文早期・前期土器の様相」『鏡山先生古稀記念古文化論攷』1980
6)　新東晃一「縄文早期の壺形土器」南九州縄文通信，4，1991
7)　福岡市教育委員会「柏原遺跡群」『福岡市埋蔵文化財発掘調査報告書』第158集，1987
8)　河口貞徳「縄文草創期の貯蔵穴」季刊考古学，1，1982
9)　米倉秀紀「縄文時代の早期の生業と集団行動」文学部論集，13，1984
10)　熊本県教育委員会「狸谷遺跡」『熊本県文化財発掘調査報告書』第90集，1987
11)　高橋信武「縄文時代の集落―九州における研究の現状」おおいた考古，1，1988
12)　和田秀寿「西日本における縄文早期の住居形態をめぐる二，三の特質と地域性」考古学論集，3，1990
13)　三重県教育委員会「鴻ノ木遺跡」『一般国道42号松阪・大気バイパス埋蔵文化財発掘調査概報』1，1991
14)　佐藤明生「炉穴　研究ノート」貝塚，33，1984
15)　前迫亮一「縄文時代の竪穴住居」南九州縄文通信，5，1991

食料貯蔵

（財）栃木県文化振興事業団
埋蔵文化財センター
塚 本 師 也
（つかもと・もろや）

食料貯蔵の研究はその対象・方法や全食料中の貯蔵食料の占める割
合，年間スケジュールにおける位置づけにまで論究する必要がある

1 縄文時代の食料貯蔵

　狩猟採集社会は，同一経済基盤ということで一括され，農耕社会に先行する，経済的・文化的により劣った社会であると理解されてきた。現在，食料貯蔵の有無を基準として狩猟採集民を二分する考えが示されている。すなわち，食料貯蔵が低調で，入手した食料は即時に消費し，食料を求めて移動する遊動型狩猟採集民と，食料貯蔵を行ない，定住生活を送る食料貯蔵型狩猟採集民の二つである[1]。食料の欠乏期に集団を養いうる量の食料貯蔵が行なわれて定住が可能となり，また大量の食料貯蔵は定住を前提とする。食料貯蔵―定住を基盤とする生活は，豊かで，季節的変動が大きい自然環境を条件とし，短期集中的な採集活動と保存加工技術によって可能となる。この生活は，余剰生産を生み出し，人口を増大させ，高度な文化を発達させ，さらには身分の階層分化を引き起こすとさえ言われている。従来指摘されていた農耕社会の諸特徴が，食料貯蔵型狩猟採集社会に見られることが明らかになり，食料貯蔵の重要性が改めて問題にされている。

　世界の狩猟採集社会のなかで最も豊かな部類とされる縄文社会は，日本列島において高度に発達した食料貯蔵型狩猟採集社会であるといえよう。列島の環境は豊富な食料資源と季節的変動を特徴とし，縄文社会にみられる諸要素は，食料貯蔵型狩猟採集社会の特徴をよく表わしている。縄文社会の繁栄を支えたという意味で，食料貯蔵の果たした役割が大きかったことが想像できる。

　縄文時代人は多種多様な動植物を食用としている。哺乳動物60種以上，鳥類35種以上，魚類70種以上，貝類300種以上，植物質食料50種ほどの遺存体が確認されているが，木の芽，山菜，根茎類，茸，海草，昆虫など遺存しなかったものも当然食用化されていたであろう。フグ，アク抜きの困難なトチ，猛毒のキツネノカミソリまで食用にする技術を持っていたということは，きわめて広い食料資源の利用が実践されていたことをよく示している。

　この多様な食料資源の利用は，各種の保存・加工処理および貯蔵する方法に裏うちされていたためと考えられる。魚類は燻製や干物に，獣類や貝類は乾燥されて干し肉や干し貝に，アクの強い山菜はアク抜きしてから乾燥されたであろう。海草や茸類も乾燥され，根茎類は土に埋められ，堅果類は乾燥または粉にして貯蔵されたと思われる。寒冷地では冷凍貯蔵も考えられる。さらに，土器製塩の開始により食塩が流通したとすれば，塩漬けによる保存が行なわれ，貯蔵可能な食品範囲は広まったであろう。しかし，これらの食料貯蔵の実態を，考古学的な証拠によって具体的に確認することは困難である。今のところ縄文時代の食料貯蔵の実態を最もよく伝えているのは，貯蔵穴による食料貯蔵である。また，いくつかの状況証拠から，貯蔵穴以外の貯蔵方法についてもある程度窺い知ることができる。

2 貯 蔵 穴

　1932年の千葉県姥山貝塚の報告書で，すでに土坑を貯蔵用施設と想定している。続く栃木県槻沢遺跡，神奈川県荒立遺跡の報文でも土坑を貯蔵施設と考えている。1955年，岡山県南方前池遺跡でドングリやトチの実が貯蔵穴に貯蔵されたままの状態で発見され，穴貯蔵の実態が明らかにされた[2]。これによって，陥穴や墓壙を除く土坑の主な用途が，木の実用の貯蔵穴であるという考え方が一般的となった。

　縄文時代の貯蔵穴は設置場所によって，大きく二つに分けることができる。地下水の影響を受けるところや低湿地に設けられるものと，台地や丘陵上など乾いたところに設置されるものである。本稿では前者を低湿地型貯蔵穴，後者を乾燥地型貯蔵穴と呼ぶことにする。低湿地型貯蔵穴は西日本，乾燥地型貯蔵穴は東日本を中心に分布する。ただし，両者は完全に排他的な分布を示すもので

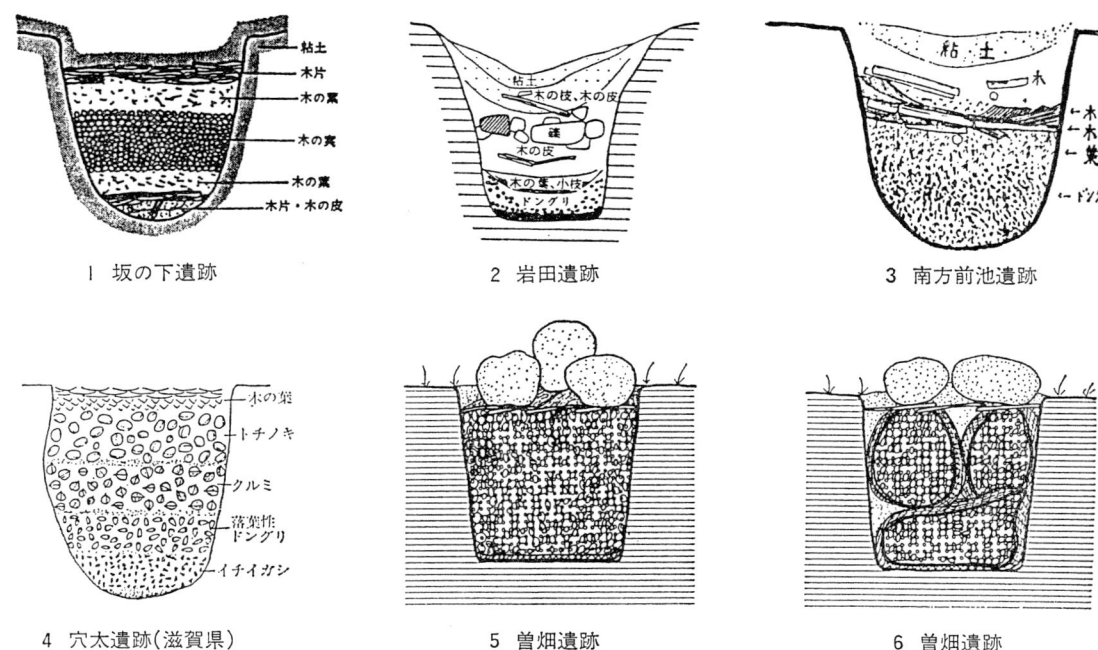

1 坂の下遺跡	2 岩田遺跡	3 南方前池遺跡
4 穴太遺跡(滋賀県)	5 曽畑遺跡	6 曽畑遺跡

図1 貯蔵穴断面模式図

はない。東日本にも東京都北江古田遺跡，長野県栗林遺跡など低湿地型貯蔵穴があり，西日本にも兵庫県神鍋山遺跡，山口県神田遺跡など乾燥地型貯蔵穴が存在する。

　低湿地型貯蔵穴　形態は一定せず，円筒形，スリ鉢状から袋状まで各種あり，規模は径・深さともに 0.5〜1m の範囲のものが多い。前期までは南九州に多く，中期には九州北半，後・晩期には瀬戸内海沿岸にまで広がるという傾向が指摘されている。

　この種の貯蔵穴は貯蔵状態のまま遺存する例が多く，貯蔵方法の復元に有効である。貯蔵方法には，(1)貯蔵穴を木の実で充塡し，その上を木の葉や樹皮で覆う方法（図 1—1〜3），(2)貯蔵穴に木の葉と木の実を交互に入れ，その上を木の葉や樹皮で覆う方法（図 1—4），(3)貯蔵穴の底面に編物を敷き，その上に木の実を入れる方法（図 1—5），(4)カゴまたは編物に入れて貯蔵穴に収める方法（図 1—6），(5)木の実を土器に入れて貯蔵穴に収める方法などがある。(1)は最も普遍的にみられ，南方前池遺跡Nピット，山口県岩田遺跡A′3区第1号貯蔵庫などが良好な例である。(2)は南方前池遺跡Tピットや佐賀県坂の下遺跡などでみられる。(3)は岡山県 津島岡大遺跡（工学部生物応用工学科棟予定地）SP 02，(4)は熊本県曽畑遺跡第36・39・47

号貯蔵穴などが好例である。(3)か(4)かの区別はつかないが，底面（図 2—1・2）や側面の一部に編物が密着している貯蔵穴は，曽畑遺跡や坂の下遺跡をはじめ広範囲に見られ，カゴや編物を用いた貯蔵方法は一般的であったと思われる。(5)の例には津島岡大遺跡（大学院自然科学研究科棟予定地）貯蔵穴1がある。

　本来乾燥状態が適する堅果類の貯蔵が，何故に水分が多いところで行なわれるかという問題には，諸説がある。シブ抜きのためという南方前池遺跡報文での指摘があり[2]，多くの支持を受けている。一方，アク抜き不要な種類の貯蔵がみられることから，この説に対する批判もある。使用されずに貯えられたまま残される例が多く，美味なクリやシイの貯蔵が少ないことを根拠に，備荒用の貯蔵穴とする説もある[3]。

　乾燥地型貯蔵穴　乾燥地型貯蔵穴は，すでに縄文草創期の隆起線文土器段階の鹿児島県東黒土田遺跡にみられ（図 2—7），縄文時代の初期から存在したことが窺える。この種の貯蔵穴は，地域差，時期差，個体差が大きく，規模・形状ともバラエティーに富む。径・深さとも 30〜50cm の小形のものから，口径約 2m，底径約 4m，深さ約3m に及ぶ大形の例（山形県吹浦遺跡など）まである。

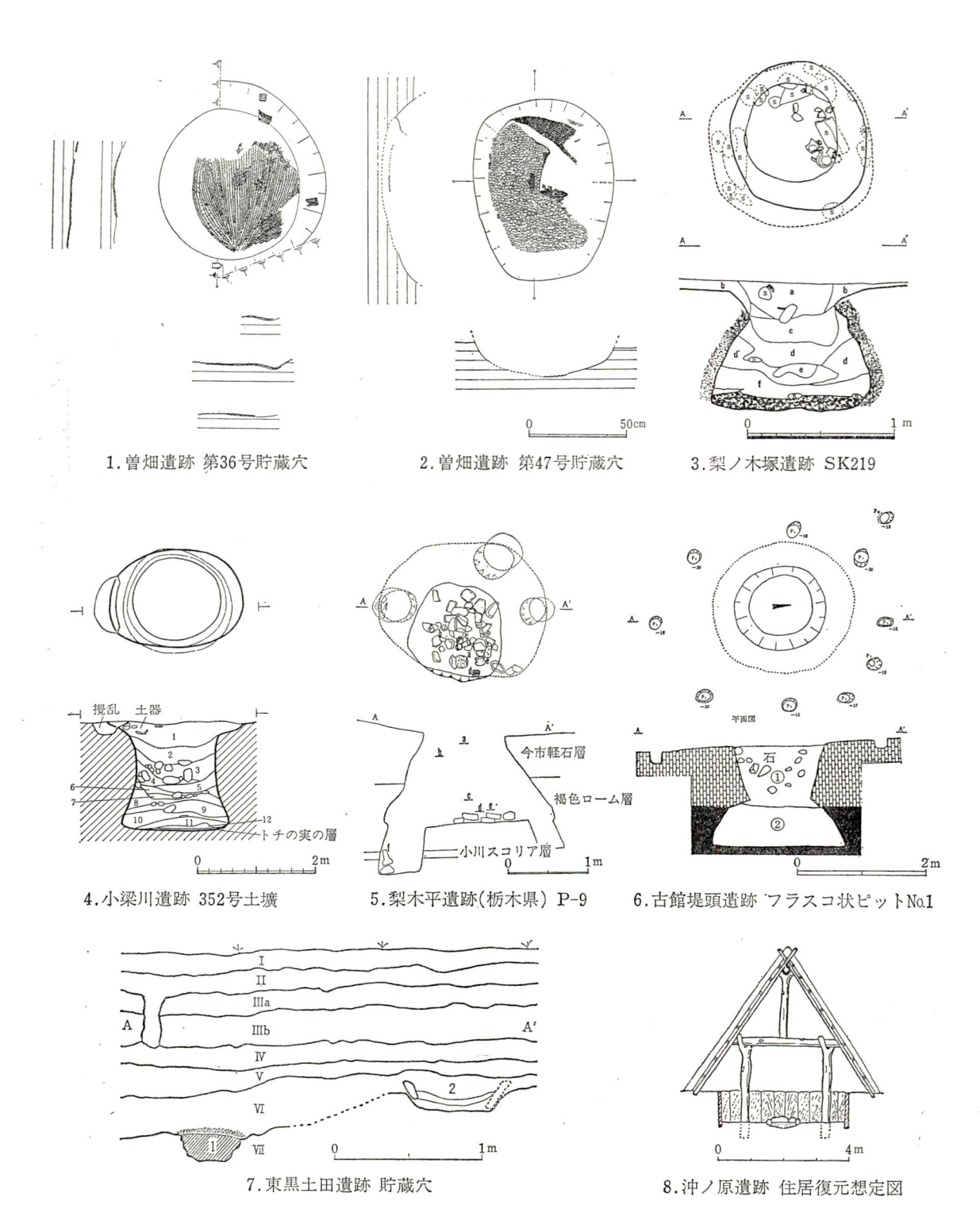

1. 曽畑遺跡 第36号貯蔵穴
2. 曽畑遺跡 第47号貯蔵穴
3. 梨ノ木塚遺跡 SK219

4. 小梁川遺跡 352号土壙
5. 梨木平遺跡(栃木県) P-9
6. 古館堤頭遺跡 フラスコ状ピットNo.1

7. 東黒土田遺跡 貯蔵穴
8. 沖ノ原遺跡 住居復元想定図

図2 貯蔵穴実測図・大形住居復元想定図

この中で，袋（フラスコ）状という特殊な形態の大形の貯蔵穴が，一つの遺跡に多数存在する現象は，その他の乾燥地型貯蔵穴一般とは区別して考える必要がある。これは，定住生活の前提となるような大量の食料を，食料獲得と消費に係わる年間スケジュールの中で，計画的に貯蔵するという行為を意味している。この現象は，前期に東北地方の日本海側に出現し，中期中頃に北関東，やや遅れて東関東に現われ，旧利根川を越えて西関東には伝わらず，中期末葉には土坑の形態が円筒形に変化することがすでに指摘されている[4]。最近新潟県卯ノ木南遺跡で，草創期多縄文系土器段階の群集する袋（フラスコ）状土坑が発見され，袋状土坑の出現および伝播系路の再検討が必要になってきた。

乾燥地型貯蔵穴は，貯蔵物を遺存しない例がほとんどであり，貯蔵方法の復元は困難である。東黒土田遺跡例のような小形の場合は，貯蔵穴を木の実で充塡し，上を木の葉で覆うという方法がとられたものと思われる。大形の貯蔵穴では，秋田県梨ノ木塚遺跡（図 2—3）や宮城県小梁川遺跡例（図 2—4）のように土坑底面に炭化した堅果類の層を残す例がある。貯蔵した全量が遺存したわけではないが，貯蔵中に火を受けたと思われる梨ノ木塚遺跡例などから，大形の袋状土坑でも，貯蔵穴内に木の実を充塡する方法がとられた場合もあったかもしれない。しかし，大形の袋状土坑の場合の多くは，木の実をカゴなどの容器に入れて，それを土坑のオーバーハングした部分に収納するといった方法がとられたのではないかと考えたい。開口部直下の床が固くなっている場合があるが，貯蔵物の出し入れの作業のために，床が踏み固められたことが考えられる。土坑の底面に小形の土坑“いわゆる子ピット”が掘られる場合があるが（図 2—5），これが貯蔵施設として機能したとすれば，貯蔵穴が貯蔵物によって充満していなかったことの傍証になる。永瀬福男氏による一連の土坑内の温度・湿度の計測・実験の結果から，開口部に蓋をすることにより，温度・湿度が一定になることがわかっており，蓋が使用された可能性は高い。秋田県古館堤頭遺跡のように，土坑の開口部周囲に柱穴が巡る例があり，一般的ではないにしろ，上屋が設置された例があったことを物語るものといえよう（図 2—6）。

大形袋状土坑は，内部に貯蔵物を充塡させることよりも，一定の温度・湿度に保たれた空間を確保することに大きな効力を発揮する施設である。

貯蔵穴から派生する問題　貯蔵穴は貯蔵行為そのものだけではなく，生業や労働の季節的計画性，さらには社会組織の問題をも内在している。貯蔵穴が当時の食料所有形態を反映していることに初めて触れたのは田代寛氏である。佐々木藤雄氏は住居址と土坑の位置関係から，縄文時代に家族単位の食料所有と集落での食料共有の両方があったことを指摘している[5]。

大形袋状土坑の群集化現象が，縄文時代の食料貯蔵の計画性を反映していることは前述した。計画性という点では，貯蔵穴に種類ごとの貯蔵が行なわれているという事実にも注意を要する。これはアク抜きなどの加工法別・調理法別に収納されたことを意味する。すなわち食料貯蔵は，採集，加工，調理，食用という一連の工程のなかに計画的に位置づけられていたのである。

3　貯蔵穴以外の貯蔵施設

渡辺誠氏は，貯蔵穴による堅果類の貯蔵は短期間（冬季）の生貯蔵であり，乾燥による長期貯蔵には屋根裏が利用されたと指摘している[6]。そして屋根裏貯蔵の存在を示す好例として，東北地方の日本海側から北陸地方にかけての積雪地帯に分布する長方形大形住居址をあげている。乾燥貯蔵に適した住居（長方形大形住居を含む）の屋根裏が広く利用されたであろうことは想像に難くない。竪穴住居址の床面から炭化した堅果類が出土する例は一般的ではないが，トチの実 $1l$ を出土した岩手県大地渡遺跡 Ee 68 号住居址（大木 8 b 式期），多量のクリを出土した新潟県鍋屋町遺跡（前期），同栃倉遺跡第10号住居址（中期），山形県押出遺跡（前期）などいくつか知られている。これらは屋根裏に貯蔵されていた可能性がある。

火災を受けたとされる長野県藤内遺跡 9 号住居址からは，径 2〜3 cm，長さ 1m 程度の炭化材が格子に組まれた上から，約 20l のクリがかたまって出土している。住居内の火棚貯蔵を示す例として有名である。

掘立柱建物跡（長方形柱穴列）も，貯蔵施設としての可能性がしばしば指摘されている。堀越正行氏は木の実の乾燥貯蔵を目的とした貯蔵小屋と類推し，佐々木藤雄氏は高床式の倉庫と考えた。これに対して今村氏の批判がある。掘立柱建物跡す

べてに対して，貯蔵施設と考えることは問題があろう。ただし，時期的・地域的な変化に富むこの種の遺構の中に，倉庫としての機能を有したものがなかったと言い切ることはできない。この点で注目されるのが，横浜市港北ニュータウン地域の掘立柱建物跡を論じた石井寛氏の論考である。堀之内2式から加曽利B1式への集落の変遷として，竪穴住居と貯蔵穴の減少と墓壙と掘立柱建物の増加という現象を捉え，各種遺構の集落内での占地状態を考慮に入れ，長方形を呈する掘立柱建物跡が平地式の住居跡で，方形を呈する例あるいは小形の例が貯蔵施設であるという可能性を指摘した。積極的に支持する材料が少ないと本人も指摘するところであるが，長方形柱穴列を単一機能に限定せず，時間的・空間的位置づけと集落内での占地の検討という手順を踏んで，居住施設と貯蔵施設の機能を想定したことは，今後の研究のあり方に一つの方向性を与えたものといえよう。

4 今後の展望

食料貯蔵の開始自体が，人類史上の大きな画期を意味するものではない。リスやネズミでさえも木の実を貯える術を知っている。貯蔵穴の出現以前にも，何らかの形で食料貯蔵が行なわれていたかもしれない。重要なのは，大量の食料を計画的に貯蔵するという行為である。こうした意味で大形（フラスコ状）貯蔵穴の群集化現象の持つ意義は大きい。しかし，この現象が，縄文時代全般にはみられないことに注意を要する。この現象がみられない時期，地域では，どのような食料貯蔵が行なわれたのか，また生業，対象食料と食料貯蔵との関係はどうであったかなどが検討されなければならない。打製石斧と貯蔵穴の関係を論じた今村啓爾氏の論考は，この点を追求したものである[7]。

ある貯蔵施設を研究する際，その貯蔵施設による貯蔵が，食料貯蔵全体の中で，どの位のウェートを占めていたかを，正しく把握する必要がある。従来，遺存例の多さから，貯蔵穴による貯蔵がクローズアップされることが多かった。これに対し渡辺誠氏が，屋根裏貯蔵の重要性を指摘して

早くから警鐘を鳴らしたことは，前述した通りである。貯蔵施設における貯蔵量の検討から，この問題にアプローチすることも可能である。佐原眞氏は山形県吹浦遺跡の平均的な大きさの貯蔵穴の貯蔵量を36石分と算定し，3.3人分の年間の食料が貯蔵できたとしている。この場合注意しなければならないのは，貯蔵方法の検討を併せて行なうことである。大形の袋状土坑では，貯蔵物を充填した場合と，カゴなどに入れてオーバーハングした部分に収納した場合とでは，その貯蔵量が大きく異なってくる。

食料貯蔵の研究は，貯蔵対象，貯蔵方法，生業との関係，全食料の中での貯蔵食料の占めたウェートを究明し，さらに年間スケジュールにおける食料貯蔵の位置付けにまで論を進める必要があろう。そしてこの研究は，縄文時代全般，列島規模を漠然と対象とするのではなく，地域ごと，時期ごとの正確な把握を積み上げていくべきである。

本稿執筆にあたり，小林達雄先生をはじめ，上野修一，小林謙一，綿田弘実の各氏には，種々御教示戴いた。感謝の意を表する次第である。なお，紙数の関係上多くの参考文献を割愛させて戴いた。

註
1) Testart, A. The significance of food storage among hunter-gathers : Residence patterns, population densities, and social inequalities. CURRENT, ANTHROPOLOGY 23 : 523—30, 1982

小林達雄「総論—縄文経済—」『縄文文化の研究』2，1983
2) 潮見　浩・近藤義郎「岡山県山陽町南方前池遺跡」私たちの考古学，7，1966
3) 今村啓爾「土坑性格論」『論争・学説　日本の考古学』2，1988
4) 堀越正行「小竪穴考」(一)〜(四)，史館，5・6・8・9，1975〜1977
5) 佐々木藤雄『原始共同体論序説』1973
6) 渡辺　誠『縄文時代の植物食』1975
7) 今村啓爾「群集貯蔵穴と打製石斧」『考古学と民族誌　渡辺仁教授古稀記念論文集』1989

セトルメント・システム論

縄文時代集落の領域，集落を取り巻く景観，セトルメント・システム，そして遊動から定住への過程はどのように復元されるだろうか

縄文時代集落の領域／縄文集落の景観／縄文時代のセトルメント・システム／遊動と定住

縄文時代集落の領域─────

國學院大學講師
■ 谷口康浩
（たにぐち・やすひろ）

ティーセン多角形を応用して各拠点集落の領域を求めてみると，面積や境界設定・相互の位置関係に一定の規則性のあることがわかる

1 領域研究の視点

縄文時代の集団領域については，遺跡群の分布や土器様式・型式の分布圏を手懸りとして，さまざまな角度から論じられてきた。集落遺跡の類型と分布に基づいて，集落のテリトリーまたは集団領域の推定を試みた研究は多く，領域の規模・面積について具体的に言及した注目すべき論考がある[1]。一方，局地的な分布をみせる土器型式・住居型式に着目した研究や土器の胎土分析からも，具体的な領域像が浮き彫りにされている[2]。土器に立脚する研究と集落の分布論的研究とでは，想定される単位集団が必ずしも一致せず，領域の意味合いにも違いがあるが，描き出されたそれらの領域像は実にさまざまである。

ところで，いま領域を，特定の集落の成員が食料獲得などの日常的な資源開発を行なうテリトリーと定義した場合，その領域の規模は，①集落の人口，②生業形態，③資源開発の技術水準，④地理的環境，⑤資源の種類・量・分布──とくに食料資源となる動植物のバイオマス，⑥隣接する他集団との社会的関係，などの条件によって，さまざまに変化することが考えられる。したがって，領域の実態を時期別・地域別・遺跡別に明らかに

し，比較する作業が，領域研究の大きな課題になるのであるが，ではさまざまに変容する領域をいかにして把握し比較すべきであろうか。そのための方法論が必要となる。本稿では，一つの試みとして，ティーセン多角形を応用した領域設定法に基づき，縄文時代中期後半の関東地方における集落と領域のモデル化を行なった。

2 拠点集落・領域の定義

必要な分析概念として，拠点集落・領域を次のように定義しておく。

拠点集落：ある単位集団の本拠地として，年間を通じて定住生活が行なわれ，経済的活動や社会的・文化的活動などのあらゆる活動の拠点となったホームベース。

領域：特定の拠点集落を中心として，そこを本拠地とする単位集団が，年間を通じて，食料獲得や物資の調達などの日常的な資源開発を行なう，占有のテリトリー。

3 拠点集落の認定

拠点集落の認定については，一時点の人口や集落の規模，居住の継続性などの証明に困難な問題があるが，遺跡自体に次のような特徴が備わって

いることが，認定の条件となる。

a．多数の住居その他の施設から成り，それらが計画的に配置された構造をもつ。

b．居住施設だけでなく，食料貯蔵施設や集会施設，祭祀施設，集団墓地などが備わる。

c．居住期間が長く，継続的である。

d．年間の生業活動に対応する多種の道具を保有する。

e．社会的・文化的活動に伴う遺構・遺物を有する。

f．多年にわたる物資の集積の結果，遺物量が多

い。

g．領域内の資源開発を効率よく行なえるように，最も有利な地点に位置する。

本稿では，悉皆的な発掘調査によって遺跡の分布についての詳細なデータが得られている，関東地方南西部の武蔵野台地・多摩丘陵・下末吉台地・相模原台地の縄文中期後半を分析対象に選んだ。大規模で定住的な集落の展開が認められることも，選定理由の一つである。そして，この場合の拠点集落の認定基準は，次のように定めた。

⑴ 環状集落またはそれが連接した双環状集落で

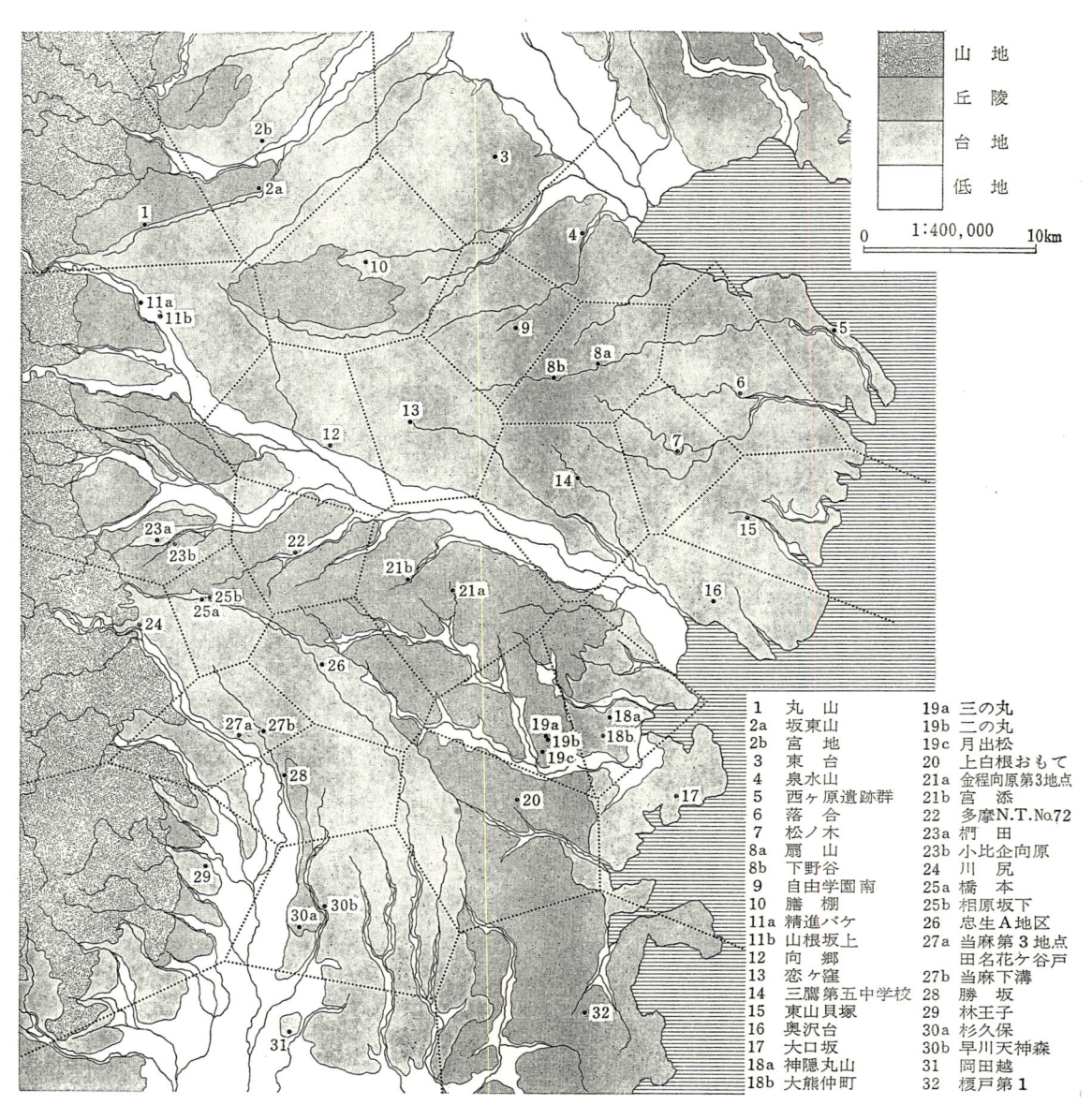

1	丸　山	19a	三の丸
2a	坂東山	19b	二の丸
2b	宮　地	19c	月出松
3	東　台	20	上白根おもて
4	泉水山	21a	金程向原第3地点
5	西ヶ原遺跡群	21b	宮　添
6	落　合	22	多摩N.T.No.72
7	松ノ木	23a	椚　田
8a	扇　山	23b	小比企向原
8b	下野谷	24	川　尻
9	自由学園南	25a	橋　本
10	膳　棚	25b	相原坂下
11a	精進バケ	26	忠生A地区
11b	山根坂上	27a	当麻第3地点
12	向　郷		田名花ケ谷戸
13	恋ヶ窪	27b	当麻下溝
14	三鷹第五中学校	28	勝　坂
15	東山貝塚	29	林王子
16	奥沢台	30a	杉久保
17	大口坂	30b	早川天神森
18a	神隠丸山	31	岡田越
18b	大熊仲町	32	榎戸第1

図1　拠点集落の分布とティーセン多角形による領域設定

あること。

(2)　環状集落の直径が 120〜150m，竪穴住居の構築された居住帯が幅 30〜40m に達すること。

(3)　中央広場に集団墓地を備えていること。

(4)　居住期間が長く，継続的で，勝坂3式〜加曽利E4式の5時期のうち，連続する4時期の土器が出土していること。

(5)　竪穴住居跡が多く，100軒以上累積していること。

(6)　竪穴住居跡の重複・拡張が著しく，多年にわたり住居の改築・建て替えが頻繁に行なわれたことが認められる。

以上の基準に拠り，図1に掲げた43遺跡を拠点集落と認定した。ただし，この中には，発掘調査が部分的で集落全体の構造が明らかにされていない例が含まれている[3]。一件ごとに判定の根拠を示す紙幅がないが，これまでの発掘調査結果から(1)〜(6)に該当することが推定される遺跡である。

なお，環状集落の中には，(2)〜(6)の条件に該当しないケースも少なくない。すなわち，①直径・居住帯幅が小規模，②竪穴住居跡が少ない，③住居跡の重複・拡張が低調，④集団墓地がない，⑤居住期間が短いか明らかな中断が認められる，などの例である。拠点集落とは異なった様相をみせるこうした環状集落については，(a)一時的な世帯数の増加に伴う分村，(b)比較的短期間の移動に伴う代替集落，(c)資源開発の中継点，のいずれかと考えられるが，この種の集落をここでは準拠点集落と呼んでおく。

4　ティーセン多角形による領域設定

図1は，43か所の拠点集落の分布とそれらの位置関係をもとに，ティーセン多角形を応用して，各拠点集落の領域を地図上で求めたものである。ここでは，43遺跡を縄文中期後半を通じて同時に存在した恒常的な集落と仮定し，多角形で区画された範囲を各拠点集落の領域とみなしている。2つの拠点集落が 3km 以内の至近距離で隣接している場合は，双環状集落と同じく，同一の単位集団による一対の拠点集落と考えた。これは，拠点集落間の距離に 4km 未満のケースが稀な点を考慮した判断である（図2）。双環状集落を含め，この種の一対の拠点集落を双子集落と呼ぶ。

ティーセン多角形とは，隣り合う2地点の中間点に垂線を引き，それらの交点を結んで作図され

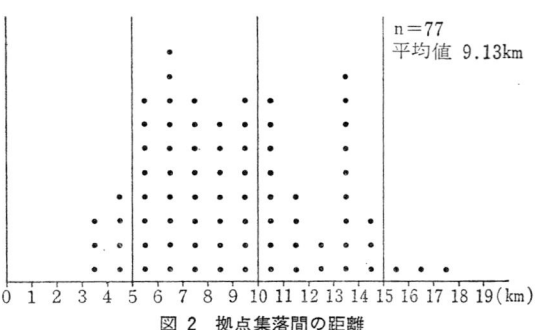

図2　拠点集落間の距離

る多角形によって勢力圏を設定する方法である。気象学者 Thiessen が不規則に分布する観測点から集水域を定義するために考案したものであるが，遺跡の領域を理論的に求める方法として，考古学や歴史地理学に応用が可能である[4]。ある集落を中心としてティーセン多角形で区画された地図上の範囲は，他のどの集落からよりも近いので，その集落の成員が最も有利に資源開発を進めることのできる領域とみなされる。図1は，ティーセン多角形のこのような特性を応用して，各拠点集落の領域を決めたものである。

こうした機械的な操作で求めた理論的な領域が，当時の領域の実態とどの程度重なるのか，その検証は確かに困難である。拠点集落の定義と認定にも問題はあろう。しかし，図1を検討してみると，一見不規則に見える拠点集落の分布が，実は規則的な一定の位置関係を保っていたことが分かる。そして，領域の規模や境界についても，いくつかの興味深い点が指摘されるのである。

5　拠点集落間の距離と領域の境界

ここで最初に注目したいのは，43か所の拠点集落の位置関係である。図2は，77本の境界線を介して対向する拠点集落間の距離を示したグラフである。全体として 5〜11km に数値が集中しており，6〜7km が最多となっている。4km 未満と 15km 以上のケースは稀である。11km 以上も比較的多いが，13〜14km の突出したピークは，6〜7km の倍数となっており，中間付近に未確認の拠点集落が存在することを示すあり方かもしれない。全体の平均値は 9.13km となった。このように，拠点集落は，9.13km を中心として 5〜11km ほどの距離を保つように相互の位置を決めていたことが推察できる。

しかも，2つの拠点集落の領域が接する境界域

には，多くの場合，河川や丘陵尾根などが位置しており，隣接する２集団の領域の境界が，そうした自然地形の要衝を境として取り決められていた可能性がある。図１では，43か所の拠点集落の位置関係について，合計77辺の領域境界線が引かれたが，このうち62の境界に自然地形の分岐点との一致が認められた。境界をなす地形を具体的に挙げると，河川または河川合流点・源頭が最も多く，31辺が該当する。そのほか，２つの河川に挟まれた台地の分水界（11辺），分水嶺となる丘陵尾根（10辺）が主なものである。

　例えば，膳棚遺跡の単位集団は，坂東山遺跡・宮地遺跡，向郷遺跡，恋ヶ窪遺跡との領域境界を，不老川と空堀川によって取り決めていたことが図１から窺える。また，宮添遺跡・金程向原遺跡第３地点と向郷遺跡，恋ヶ窪遺跡，三鷹市立第五中学校遺跡との領域境界も，多摩川に設定されていたことがほぼ明らかである。そのほか境界とされた主な河川に，中津川・相模川・境川・恩田川・柳瀬川などがある。

　２つの河川に挟まれた台地の分水界を領域の境界とするケースも多い。例えば，精進バケ遺跡・山根坂上遺跡と丸山遺跡との領域境界は，青梅市を頂点として広がる扇状地形のほぼ中軸線上に求められるが，これは多摩川と霞川，残堀川と不老川を分ける分水界にあたっている。また，分水嶺となる丘陵尾根を境界とするケースは，主に多摩丘陵地域の領域間に見ることができる。

　隣接する２つの単位集団は，河川や丘陵尾根を境界として自他の領域を区分した。しかも，各々の拠点集落が５〜11kmの間隔を保つように配慮されていた。図１は，このような点を示唆している。なお，河川が領域の境界とされたケースの多い点を考慮すれば，河川流域ごとに遺跡群を区分してしまう領域研究の一部の見方には，問題があると言わねばならない。

6　領 域 面 積

　図１では，77の境界線によって32の領域が区分されているが，このうちティーセン多角形によって区画された閉じた領域16件について，個々の面積を計算した（表１）。遺跡間の距離や領域面積の算出にあたっては，地形の起状を考慮した数値の補正が必要であろうが，ここでは地図上の直線距離に基づいて計算している。

表 1　領域面積

		拠点集落	辺数	領域面積
領域	7	松ノ木	5	3,866 ha
領域	8	扇山・下野谷	6	5,031 ha
領域	9	自由学園南	5	5,005 ha
領域	10	膳 棚	6	9,282 ha
領域	12	向 郷	6	7,391 ha
領域	13	恋ヶ窪	6	6,192 ha
領域	14	三鷹市立第五中学校	6	7,349 ha
領域	19	三の丸・二の丸・月出松	4	4,785 ha
領域	20	上白根おもて	7	9,798 ha
領域	21	金程向原第３地点・宮添	7	8,976 ha
領域	22	多摩N. T. No.72	5	4,767 ha
領域	25	橋本・相原坂下	5	3,015 ha
領域	26	忠生A地区	7	5,938 ha
領域	27	当麻第３地点・当麻下溝	5	4,891 ha
領域	28	勝 坂	5	5,588 ha
領域	30	杉久保・早川天神森	5	9,093 ha
		平均値	5.6	6,310.4 ha

　領域面積の平均値は 6,310.4 ha である。この値は，半径 4.48 km の円圏の面積とほぼ等しい。ただし，最大面積の領域20については，横浜市域の南東部における遺跡の分布が正確に分からないため，領域設定に問題を残している。

　領域面積について，若干の所見を記しておく。8,500 ha 以上の広い領域が４つあり，他に比べて明らかに広い。最小の領域25と比べると，約３倍の較差をもつことになる。周辺に未確認の拠点集落がないとすれば，広い領域を確保する何らかの理由の存在を考えねばならない。面積の広いそれらを除くと，4,500〜6,500 ha 程度の領域が最も多く，一般的な規模と言える。領域面積と地形との相関関係をみると，領域７〜９のような平坦な台地を主とする領域よりも，領域10・21のように丘陵地を含む方が，面積が広くなる傾向がある。多角形の辺数は最小が４，最大が７で，平均5.6となる。つまり，周囲に５ないし６の集団と領域の境界を接していることになる。なお，境界の辺の長さは，隣接する集団相互の関係の粗密に比例すると考えてよかろう。

7　拠点集落と領域のモデル化

　以上の考察から，縄文中期後半の関東地方南西部の台地・丘陵地帯に展開した拠点集落とその領域に関して，いくつかの傾向が指摘された。拠点集落間の距離，領域境界の地形，領域面積，多角形領域の辺数についての所見を総合してみると，

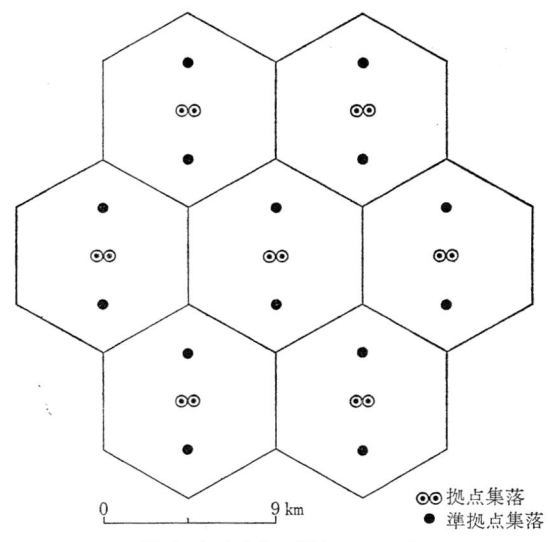

図 3　拠点集落と領域のモデル化

○○拠点集落
● 準拠点集落

0　　　　9 km

拠点集落と領域の一つのモデルを描くことができる（図3）。

　六角形で表わされる各拠点集団の領域が，河川や台地・丘陵の分水界を境界として，台地・丘陵を限なく整然と区画するように，蜂の巣状に連なったモデルである。各領域は，正六角形の対辺の径が 9 km，面積 7,020 ha として描いてある。この領域は，1 つの単位集団が年間を通じて日常的な資源開発を行なう占有のテリトリーと考えられる。単位集団は，領域の中心付近の有利な地点に拠点集落を置く。拠点集落は単一の環状集落の場合もあるが，双環状集落や至近距離に 2 つの環状集落を隣接して配置した双子集落も多い。また，拠点集落の他に，領域内に複数の準拠点集落を置くことが一般的である。

　このモデル化の過程に種々の問題点があることは，承知している。しかし，領域研究の目的は，領域そのものの線引きに終始することではなく，領域内の環境特性や内在する資源について考察しながら，単位集団の生活を生態学的に復元していく点にあるはずである。また，その時期別・地域別・遺跡別の比較が将来の課題であろう。本稿で行なったような領域のモデル化の作業は，いわばそのための作業仮説を用意するものである。この観点から，一つには拠点集落の再検討などを通じてモデルの修正をたえず行なっていくとともに，一方では，モデル化された理論的な領域をもとに，環境・資源と生業活動との関係を考察する生態学的研究に着手する必要があろう。その場合，

(a)動植物資源のバイオマスの積算，(b)特定領域を対象とした セトルメントシステムの研究[5]，(c)遺跡のキャッチメント分析を応用した資源と生業との関係の研究[6] などが，主要な研究課題となる。

　註
1)　戸沢充則「貝塚文化―縄文時代―」『市川市史』第 1 巻，143〜302頁，吉川弘文館，1971
　　　堀越正行「縄文時代の集落と共同組織―東京湾沿岸地域を例として―」駿台史学，31，1〜29頁，1972
　　　長崎元広「中部地方の縄文時代集落」考古学研究，23―4，1〜8頁，1977
　　　宮坂光昭「八ヶ岳山麓にみられる縄文中期集落の移動と領域」『日本民族文化とその周辺』考古篇，117〜160頁，1980
　　　宮崎　博「土地と縄文人」物質文化，47，1〜18頁，1986
2)　谷口康浩「撚糸文系土器様式 の成立に関する問題」史学研究集録，12，1〜23頁，1987
　　　可児通宏「縄文人の生活領域を探る―土器による領域論へのアプローチは可能か―」東京都埋蔵文化財センター研究論集Ｘ，131〜148頁，1991
　　　小薬一夫「住居型式論からの視点―縄文時代前期の集団領域解明に向けて―」同上，171〜189頁，1991
3)　神奈川県横浜市榎戸第 1 遺跡は，拠点集落の認定基準(2)〜(6)に該当しない。横浜市南東部における遺跡分布の実態が正確に把握できないため，この地区の既知の環状集落として同遺跡を仮に選定している。なお，図 1 の範囲に所在する拠点集落のその他の候補に，神奈川県西之谷大谷遺跡・Ｅ 3 遺跡，東京都多摩ニュータウン No. 9 遺跡・原山遺跡・井の頭遺跡群・留原遺跡・小石川植物園内貝塚，埼玉県羽沢遺跡・西上遺跡などがあり，再検討を要する。
4)　I. R. Hodder : Locational Models and the Study of Romano-British Settlement, D. L. Clake (ed.) *Models in Archaeology*, pp. 887〜909, 1972, Methuen & Co Ltd (London)
　　　千田　稔「農業および都市発生期の先史地理学的研究の方法論についての覚書―メソポタミアとその周辺を事例として―」追手門学院大学文学部紀要，9，1〜19頁，1975
5)　渡辺　仁「アイヌの生態と本邦先史学の問題」人類学雑誌，72―1，9〜23頁，1964
6)　C. Vita Finzi and E. S. Higgs : Prehistoric Economy in the Mount Caramel Area of Palestine : Site Catchment Analysis, *Proceedings of the Prehistoric Society* Vol. 36, pp. 1〜37, 1970
　　　赤澤　威『採集狩猟民の考古学―その生態学的アプローチ―』海鳴社，1983
※拠点集落の認定の過程で参考にした発掘調査報告書および領域論に関する多数の論文は，文献記載を割愛させていただきました。

縄文集落の景観

東京都埋蔵文化財センター
■ 千 野 裕 道
（ちの・やすみち）

集落の立地と移動は単に食料の採取地を対象とした季節的な移動
だけではなく，植生の地域差を暦のなかに取り込んだ結果である

近年の新しい発掘成果を取り入れた考古学の普及書や新しく開館した博物館などには，各時代の典型的な集落の景観を復元した絵や模型がみられるようになった。これらの多くの場合は地域研究として具体的な資料の蓄積，つまり，特定の環境と集落跡の資料に基づいたものであり，説得力のあるものであろう。しかしながら，一般論として，北は北海道から南は九州にかけて，およそ1万年間継続したといわれている縄文文化の集落の環境を論ずることは極めて困難である。ここでは主に関東地方にみられるような住居跡の配置が環状を呈する集落跡を中心に，景観の主要な要素である植生のあり方を主に明らかにしてみることとする。

1 遺跡植物化石層からみた
集落周辺の植生

遺跡に残された植物遺体は多様な要因に左右され調査の対象となる。たとえば，花粉の場合はそれが風媒花か虫媒花かによっても，その花粉の生産量に著しい差が認められる。さらに，その花粉がどのような土壌中にあったものかによっても，大きく異なる場合が一般的である。花粉だけではなく種実・大型植物遺体，材，葉などによって構成されているが，それらの一部をとりあげるのではなく，できるだけ多くの部位の分析を行ない考察を行なうべきであろう。ここでは花粉，大型植物遺体，木材を中心に分析が行なわれ，考察が行なわれている遺跡の周辺植生をみてみると以下のようになる。

すでに，筆者が植物遺体を多く検出した遺跡を摘出し，植物遺体が検出された地点の考古学的な属性に基づき縄文集落の周辺植生について考察したように，集落周辺の一定の場によってその植生の異なることを明らかにした[1]。

すなわち，集落から離れた，土器片の散布地点および河川に隣接した貯蔵穴の散布している地点，縄文人の活動による影響の少ない範囲には二次林的要素[2]の少ない照葉樹林（主に西日本地域）や落葉広葉樹林（主に東日本地域）が成立していることが明らかになっている。東京都弁天池，中里，袋低地，多摩ニュータウン No.796 遺跡，京都府北白川追分町遺跡，長崎県伊木力遺跡においてそのような傾向がみられる。また，焼土の分布が密にみられる地点で，集落に隣接していると考えられる場では樹木花粉の検出率が少なく，ヨモギ属，キク亜科などの日当たりのよい場所を好む，陽地性の草本花粉が高い比率で現われることから二次林的要素の強い植生があったことがわかる。北海道忍路土場遺跡にみられる傾向がそれに当たる。さらに，住居跡の重複がみられ，巨大木柱列遺構のみられる地点などでは二葉マツ，とくにアカマツの自然木が多く，花粉もマツ類が高率で発見され，二次林的な要素の非常に強いことが明らかにされている。石川県真脇遺跡においてそのような傾向が明らかにされている（図1）。

集落に近接した場においては，草本植物の多産やマツ類をみることができ，二次林的な様相をみせているが，そこから離れた場においては自然林の様相の強いことがみられた。その自然林は例えば，多摩ニュータウン No.796 遺跡にみられるように，トチノキ，イタヤカエデ，ヤチダモという落葉広葉樹のような，現在の分布からは，より冷温帯的な要素がみられるとともに暖温帯を中心に分布するアカガシ，ムクロジなどが同時にみられ豊富な植物相をつくっていた。このような異なる植生帯に属する植物が同時に発見される例はいくつかの遺跡にみられ，集落から離れた場における豊富な植物相の広がりは人間による植生への干渉の大きくないことを示唆している。

能城修一氏らによって埼玉県伊那氏屋敷跡遺跡において明らかになった縄文時代後・晩期の木材化石群および大型植物遺体の種類組成によると，クヌギ類が50%以上を占め，それにクリが伴っていたとされている[3]。台地上にはコナラ亜属とクリからなる落葉広葉樹林が成立し，二次林の広が

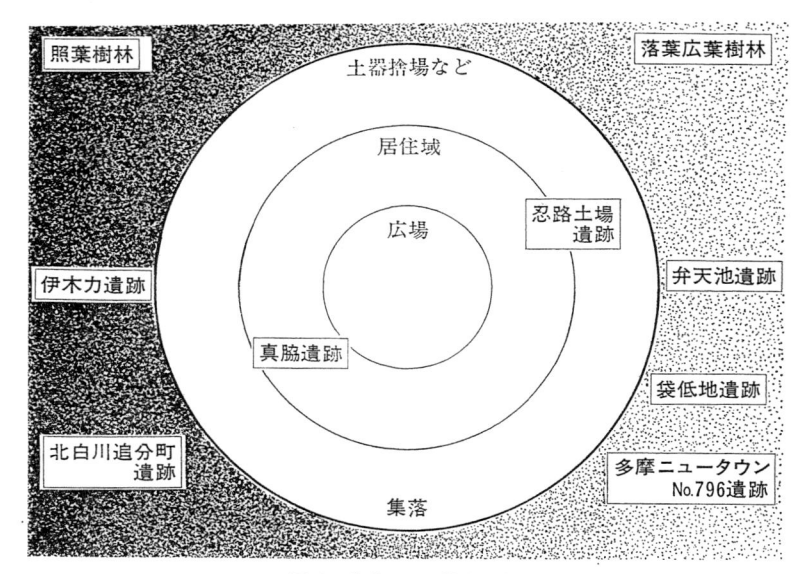

図1　集落周辺の植生模式図

りの証拠になるかと考えられた。しかし、分析者は現在の二次林と比較した場合、他の植物遺体の組成からみると、より豊富な植生を示しており、二次林とみるには疑問があるとその見解を述べている。

2　建築材からみた集落周辺植生

　低湿地遺跡の調査によって植生に関する豊富な情報がもたらされることは誰もが認めるところである。しかしながら、このような遺跡の多くは当時の水の流れの近くであったり、水分を多量に含む湿地であったために植物遺体を多く残すことのできた地点の環境を反映していることの場合がほとんどである。このような場が縄文時代の生活や宗教のセンターであった集落の環境を示すことはそう多くはない。ことに縄文時代の集落を議論する場合、その主な対象地となる東日本では台地や丘陵地に集落の立地することが多い。低湿地遺跡の多くは水流の近くである立地特性を活用した食料の加工場（トチノ実の処理場など）や貯蔵の場（ドングリ類を貯蔵した貯蔵穴群など）であったり、土器などの廃棄の場か、あるいはそれらの二次的に流出した結果を示す場であったりすることが多いのである。

　集落に近接し、縄文人が身近かにみることのでき、また日常利用することの容易であった植生景観はどのように明らかにされるのであろうか。集落跡のほとんどは酸性の強い土壌によって構成さ

れているため多くの環境に関する情報の収集は望めず、これは非常に難しい問題である。しかしながら、いくつかの資料を基に推定するための材料は提供できる。

　そのうちのひとつに集落跡の主要な要素であり、考古学的年代を確実にできることの多い住居跡から発見される炭化材がある。この炭化材の樹種を明らかにし、それらを集成することによって低湿地遺跡から得られた情報とは異なった、より集落に隣接した植生景観を反映した情報が得られる。

　縄文時代から平安時代にかけて日本列島における焼失住居跡の炭化した建築材樹種の集成によって時代的特徴が明瞭にみられる[4]。縄文時代ではクリの多用、二次林的樹種であるコナラ類の利用の少なさ、クヌギ類利用の未発見などがみられた。

　また、石川県真脇遺跡、チカモリ遺跡の巨大木柱列の柱根にはクリの半截材がみられた。住居跡の建築材とは明らかに規模の面から異なった性格をもつものであろうが、焼失住居跡の炭化柱材例にも同様な半月形の断面をもった半截材がみられ、基本的に構造材であることに間違いはないと思われる[5]ので、柱材の腐朽に強い性格をもち、集落周辺での伐採が可能であったクリの多用を性格付ける同一の要素となるものであろう。

　なお、群馬県矢瀬遺跡における柱穴列の柱根の使用樹種もクリとされている。後期から晩期を中心としたクリの大径材の発見例は縄文人の利用し得る範囲に大径木が森林の中に存在したことを示すものである。

　すでに縄文時代におけるクリの利用について触れたことがあるが[6]、クリ材の腐朽への耐性の強さを心得て縄文人たちは選択したのであるが、このような特徴を他の時代と比較した場合、より興味深い傾向がみられるようになる。

　弥生時代では、その様相は全く異なったものとなる。クリ材を利用した例が極めて少なくなり、クヌギ類、コナラ類の材の利用が多くなる。さらに古墳時代になっても同様にクヌギ類、コナラ類

表 1 古代建築材の主要構成樹種からみた時代変化

	コナラ亜属材を利用した建築遺構(住居跡)数	コナラ亜属以外の材を利用した建築遺構(住居跡)数
縄文時代 26遺構	●●●●	○●●●●●●●●● ●●●●●●●●● ●●
弥生時代 30遺構	○○○○○○○○○○ ○○○●	○○○○○○○○○○ ○○○○○●
古墳時代 77遺構	○○○○○○○○○○ ○○○○○○○○○○ ○○○○○○○○○○ ○○○○○○○○○○ ○○○○○○○○○○ ○●●●●	○○○○○○○○○○ ●●
奈良・平安時代 72遺構	○○○○○○○○○○ ○○○○○○○○○○ ○○○●●●●	○○○○○○○○○○ ○○○○○○○○○○ ○○○○●●●●●● ●●●●●●●●●● ●●●●●

※ ● ：クリ材を利用　　○ ：クリ材以外を利用

を含むコナラ亜属の材が多く，77例中，65例にこれらの材が用いられるようになる（表1）。これらの材の中でもクヌギ類の材が多く用いられているようである。クヌギやコナラは陽樹の性格をもち，森林が伐採などで切り開かれ，草地の拡大したような土地によく生育する樹種であり，二次林を構成する典型的ともいってよい樹種である。このような樹種が多く用いられ，クリという材の腐朽に耐久性のある材がなぜ用いられなくなってしまったのであろうか。

さらに，奈良・平安時代になるとどうなるであろうか。古墳時代の傾向が弱められたといってもよいほどにコナラ亜属の材は半減し，クリ材の利用もみられるが，より多くの樹種が利用されるようになる。

このような傾向に対しどのように解釈を行なうか，資料上の制約もあり困難であるが，クリ材の利用とコナラ亜属材の利用に焦点を絞ってみると一定の解釈が成り立つのではないか。すなわち，柱材として極めて優秀な材であるクリの利用を自然林に求めていた縄文時代であったが，弥生時代以降の農耕の開始と拡大が森林の変化をもたらし，クヌギ，コナラという二次林を構成する樹種を利用・対象とせざるを得なくなったのではないか。いっぽう，奈良・平安時代になってまたクリ材が利用されているが，これは現代においても鉄道の枕木の用材として，また民家の柱材としても知られているようにその特性は時代を通して知られていたに違いない。奈良・平安時代における利用例はその利用が可能になった地点に集落が立地したものと考えられる。例えば，墾田永年私財法などによる山林原野への進出などがそれにあたると考えられよう。

3 照葉樹林の拡大

日本列島の太平洋岸において報告された花粉分析結果を検討し，照葉樹林の発達史について考察した松下まり子氏によれば，照葉樹林は完新世初期に3回の拡大期をもって発達したとされている[7]。九州南部では8500年前にはすでに照葉樹林が成立し，7500年前に紀伊半島，浜名湖でひとつの拡大期がみられ，浜名湖ではモミ，クリの林からシイ林へと移行し，銚子ではクリ林からモミ，ツガ林へ移行し，浜名湖や淡路島などでは6000年前にカシの拡大がみられるという。黒潮による影

響から温度条件の満たされた地域に次第に照葉樹林の拡大し成立していった現象を指摘している。

ここで筆者が注目してみたいことは、照葉樹林の成立以前にクリの多く生育していた自然林があった可能性のあることである。従来、クリの陽樹の性質をもつことから人間の干渉による二次林的な樹種としてみられてきた傾向があるが（例えば西田1981、千野1982、辻1989など）[8]、縄文時代早期段階にほぼ平行する時期に同様の二次林的な存在が考えられるであろうか。もう少し、資料の集積を待って考えてみなければならないようである。

また、松下氏の指摘しているように、内陸部への照葉樹林の進出は、とくに関東地方では縄文時代にあっては遅れていたとされている。当地方では照葉樹林の主体であるカシの拡大時期は遅く、関東地方中・北部では落葉広葉樹林の発達が著しく、照葉樹林の構成樹種はほとんどみられないとされている。照葉樹林の分布や落葉樹林の分布がどのような状態であったか、その自然の状態についてもようやく局地的に明らかになりつつある段階であるといってよいであろう。

弥生時代から古墳時代にかけて住居の建築材がコナラ亜属の材が多用されたことについて先に触れたが[9]、その中で三浦半島や伊豆半島、房総半島の付け根にある集落からは、それらとは異なる照葉樹林を構成する建築材が用いられていた。神奈川県溝尾遺跡、鴨居上の台遺跡、静岡県安久遺跡、千葉県城の腰遺跡の例がそれである。これは関東平野の内陸部ではコナラ亜属材の多用がみられるものの、より南部の海岸に近接した集落の周辺には照葉樹林が拡大してきた証拠でもあるといえる。このようなことから、縄文時代における照葉樹林の拡大は房総半島では5,500年前にカシ類の拡大がみられる[10]ことから、縄文時代から古墳時代にかけても照葉樹林の関東地方内陸部への拡大は少なかったと考えてよさそうである。

4 縄文集落と景観

ここで扱ってきた資料は主に温帯の落葉広葉樹林と照葉樹林に分布した集落跡を中心としたものである。この両樹林帯がどのような様相と変遷を示したかについて具体的に説明することは、今後の試・資料の蓄積を待ちたいところであり、現段階では不可能といってよい。しかしながら、およそのところは関東地方だけに限ってみれば、照葉

樹林の成立は前期以降の、しかも房総半島や三浦半島などの海岸部に限られていたといえる。

このような樹林帯に区分できる森林に対して縄文人がどのような干渉、開発行為を行なっていたかについては、現段階の資料からは集落に近接していた場においては二次林的な樹種や草本植物の広がりがみられるものの、その外側には豊富な植物相をもった森林の拡がりがみられ、縄文人による干渉の少なさを示唆している。しかも、その森林には1mもの直径のあるクリの大径木が分布しているのである。縄文人はクリの大径木を半月形に木取りし、巨大木柱列や同規模の建造物である大型住居の柱材として利用していたに違いない。

以上のような森林を縄文集落の景観要素の中に採用した場合、縄文人の自然への干渉は少なく、森林に埋もれていたのかとみられてしまうが、そうではない。むしろ、この豊富な植物相をもった森林は彼らのフィールドとして把握され、季節の変化に応じた食料採取活動の場として認識されていたに違いない。

ところで、縄文集落が果たしてどの程度の定住性があったかという問題と深く関連するのであるが、定住性の極めて強いものであれば、二次林的要素が少なく、豊富な植物相を集落の周辺にもっていたことと矛盾してくる。定住性の強い集落では、その外縁とも呼べる場に対し、縄文人による干渉、開発行為の影響が蓄積し、植生そのものの変化がみられて然るべきである。むしろ、土器のタイプや住居の型式にみられる分布型がある特定集団の生活領域の範囲を反映しているという見解[11]などがここでの集落景観と符号することの多いことを指摘したい。

例えば可児通宏氏の説く、諸磯様式の2つのタイプの土器の分布にみられる地域的な広がりは特定集団の生活領域に対応しているとし、海岸・台地・丘陵（山地）という異なった環境を含んだ領域（これは約300 km²もの広い範囲にわたると想定されている）が考えられ、同一集団による地域内生業活動の多様性の所産のひとつとして個々の遺跡がみられるという解釈がそれである[12]。このような解釈がより縄文人が対象とした自然環境とその生業活動を反映していると考えられる。

縄文人が選んだ集落の立地と移動はただ単に季節的に動物、植物の食料資源の採取地を対象とした移動だけではなく、植生の地域的な差、および

図 2　縄文集落の景観（貝の花見塚，松戸市立博物館提供）

地形に対応して分布する植物を彼らのカレンダーの中に取り込んだ結果である可能性も出てくるのである。たとえば照葉樹林の拡大が房総半島などの海岸部にみられるが内陸部には及ばないという事例から，内陸部でのトチノキ，コナラの採取と海岸部におけるカシ類，シイ類の採取が考えられる。また，大宮台地の低湿地遺跡における事例から，低湿地と台地が広がる地域ではクヌギ類，クリの採取が想定できる。

　このような局地的な議論を行なうには今後の資料の集積と古植生の正しい理解がなければ果たし得ないが，縄文集落の景観に豊富な植物相を考えた場合，このような予測は許されよう。

　最後に本稿で述べてきたことなどのイメージにより近いものとして，新設なった千葉県松戸市立博物館に展示されている貝の花貝塚の復元模型を示し，稿を終えることにしたい（図2）。

註

1)　千野裕道「縄文時代に二次林はあったか」東京都埋蔵文化財センター研究論集，Ⅹ，1991，215-249

2)　ここでいう二次林とは沼田　真編『生態学辞典』

築地書館に記載された「伐採，風水害による倒木，火事などにより原生林が破壊されたあとに成立した森林で，主に陽樹より成る」という定義に従う。

3)　能城修一・南木睦彦・鈴木三男・植田弥生「埼玉県北足立郡伊那氏屋敷跡遺跡における縄文時代後・晩期の植生復元（英文）」植生史研究，1—1，1992，11-19

4)　文献 1) に同じ

5)　千野裕道「縄文時代のクリと集落周辺植生」東京都埋蔵文化財センター研究論集，Ⅱ，1983，25-42

6)　文献 5) に同じ

7)　松下まり子「日本列島太平洋岸における完新世の照葉樹林発達史」第四紀研究，31—5，1992，375-385

8)　西田正規「縄文時代の人間—植物関係」国立民族学博物館研究報告，6(2)，1981，234-255

　　辻誠一郎「開析谷の遺跡とそれをとりまく古環境復元」第四紀研究，27—4，1989，331-356

9)　文献 1) に同じ，p.233，236

10)　文献 7) に同じ

11)　可児通宏「縄文人の生活領域を探る」東京都埋蔵文化財センター研究論集，Ⅹ，1991，131-147

　　小薬一夫「『住居型式』論からの視点」東京都埋蔵文化財センター研究論集，Ⅹ，1991，171-188

12)　文献 11) 可児論文，p.143-144

縄文時代の
セトルメント・システム

東京都埋蔵文化財センター
■ **可児通宏**
（かに・みちひろ）

遺跡数の増減は人口の増減に連動していたとする解釈に対して，セトル
メント・システムの交替によってもこのような現象が起こりうるとする

縄文時代の遺跡を "セトルメント Settlement" という概念で捉えようという試みは，1973年の小林達雄による多摩ニュータウン遺跡群の分析作業に始まる[1]。これは当時のアメリカ考古学で一定の評価を獲得していたセトルメント・アーケオロジーの方法論を取り入れて，遺跡群を構造的に捉えようというものであった。それまでにも遺跡分布論の観点から，複数の遺跡について遺跡間の有機的な関連性を探ろうという試みや，それを視野に入れての発言はいろいろあったが[2]，小林が提唱したセトルメントの概念を用いての分析方法は，これまでの遺跡分布論の延長線上にとどまるものではなく，集落論，領域論をも取り込むかたちで遺跡群を構造的に捉えていくための具体的な方法論と，それについての理論的な枠組みを提供した。遺跡群の分析に対してこのような新しい方法論の導入を可能にした背景には，多摩ニュータウンなどの大規模開発に伴う広域調査によって，遺跡についてのまとまった情報が膨大な量で蓄積されてきたという，小林がアメリカ考古学の動きに対してみせた反応とは別の社会的な背景があったということもまた認識しておく必要があろう。いずれにしろ，これによって遺跡群を対象にした研究に1つの方向性が示されたわけであるが，研究の現状は長崎元広が「多摩ニュータウン地域ほど克明な分布調査と発掘調査を各地で一挙に実現できるわけでない実状からは，小林氏の示されたような詳細な分類はなかなか応用できない」[3]と指摘したように，小林の提案から今なお大きく踏みだしてはいない。セトルメント・アーケオロジーによる縄文時代の研究は，遺跡のタイポロジーの段階に留まっている[4]のが現状である。

1 縄文時代のセトルメント

"セトルメント" という概念は，日本の考古学ではまだ馴染みが薄く定着していない。C.T.キーリーによって紹介された K.C.チャンの定義に

よれば，セトルメントは「人間が衣食住などのあらゆる行動を展開した舞台としてのあらゆる占居の場所そのものであり，それは特定の空間内に遺棄された文化遺物が形成する物理的（具体的）な単位で」，その特性は「①遺物，②遺物以外にみられる人間が占居したという証拠（遺構など），③それら遺物・遺構の埋没・出土状態及び相互の関連性，以上の3つで示されるものである」[5]という。日本考古学にはまだ適当な訳語はないが，人間の諸々の活動に対応するかたちで遺された遺物や遺構の在り方によって示される遺跡の "かたち" ということになろうか。縄文時代の研究にセトルメント・アーケオロジーの方法論を取り入れて研究を進めることの意義については，遺跡のタイポロジーともいうべき "セトルメント" の概念を使うことによって，縄文社会復元へのアプローチが可能になるという図式が描けるからである。

ところで，縄文時代の遺跡はいくつのセトルメント・パターンに類型化することができるのであろうか。これについては予め決められた類型があるというものではない。セトルメント・パターンの設定は，いわば研究者の研究戦略そのものであるからである。この研究に先鞭をつけた小林達雄は，多摩ニュータウン遺跡群を分析するなかで，縄文時代には次のA〜Fの6つのセトルメント・パターンが認められるとした[6]。すなわち，

A 広い平坦面を有する台地上に立地し，多数の住居跡および貯蔵穴などのピット群，墓壙群などがある。遺跡の中心に広場がある。土器・石器などの各種の遺物が豊富である。とくに土偶・石棒などその時代のいわゆる特殊遺物がしばしば認められる。またかなり遠隔の地域から搬入された土器などをもつ。なお，土器型式にして2〜3型式またはそれ以上にわたる継続的な定住地となっている場合が多い。

B 馬の背状の舌状台地先端部などに立地し，数棟から十数棟に及ぶ住居跡がある。貯蔵穴など

のピット，墓壙など住居跡以外の遺構は少ない。広場としての平坦な場所は狭い。土器・石器など遺物は多いが，いわゆるその時代の特殊遺物の類はまれである。存続期間は，1土器型式期間のみで完結している場合が多く，その先後の型式が認められる場合でもきわめて断片的である。

C　斜面裾部または丘陵頂部付近などの狭い平坦面に立地し，1〜2棟の住居跡がある。他の遺構はほとんどない。遺物量はそれほど多くない。

D　かなり急勾配の斜面地などにも立地し，住居跡のないのが特徴である。ほかの遺構もほとんどないが，まれに正体不明のピットなどをもつ場合がある。土器はせいぜい数個体を限度とし，石器の発見はまれである。また炉跡や焼土なども確認されない。これは火を焚かなかったということではないが，その痕跡を遺す程度の継続的な使用がなかったことを意味するものと考えられる。

E　その他，A〜Dのセトルメントから離れて独立的に存在する墓地，デポ，土器製作用粘土の採掘跡，石器原材の採掘跡，石器製作跡などがある。

F　その他，遺物・遺構などの実体として，確認しえないが，一晩だけのキャンプ地とか，道・狩猟・採集の場などを想定しうる。

という以上の6つのパターンである。このA〜Fの6つのパターンについては，その後の発掘所見などによって内容に若干の追加・訂正が加えられたが，A〜Fという大枠については変更されていない[7]。これについては，アラスカ北部のトルアクミュート・エスキモーのセトルメントとの対比にみられるように[8]，この大枠によって縄文時代のセトルメント・システムについても十分説明が可能であるとの判断があったものとみられる。

　一方，小林のセトルメント・パターンの考え方を積極的に評価し支持する立場をとる筆者は，小林のA〜Fの分類を整理して6つのパターンを大きく2群に分けた[9]。すなわち，遺跡を日々の生活の拠点である集落遺跡（パターンA〜C＝A群）と，そこでの生活を維持し，保証するための諸々の活動が行なわれた痕跡が残される遺跡（パターンD〜F＝B群）の2群に分けたうえで，この両者の関係は並列に並ぶものではなくて，B群はA群

の存在が前提にあり，その在り方はA群によって決まるものとして，主語に相当する集落遺跡と述語に相当するその他の遺跡とを明確に区別した。この大別は，遺跡は単に面的な広がりしか示さないが，それらが機能していた当時にあっては階層的な構造を持つものであったということを明らかにしておくことにあった。

　また，住居跡をもつパターンA〜Cについては，それぞれ別々の機能を分担しながら，相互に有機的に関係するシステムの一環をなすものであるとする小林のセトルメント・パターンに対する基本的な考え方を踏まえて，この3者の関係を検討し，「パターンB・CはAの存在を前提にし，B・Cはそれぞれそこを拠点にして行なわれた生業活動の違いを反映しているのではないか」[10]と捉えた。すなわち，パターンB・Cは，パターンAでの生活を支えるために必要な資源を調達するために設けられた"拠点"ではなかったかというものである。パターンB・Cの性格をこのように捉えると，B・Cは常にその周辺部にある資源との関係で機能していたことになり，その場所の使われ方は対象とした資源の種類や量といった条件によって左右されたものと考えられる。例えば，その場所が①長期間にわたって滞在できる場（パターンB）になるのか，②決まった季節にだけやってきて短期間の滞在を頻繁に繰り返す場（パターンB・C）になるのか，③短期間の滞在だけで終わってしまう場（パターンC）になるのか，などといった問題は，その資源が(a)豊富にあるものなのか，(b)取ってもすぐ再生するものなのか，(c)四季を通じて取ることができるものなのか，などといった条件によって左右されるものと考えられるからである。

　このようにパターンA〜Cについては，まず"本拠地"であるAの存在を前提に，それに"拠点"のB・Cが連なるという構造が想定され，さらにパターンB・Cの周辺部には資源調達のためにやってきた人々によって様々な"かたち"のセトルメントが残されることになる。小林はこれらのセトルメントを前述のD〜Fに分類するが，筆者はパターンDの内容を膨らませパターンE・Fの採用についてはこれを一時保留する。これは細かい分類が必要ないということではなく，小林の分類では，パターンDは遺構・遺物の在り方で説明された遺跡の"かたち"で分類されているのに

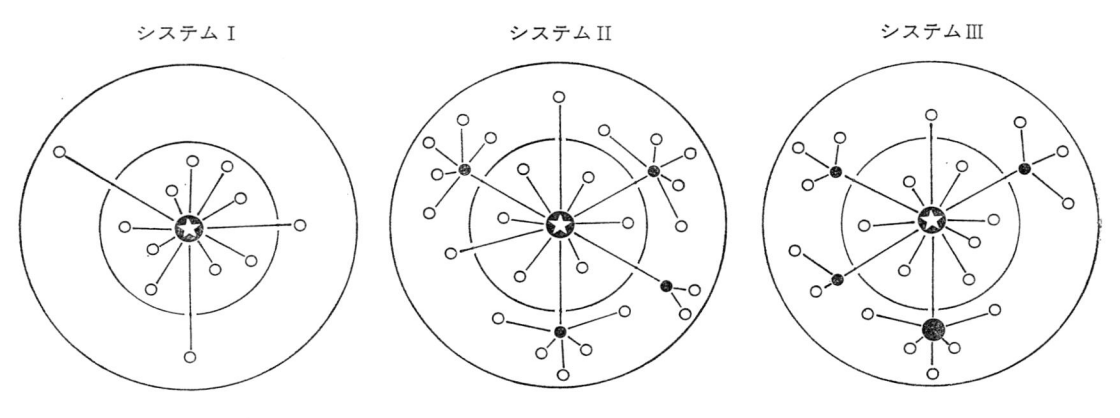

⭐パターンA　⬤パターンB　●パターンC　○パターンD

図 1　セトルメント・システムにみられる 3 つのモデル

対して，パターンE・Fは遺跡の"かたち"ではなくて，想定される活動の"場"で分類されていて，両者の分類の基準が統一されていないからである。筆者は，まず遺跡の"かたち"でもってパターンを分類し，その後に想定される諸々の活動の"場"が具体的にどのパターンに対応するものであるかを確認し，再整理すべきものであると考えている。したがって，B群として一括したパターンがどのような"場"に対応するパターンとして分類されるかについてはこれからの課題とするが，縄文時代の基本的なセトルメント・システムは，パターンAを中心にパターンB〜Dが樹枝状に連結する，システムⅠ〜Ⅲで示される図1のような構造になっていたものと考えられる。

2　多摩ニュータウン地域における　　セトルメント・システム

縄文時代のセトルメント・システムを全国的な視野で語ることは不可能と考えられるので，ここでは最も調査の進んでいる多摩ニュータウン地域の遺跡群を対象にして，セトルメント・システムの地域的なモデルを構築することが可能かどうかを検討してみたい。

これまで多摩ニュータウン遺跡群の分析を通じて語られてきたセトルメント・システムは，領域の広さについての検討を抜きにしてパターン論だけで構築されてきた。そのため，縄文時代の各時期，この多摩ニュータウンの約 30 km² の範囲中で完結するであろうと考えられてきた。一方筆者は，パターン論だけでは縄文時代のセトルメント・システムは捉えられないのではないかと考

え，この地を生活の舞台とした集団の具体的な生活領域の範囲を探る方法を考えたことがある[11]。これによると，この地域の縄文時代前期後半を例にとってみた場合，当時の生活領域の広さは，多摩丘陵の全域から下末吉台地にまで広がる約 300 km² という，これまで考えられてきたものとは10倍以上も隔たりのある広い範囲が想定されることになったのである。ここでは，多摩ニュータウンの遺跡群は，当時の生活領域のごく一部を占めていたにすぎなかったのではなかろうかということを念頭において，この地域のセトルメント・システムを考えてみることにする。

草創期　この時期の遺跡は56ヵ所ある（図2）。いずれも住居跡を伴わないパターンDの遺跡で，そのほとんどが有舌尖頭器を 1〜2 点だすだけの狩猟の場と考えられるものである。他の地域では少数例ではあるが住居跡が発見されていて，すでに一定の地域に一定の期間とどまって生活していた様子が窺われる。これがパターンA・C・DからなるシステムⅡの一部をあらわすものなのか，あるいはまだパターンA・Cが未分化で，想定したシステムには対応するものがないのか，これについては検討材料が出揃っていない。

早期　前葉，中葉，後葉のそれぞれの時期でまったく異なった展開がみられる。前葉の遺跡は130余ヵ所あり，そのうちの 8 ヵ所から計43基の住居跡が発見されている（図2）。多摩川の対岸にある武蔵台遺跡の集落の在り方などから判断すると，この時期にはすでにパターンA・C・DからなるシステムⅡがあり，この地にはパターンAから離れてパターンC・Dがあったものとみられ

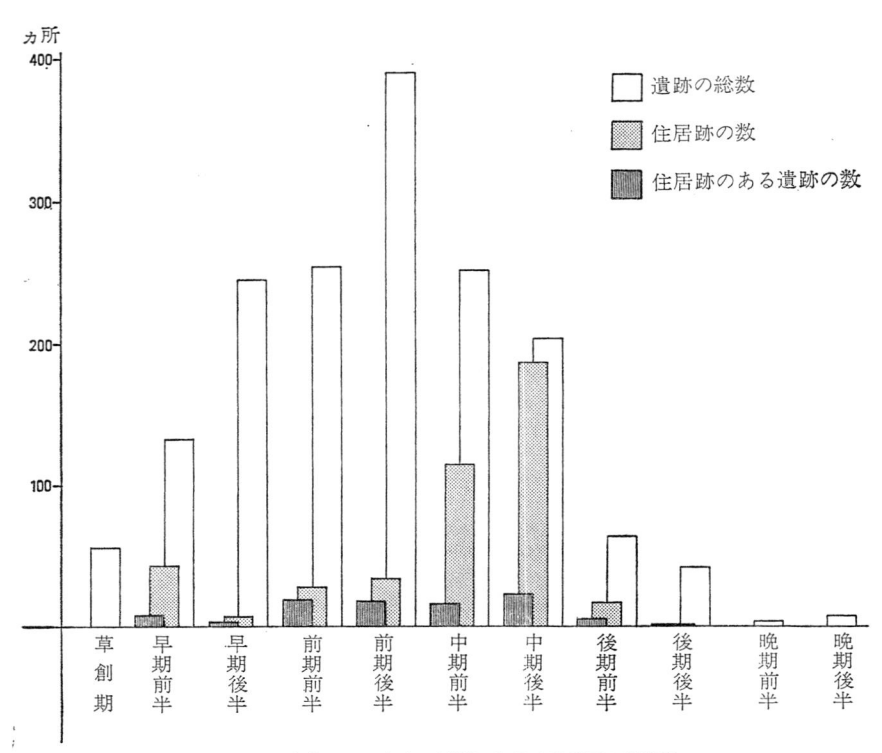

（縦軸：ヵ所）
400
300
200
100

凡例：
遺跡の総数
住居跡の数
住居跡のある遺跡の数

（横軸）草創期／早期前半／早期後半／前期前半／前期後半／中期前半／中期後半／後期前半／後期後半／晩期前半／晩期後半

図2　多摩ニュータウン地域における時期別の遺跡数

る。しかし，パターンCの周辺部で展開された活動が何であったのか，パターンDから出土する少量の遺物の中にはそれを知る手掛りは何も残されていない。

　中葉になると遺跡数は半減し，住居跡もこの地では発見されなくなる。前葉にみられたシステムⅡも，まだ不安定な周辺環境に対しては完成した適応戦略とはなっていなかったのかもしれない。

　後葉になると遺跡の数は再び約250ヵ所と急増する（図2）。住居跡は3ヵ所の遺跡から6基が発見されているにすぎないが，この時期にも他の地域にみられる集落の在り方などから判断して，パターンA・C・DからなるシステムⅡがあったものとみられる。しかし，その内容は前葉のものとは異なっていて，パターンCの周辺部には炉穴や落し穴土坑をもつパターンDが多数分布する。炉穴については煮炊き用の調理施設とする説もあるが，パターンC・Dの遺構群が同一の機能を分担したものであるとするならば，規模の小さな住居跡と重複する炉穴，群在する落し穴土坑の3者から想定されるものは，落し穴を用いた季節的な罠猟と，そこでの獲物を炉穴で保存用の食料に加工してパターンAに持ち帰るという，パターンCを拠点とする季節的な生業システムの存在ではなかろうか。

　前期　この時期になると根古谷台（ねこやだい）遺跡のように関東地方にも大形住居跡や掘立柱建物跡をもつ遺跡が出現することから，この地域にもそのような遺跡を擁するパターンA・C・DからなるシステムⅡがあったものとみられる。遺跡の数は前期前半においては約250ヵ所と早期後葉と変わらないが（図2），炉穴と落し穴土坑が姿を消し，住居跡をもつパターンCの数が増す。この変化が意味するところについては意見の分かれるところであるが，この時期，狩猟方法の上ではこれまでの落し穴猟は別の罠猟へ，炉穴による加工法は集石土坑によるものへというような改良された他の方法との交替が想定されるのであるが，一方，この狩猟法の変化に連動するかのように，比較的規模の大きな住居が分布域を広げて分布するようになることから，狩猟とは別にパターンCを拠点とする新たな生業システムが加わったのではないかと想定されるのである。

　前期後半になると遺跡の数は390ヵ所と前半の約1.6倍に増加する（図2）が，この動きもまた前半に想定された新たな生業システムの出現に対応する可能性がある。この時期になると，早期と違ってパターンCには一通りの生活用具が残されていて，そこに比較的長期にわたって滞在していたらしい痕跡が認められるようになるのに加えて，パターンDの増加に符合するかのように，新たな生産用具として中期に特徴的な打製石斧が石器組成の中心に加わってくるようになるのである。

　中期　前期末から中期初頭にかけては遺跡の数が大幅に減少するが，中期中葉以降になると増加し，この地域にもパターンA・B・C・DからなるシステムⅢが認められるようになる。ただ，最近はパターンA〜Cの分類に疑義を唱える向きも

あるが[12]，大枠では小林の分類を変更する必要はなさそうである。これはパターンA〜Cの分担すべき役割がそれぞれ決まっていて，それが遺跡の"セトルメント"の違いとして明確に区別されるからである。例えば，パターンAは中央の広場とそれを囲む住居跡が環状に並んでいて，ここでは威信財としての大珠を持つことはあっても土偶を持つことは稀である。これに対して，パターンBは丘陵の頂部や斜面地に立地するために明確な広場は持たず，また住居跡の配置にも規則性はないが，ここは土偶をもつ。また，パターンCは住居跡の数も少なく，ここは土偶をまったく持たない。というような特徴にもみられるように，パターンA〜Cは住居跡の在り方もさりながら，土偶の有無によっても区別できるのである。しかも，この土偶の有無を通じて，中期には土偶を持つパターンBでの生業と土偶を持たないパターンC（パターンA？）での生業という異なる2つの生業システムが存在していたのではないかということが想定されることになるのである。

後期〜晩期　中期末から後期初頭にかけて遺跡数は大幅に減少し，それに伴ってパターンBも姿を消し，後期にはパターンA・C・DというシステムⅡに戻る。これは前期から中期にかけて想定された2つの生業システムのうちの一方が，中期でもって姿を消したものとも考えられるが，これについては確証があるわけではない。このシステムⅡが認められるのも後期の前半までで，それ以降はさらに遺跡の数が減少してパターンA・DからなるシステムⅠとなる。

　従来，このような遺跡数の減少については人口の減少と結び付けて解釈されてきたが，このようなシステムの交替が認められるのであれば，この時期に縄文時代のすべての社会経済システムを崩壊させてしまうような人口の減少を想定しなくても，周辺環境の変化などに伴って土地利用にかかわる生業システムにも変化があり，結果としてパターンB・CおよびDが減少したとする解釈も可能となるのである。

3　おわりに

　多摩ニュータウン地域には，パターンAの遺跡は中期を除いてはその存在を想定することができ

ないので，ここでは領域内の他の地域にその存在を想定してこのような地域モデルを考えたが，このモデルを使うことによってかなりいろいろなことが明らかになってきた。例えば，多摩ニュータウン地域は縄文時代のほとんどの時期，パターンAの後背地になっており，しかも，この地ではセトルメント・システムの交替は遺跡が大幅に減少する時期を境にして起こっている，などという動きが捉えられたのはその成果のほんの1例である。しかし"遺跡のタイポロジーの段階"から抜け出すためには，さらに領域内の遺跡をすべて網羅したかたちでのモデルの再構築が必要であると考えている。これは，多摩ニュータウンの建設と引き替えに手に入れた膨大な資料をどのように生かしていくかという，これからの研究戦略の基本になるものであるからである。

註

1)　小林達雄「多摩ニュータウンの先住者―主として縄文時代のセトルメント・システムについて」月刊文化財，112，1973
2)　酒詰仲男「神奈川県下貝塚間交通問題試論」『人類学先史学講座』17，1940，和島誠一「野外調査―集落址」『日本考古学講座』1，1956，和島誠一・岡本　勇「南堀貝塚と原始集落」『横浜市史』1，1958，高橋　護「縄文時代における集落分布」考古学研究，12―1，1965，後藤和民「原始集落研究の方法論序説」駿台史学，27，1970　など
3)　長崎元広「縄文集落研究の系譜と展望」駿台史学，50，1980
4)　羽生淳子「縄文時代の集落研究と採集民研究の接点」物質文化，53，1990
5)　キーリー，C.T.「セトルメント・アーケオロジー」信濃，23―2，1971
6)　註1)に同じ
7)　小林達雄「縄文時代の集落」国史学，110・112，1980，同「原始集落」『岩波講座日本の考古学』4，1986
8)　註7)に同じ
9)　可児通宏「多摩ニュータウン地域の縄文集落」考古学ジャーナル，203，1982
10)　可児通宏「縄文人の生活領域を探る―土器による領域論へのアプローチは可能か」東京都埋蔵文化財センター研究論集，Ⅹ，1991
11)　註10)に同じ
12)　黒尾和久「縄文時代中期の居住形態」歴史評論，454，1988，土井義夫「縄文時代集落論の原則的問題」東京考古，3，1985

文化庁美術工芸課
原 田 昌 幸
（はらだ・まさゆき）

遊動と定住———

—縄文時代の初期定住—

遊動から定住への画期は縄文草創期から早期前半にかけて，気候変化によって列島内の何個所かで実現していった住様式の変化である

1 遊動から定住へ

縄文文化が，その生業体系を基本的に堅果類の採集，狩猟，漁撈活動に置きながら，社会構造上かなり進んだ定住が行なわれていたことは，最早多言を要するまでもない。しかし，一口に「定住」という用語で表わされる縄文社会，集落のあり方が，果たしてどこまで厳密な概念を持って語られてきたかどうかは，再考の余地がある。かつて，渡辺仁は縄文集落における住居の安定性を生態学的側面から考察するなかで，縄文社会における定住の認識について次のように指摘した。「集落にも一時代野営集落から恒久的定住集落まであるから，いかなる集落かが問題であって，特に住居の安定度を明確にする吟味が欠けている」と。そして，「住居の安定度は環境とそれを開発する技術並びに経済の関係に依存する生態学的現象である」と定義した[1]。それから四半世紀，膨大な資料の蓄積を背景に集落論や住居論が飛躍的な進展を見せる中で，この根本的な課題に明確な答えが与えられたとは言い切れない。

しかし，西田正規は「遊動と定住の人類史」を体系的に論じ，人類に定住生活を選択させた契機を，後氷期終末の環境と生業活動の変化に着目して考察，それを中間的な定住への移行期を踏まえて"定住革命"と位置付けた[2]。そして，定住が生じ得る文化的変換が次の六項目の課題克服の上に成り立つことを指摘する。(1)居住地周辺の環境汚染の防止，(2)住居と木材の加工技術の獲得，(3)定住を可能にする経済的条件の整備，(4)対他集団との社会的緊張の解消，(5)死者，災いとの共存への対処，(6)定住に伴う心理的負荷の供給がそれである。新しい視点で語られる定住の画期は，一系的，進化論的に考えられがちな遊動から定住へという生活様式の変化が，実は，複雑な文化要素の変化の統合を背景に持つことを示している。定住生活は，定住すべき必然性が生じて，初めて人類が到達しえた生活様式であったと言うのである。

人はなぜ，定住を選択したのか。さまざまな視点に立った主張がある中で，ほぼ共通するのは気候変化による森林の形成＝堅果類の増加を背景にした，狩猟主存型から採集主存型の経済体系への転換である。後氷期の気候温暖化は日本列島にも森林拡大の契機を生じ，それは次第に遊動生活に適した狩猟環境を悪化させて大・中型獣の利用を減らし，植物質食糧や魚介類への依存を高めさせた。旧石器時代終末から縄文時代草創期にかけての細石器，有舌尖頭器の出現と消滅，そして土器と石鏃の出現などはこの時代に生業体系の根本的な変換を余儀なくされた人々が工夫した多様な試みに他ならない。移動から定住への画期は，この激動期を乗り越えた後，縄文時代草創期から早期前半，列島内の何個所かで，やや時期を前後しながら実現していった住様式の変化なのである。

遊動から定住へは，このような環境論，遺物論，遺構論を含めた綜合的な視点で語られるべき課題であるが，ここではその一要素としての竪穴住居の普及の画期に着目して，列島内各地の様相を概観してみたい。

2 日本における定住開始期の諸様相

(1) 九州地方南部

九州地方では米倉秀紀が，縄文時代早期遺跡出土の石器器種組成の変化に着目，南九州貝殻文平底円筒形土器期の定住的様相を指摘してから久しいが[3]，その後も早期前半の吉田式，前平式期の竪穴住居跡検出が相次ぎ，この地における集落の形成，定住の実態が明らかにされている。さらに近年，鹿児島県掃除山遺跡では隆起線文土器を出土する２基の竪穴住居と煙道付炉穴１基が近接して発見され，雨宮瑞生は少なくとも草創期の"新しい部分"には住様式としての竪穴住居が確立することと，食物調理の場としての炉穴が付随するような明確な構造を持つ集落の出現から「温帯森

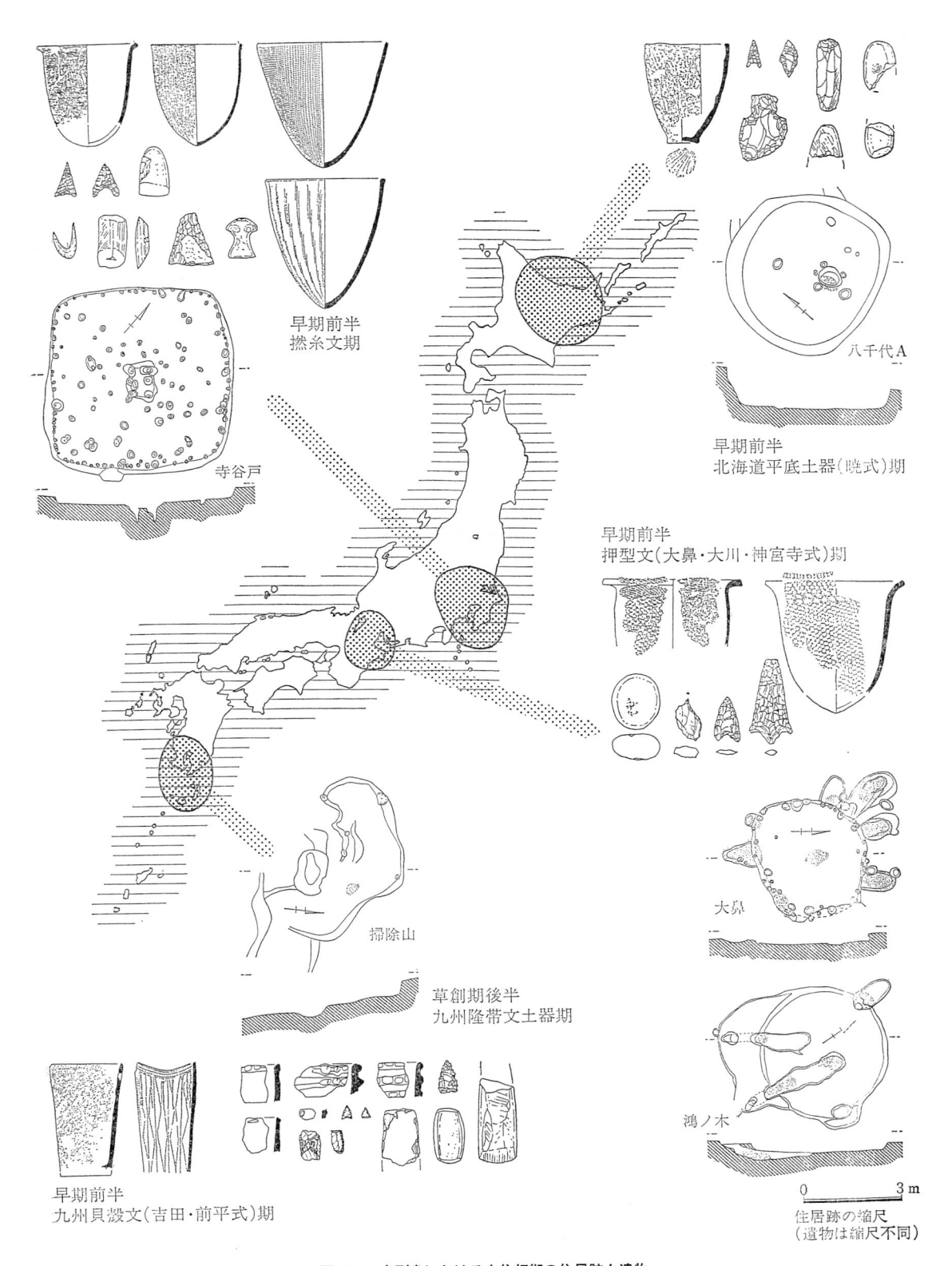

早期前半
撚糸文期

寺谷戸

八千代A

早期前半
北海道平底土器(暁式)期

早期前半
押型文(大鼻・大川・神宮寺式)期

大鼻

鴻ノ木

掃除山

草創期後半
九州隆帯文土器期

早期前半
九州貝殻文(吉田・前平式)期

0　　　　3 m

住居跡の縮尺
(遺物は縮尺不同)

図 1　日本列島における定住初期の住居跡と遺物

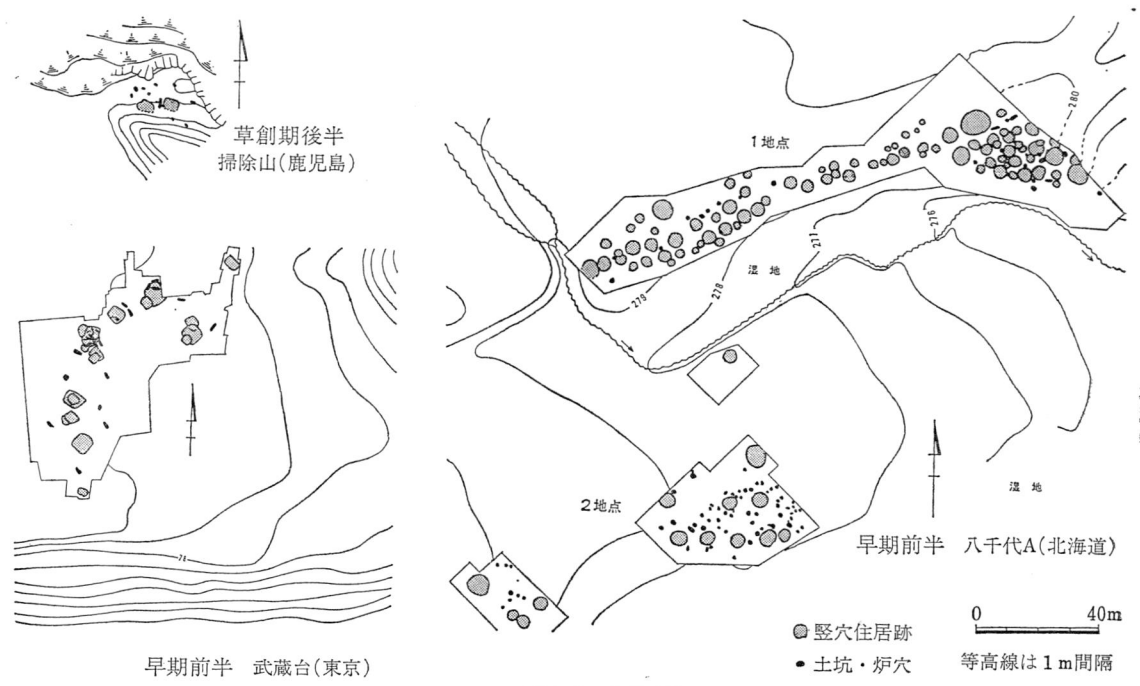

図 2 定住初期の集落遺跡

（図中ラベル）草創期後半　掃除山（鹿児島）／1地点／2地点／早期前半　八千代A（北海道）／早期前半　武蔵台（東京）／●竪穴住居跡　・土坑・炉穴／0　40m　等高線は1m間隔

林の初期定住」を主張した[4]。掃除山遺跡は遠く桜島を望む狭小な尾根上，支谷に面して風を避けるかのように住居跡と炉穴が並び，これに円形・船形配石炉や集石，土坑を併せもち，その占地と遺構配置の明確性には注目すべきものがある。

　最近，同県前原遺跡でも同じ時期の集落跡が調査されていると聞く。縄文文化における定住の画期は，まず逸早く九州地方南部に訪れたと考えることができそうである。ただし，掃除山遺跡出土の土器と，吉田式・前平式土器との型式学的連続性，さらに列島全体を視野に入れた時の他様式との並行関係には未解明な部分も多く，遺物論・遺構論双方からの検討が要求される。なお，鹿児島県上場遺跡や福岡県椎木山遺跡など，旧石器時代に遡る竪穴の報告例については，居住遺構としての蓋然性を疑問視する向きもあり，少なくともこの時代にはまだ確固たる住様式としての竪穴住居は確立していない。

(2)　近畿地方

　近畿・中国地方における最古の居住遺構も，大阪府はさみ山遺跡や広島県西ガガラ遺跡など，浅い皿状や平地式の旧石器時代に遡る例が知られているが[5]，竪穴住居としての構造が確立し，集落の形成が普遍化するのは縄文時代早期前半の押型文系土器様式の古い段階からである。近畿地方に

おける押型文系土器様式の前半期については，滋賀県粟津湖底遺跡での層位的確認を含む，大鼻式・大川式・神宮寺式の型式学的研究から，その変遷についても一定の見通しが得られ[6]，この中の最古段階，大鼻式期に最初の定住の画期が認められる。

　三重県大鼻遺跡では，円形ないしは楕円形，深い掘り込みと多数の壁柱穴を持つ竪穴住居跡7基，焼土坑と呼称された炉穴16基が台地縁辺部の狭い範囲に切り合い関係を持って群在し，集落が特定の場所に繰り返し営まれたことを推測させる[7]。これにやや遅れて次の大川式，神宮寺式期には，同県西出遺跡[8]，鴻ノ木遺跡[9]でもそれぞれ20余基，2基の竪穴住居跡が炉穴，土坑とともに検出されている。これら竪穴住居の構造は大鼻遺跡例に類似するが，中には主柱穴の存在が明確なものもあり，上屋構造の進歩も窺える。ただし，これらの集落遺跡は伊勢湾岸の三重県下に集中しており，内陸部での定住は若干遅れて進行したのか，今のところ，奈良県大川遺跡[10]の円形，無柱穴の竪穴住居跡2基が複数の集石とともに検出された例が，最古となっている。

　また，九州地方南部で指摘されたような植物質食糧加工用の石器の増加がこの地方ではほとんど見られず，石器組成に見る限り石鏃，有舌尖頭器

などの狩猟型の生業体系がそのまま存続したようで，出土遺物の面では遊動から定住へという生活様式の変化が捉えにくい。しかしその一方で，大鼻遺跡，大阪府神並遺跡では"第2の道具"としての土偶も複数発見されており[11]，この地域における定住化が九州地方南部のそれとは違ったプロセスで進行した可能性を示すらしい。

(3) 関東・中部地方

関東・中部地方における定住の画期は，縄文時代早期前半，撚糸文系土器様式期の住様式としての竪穴住居の確立・普及の画期を探ることで語られる。もちろんそれに先行する竪穴遺構は埼玉県宮林遺跡[12]，東京都前田耕地遺跡など縄文時代草創期に遡るものが知られるが，住居構造はまだ不明確で定住を語り得るものではない。そして次の撚糸文系土器様式の時期には，貝塚の形成，土偶の発生，磨石・石皿など植物質食糧加工具の激増と，定住を促す文化要素が一挙に出現する[13]。撚糸文期の竪穴住居跡検出例は，すでに関東地方を中心に200基弱に達しているが，より細かく見ると，まず井草I式期の千葉県西之城貝塚発見の隅丸方形，床面中央部に灰床炉[14]と目される方形の掘り込み施設がある竪穴住居跡を最古例とし，続く井草II式期，夏島式期までその検出例は少なく，撚糸文期の前半期ではまだ竪穴住居が住様式としては定着しない。

定住の大きな転機が訪れるのは次の稲荷台式期である。この時期，まず多摩丘陵から武蔵野台地南部の限られた地域で一気に竪穴住居跡の検出例が増加し，初源的な集落が形成される。筆者はこの状況を南関東地方における竪穴住居普及の画期として認識したが[15]，この時期の竪穴住居跡は隅丸方形を基調とした平面プランが確立，主柱穴を有するタイプと壁柱穴を有するタイプの2者にその構造が分化，次の大浦山式期には長径10m近い大型のものも出現する[16]。そして撚糸文系土器終末期には，その分布が東関東・北関東にも広がり，ついに平坂式期には，福島県から長野県に至る広汎な地域にまで伝播していく。

この時期の集落構成は，東京都成瀬西遺跡のように狭い尾根上に集約的な占地を見せる例，同はけうえ遺跡のように，台地上とその斜面にかけて竪穴住居跡が数基ずつの単位群を構成する例，さらに同武蔵台遺跡のように崖線からやや奥まった台地上に弧状の竪穴住居跡群，土坑が点在する

例[17]などすでにいくつかのパターンが確立しているが，連穴土坑や炉穴などの存在が明確な九州地方南部や近畿地方の初源期集落に比べて，撚糸文期の集落遺跡では住居跡以外の遺構があまり多く検出されない。これは住居内施設としての灰床炉の存在などに起因する現象なのかも知れないが，全体からすれば炉跡がない住居の方が主流であり，この地域特有の別な文化的要因があるのかも知れない。

(4) 北海道地方

もう一つ，縄文時代早期前半の定住が語られているのは北海道東部地域である。十勝平野を中心に分布する暁式土器に伴う竪穴住居と，その集落跡の存在である。北海道では近年，それまで不明な点の多かった土器型式とその地域性の研究が進み，暁式土器も北澤実らの研究で縄文時代早期前半に位置づけられることがわかってきた。

この時期の集落遺跡として注目を集めたのが，帯広市八千代A遺跡である[18]。同遺跡では浅い谷を囲む台地縁辺の3地点から，合計103基もの竪穴住居跡と多数の土坑が検出され，中でも第1地点では，崖線に沿って深い掘り込みを持つ円形・楕円形プランの竪穴住居跡が79基，あたかも列をなすかのように並び，暁式期の集落跡の全貌を明らかにする恰好の例となった。竪穴住居跡は径4～5mの比較的小型なものに混じって，中には径8m近い大型のもの，住居内施設として地床炉を設け，その周囲に浅い柱穴状の小ピットを配したり，床面が二段構造のものもある。また検出遺構数の割には相互の切り合い関係が少なく，先述の大鼻遺跡例などとは好対照をなす。

報告者はこれらのうち，径3m未満の小型住居跡の多くが炉や柱穴を持たず，出土遺物も少ないことから仮小屋的性格を持つものと推定するが，中・大型の住居跡からは，土器とともに各種の石器や玉類なども出土しており，そこには安定した定住の実態も窺える。暁式期の限られた期間のうちに，季節的な移動と定住の異なる2つの生活様式が併存したのかも知れない。この遺跡では，炭化した堅果類や磨石・敲石など植物質食糧加工具の出土から，アク抜き技術の存在すら指摘されている。寒冷な気候条件を背景にした北海道における定住初期の様相には，本州と違った生活様式を考える必要がある。

3 初期定住の研究課題

　以上，日本における遊動から定住への画期について，住様式としての竪穴住居跡の出現・普及に視点を置いて概観してきた。定住の判断基準には，大きくその出土遺物の組成変化に着目する方法と，住様式としての竪穴住居跡の確立・普及に着目する方法の2つがある。このうち，前者が定住に付随する文化要素の変化でその画期を予測した間接的な方法とするならば，後者は定住の本拠地たる竪穴住居跡の存在を対象とした，いわば直接的な方法と言えるであろう。

　本稿は専ら後者の立場で，列島内の初期定住がいつの時代，どこの地域で最初に確立するのかを考察した。ただし，そこで注意したいのは「竪穴住居」の概念規定の問題である。筆者も過去何回かその見解を示したが[19]，竪穴住居の構築行為そのものが，ある任意の土地に，集中的に竪穴の掘削，上屋の架構という決して中途半端ではない労働力の投下を前提としたものであることを考えれば，そこに自然に不動産としての家屋，土地占有の意識が生じ，やがてそれは集落の内と外，居住区域と生活領域＝テリトリーの集団的占有化の志向へと繋がっていくのではあるまいか。この条件を満した竪穴住居の普及した時期こそが，定住の画期として認識されるのである。

　このような前提で考えると，列島内では旧石器時代に遡る竪穴遺構や平地住居に定住の兆しを求めることは不可能であろう。そして次の縄文時代，定住は草創期の終わり頃，まず九州地方南部で起こった社会現象と考えられるのである。それに若干遅れて縄文時代早期前半，撚糸文系土器様式を保有した関東地方，続いて押型文系土器様式を持つ近畿地方でも，伊勢湾岸から定住の画期が訪れ，北海道でもこれと相前後する時期に，十勝平野周辺で明らかな定住の兆しがあらわれる。

　では，列島内の距離を隔てた4地域で，草創期終末から早期前半の比較的短期間に展開した遊動から定住への画期が，果たして一系列の文化伝播のもとに語られるのか。これは重要な問題であるが，まだ明確な答えは用意されていない。しかし筆者は，それぞれの地域の環境的条件と出土遺物の様相差，さらに竪穴住居構造に見られる地域性から，その系譜はすべてが旧石器時代の非定住的な一時的居住遺構に求められながら，各地域で一

定の文化的成熟度を背景に，個別的な定住，集落の形成が行なわれたものと考えている。竪穴住居の確立・普及の画期に関する多元論である。

　土器様式研究における様式相互の編年的前後関係の把握など，定住の画期を汎列島的に見るための前提条件の整備は済んでいない。縄文文化における遊動から定住への画期は，ようやくその全体像を現わし始めたばかりである。

註
1）　渡辺　仁「縄文時代人の生態─住居の安定性とその生物学的民族史的考察」人類学雑誌，74─2，1966
2）　西田正規『定住革命─遊動と定住の人類史』新曜社，1986
3）　米倉秀紀「縄文時代早期の生業と集団行動」文学部論叢，13，熊本大学文学会，1984
4）　雨宮瑞生・松永幸男「縄文時代早期前半・南九州貝殻文円筒形土器期の定住的様相」古文化談叢，26，九州古文化研究会，1992
5）　河瀬正利『西ガガラ遺跡』広島大学総合移転地埋蔵文化財調査委員会，1987
6）　小野山節ほか『粟津湖底遺跡』滋賀県教育委員会，1992
7）　梅澤　裕・山田　猛『大鼻遺跡（二・三次）・山城（三次）遺跡』三重県教育委員会，1987
8）　堀田隆長「西出遺跡」三重県埋蔵文化財年報1，三重県埋蔵文化財センター，1990
9）　河瀬信幸「鴻ノ木遺跡」一般国道42号松坂・多気バイパス埋蔵文化財発掘調査概報I，三重県教育委員会，1991
10）　松田真一『大川遺跡』山添村教育委員会，1989
11）　原田昌幸「縄文時代の初期土偶」MUSEUM，434，東京国立博物館，1987
12）　宮井英一ほか『大林I・II，宮林，下南原』埼玉県埋蔵文化財調査事業団，1985
13）　原田昌幸『撚糸文系土器様式』ニュー・サイエンス社，1991
14）　今村啓爾「縄文早期の竪穴住居址にみられる方形の掘り込みについて」古代，80，早稲田大学考古学会，1986
15）　原田昌幸「縄文時代の竪穴住居跡─その出現・普及の画期を認識する」月刊文化財，293，第一法規出版，1988
16）　戸田哲也「縄文時代草創期後半の竪穴住居について」大和市史研究，9，大和市史編纂室，1983
17）　早川　泉・河内公夫「縄文時代早期初頭の集落跡─府中市武蔵台遺跡第3次調査」月刊考古学ジャーナル，284，1987
18）　北澤　実・磯部敏弥『帯広・八千代A遺跡』帯広市教育委員会，1990
19）　原田昌幸「撚糸文期の竪穴住居跡」土曜考古，7，土曜考古学研究会，1983

縄文晩期〜弥生前期の貝塚────徳島市三谷遺跡

勝浦康守 徳島市教育委員会

　三谷遺跡は、「眉のごと雲居に見ゆる阿波の山　かけてこぐ舟とまりしらず」と万葉の時代から知られた眉山の北裾に位置し、旧吉野川水系が形成した標高 T.P.＋1.4 m を測る低沖積地上に営まれた縄文時代から江戸時代に至る遺跡として周知されている。遺跡としての認識は意外にも古く、1924年、徳島市佐古配水場内における施設建設工事中に、縄文土器や木葉文を持つ弥生時代前期の土器、ハマグリ、シジミなどの自然遺物が発見されたことに始まる。しかしながら、以来、遺跡の存在は周知されながらも、周辺地域で発掘調査が実施された経過がなく、長年にわたりその性格が不明瞭とされてきた遺跡である。ちなみに、「三谷」という名称についてであるが、1809年の名東郡佐古村・蔵本村分間絵図に、調査地に近接する眉山の北麓地域にその文字が見られることから、旧地名が遺跡名として採用されたものと考えられる。無論、現在の行政区画名では、「三谷」の名称は使用されていない。

　徳島県における貝塚遺跡は、1922年、鳥居龍蔵博士の発掘調査による縄文時代後・晩期を中心とする城山貝塚（徳島市）と1970年、同志社大学が発掘調査を実施した縄文時代中期から後期の森崎貝塚（鳴門市）が知られているが、三谷遺跡の貝塚を含めても、わずか3例に過ぎない。三谷遺跡の貝塚は、城山貝塚より西方向へ直線距離で 2.7 km、現在の海岸線より 6.7 km の内陸に位置する。

1　調査概要

　今回の調査は、遺跡発見の契機場所でもある徳島市佐古配水場内における調整池増設工事に伴うものであり、1990年9月から1991年12月まで、約 3,000 m² を対象に発掘調査を実施した。調査成果には、1924年の発見を裏付ける資料である縄文時代晩期から弥生時代前期古段階に形成された貝塚の発見、そして新たに、弥生時代中期から江戸時代までの多時期にわたる遺構、遺物を検出している。ただ、残念なことは、本来なら屈指の複合遺跡として存在していたと想定されるが、近世以降の大規模な削平を受けることにより、少なくとも、弥生時代中期以降に営まれた生活面がすべて破壊されていることである。調査では、一遺構面で多時期の遺構、遺物を検出する結果となったが、この遺構検出ベースとなる層厚わず

か 20〜30 cm の堆積層は、その下位に存在する貝塚を大規模削平から保護する役割を果たしていた。

2　貝塚の調査

　調査地における貝塚形成当時の旧地形は、北西から南東方向へ緩やかな傾斜を示しており、貝塚は、この傾斜面に形成された自然地形の浅い窪地 SX 01 あるいは自然落ち込み SX 02 の最深部に主に形成される（貝塚 SQ 01〜03）。貝塚 SQ 01 と02はコンターによれば、長径 23 m、短径 10 m の不整長円形を呈する自然窪地 SX 01 内に分離して形成されたものと考えられる。また、貝塚 SQ 03 は、調査地外へ広がる自然落ち込み SX 02 の底部に形成される。自然窪地 SX 01 あるいは自然落ち込み SX 02 の検出面の標高は T.P. ＋1.1 m、貝塚の形成レベルは T.P. ＋0.5 m〜T.P. −0.1 m を測る。

　貝塚の平面的広がりは、貝塚 SQ 01 では、長径 5 m、短径 3 m の平面形が不整長円形を呈する範囲を示し、周辺部に径 1〜2 m の平面形が円形を呈する小規模なものを伴う。貝層厚は 10〜20 cm を測る。貝塚 SQ 02 では、長径 3 m、短径 2 m の平面形が不整長円形を呈する範囲を示し、貝層厚は 15〜20 cm を測る。貝塚 SQ 03 は、自然落ち込み SX 02 の落ち込みラインに沿って、幅 3 m、長さ 15 m の帯状の広がりを示し、貝層厚は 50 cm を測る。ただし、何に起因するかは不明であるが、この範囲内において 2.5 m の間、全く貝の堆積が見られない箇所が存在する。

　出土貝類には、スガイ、レイシガイ、マガキなど潮間帯の岩礁あるいは岩礫底に生息する種で特徴づけられる岩礁性群集、ハイガイ、ウミニナ、ヘナタリ、オキシジミなど湾奥部の潮間帯泥質底に生息する種で特徴づけられる干潟群集、ハマグリ、ツメタガイ、アサリなど内湾の潮間帯砂質底に生息する種で特徴づけられる内湾砂底群集、チョウセンハマグリ、イタヤガイなど沿岸の潮下帯砂質底に生息する種で特徴づけられる沿岸砂質底群集などで構成される[1]。

　動物遺体には、魚類（クロダイ、スズキ、コイなど）、鳥類、哺乳類（シカ、イノシシ、イヌ、タヌキなど）が認められ、数量的には貝類に及ばないが、生業活動の場が、前面に広がる海浜部と背後の山間部に対し求められ

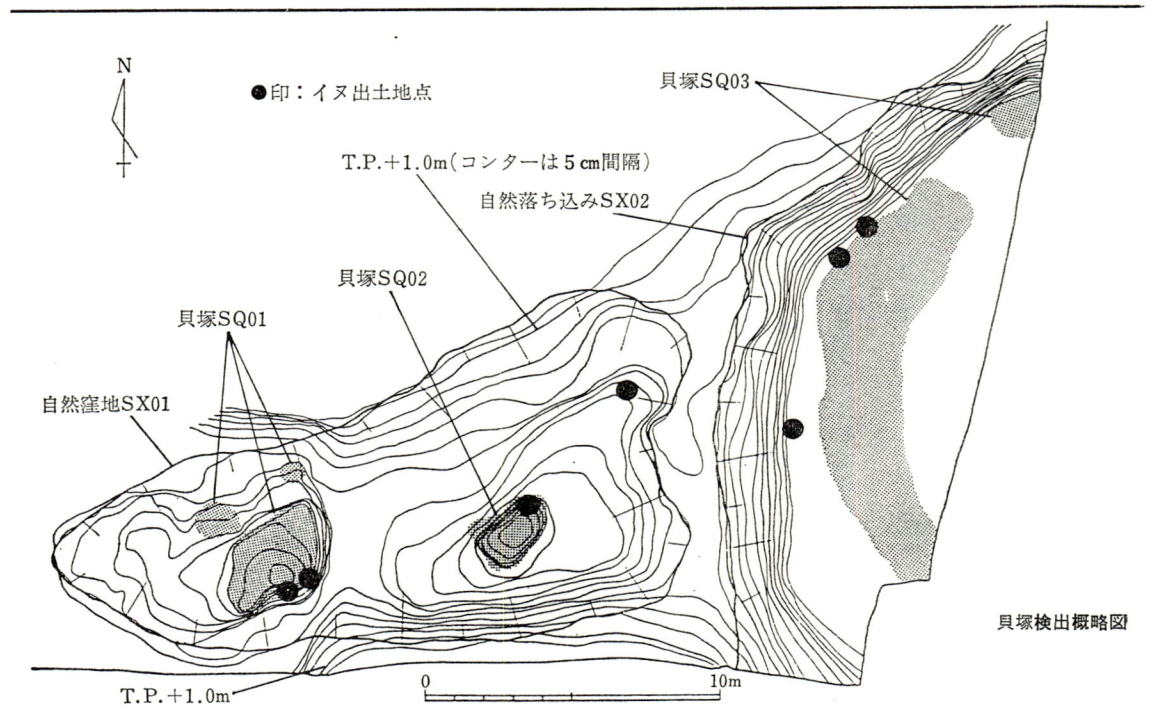

貝塚SQ03

貝塚SQ02

●印：イヌ出土地点

T.P.＋1.0m（コンターは5cm間隔）

自然落ち込みSX02

自然窪地SX01

貝塚SQ01

貝塚検出概略図

T.P.＋1.0m

0　　　　　　　　　10m

ていたと考えることは，現在の遺跡の立地環境からも妥当性を持つものと考えられる。動物遺体で注目すべきは，埋葬状態を示す7体のイヌの出土である。ただし，埋葬に伴う掘形は確認されていない。

出土土器は縄文時代晩期の突帯文土器が主体である。深鉢は，口唇部に刻目を持ち，口縁端部よりやや下った位置および体部最大径よりやや上位に刻目突帯を持つ形態を典型とする。中には，口縁部が波状を呈し，これに伴い口縁部突帯と肩部突帯が同調し，波状に貼付けられるものなども見られる。なお，深鉢の突帯の裏面に籾圧痕を残すものがある。浅鉢には，皿形もしくはボール状の形態のものと口縁部が波状を呈し，口縁部内面に数条の沈線を施すものがある。

深鉢には，突帯刻目をヘラ状工具で沈線状に刻むなど，長原式に共通する手法も窺われるが，突帯の位置の差異は明らかに型式差として捉えられるものと考えられる。畿内船橋式あるいは瀬戸内沢田式併行において，三谷遺跡出土資料を標式とする新たな型式設定が必要とされるのではなかろうか。

三谷遺跡で注目すべきは，北陸系の注口土器に類似する形態文様を持つ土器（大洞A系統で追える資料か？）や三叉文を持つ椀形土器，2条の隆帯で区画文様化される壺，舟形を呈する土器などが認められることである。これは単に，広範囲にわたる文化交流の痕跡を示唆するにとどまらず，他地域の土器文化を取り入れた三谷遺跡のオリジナル資料としての位置付けを，今後，検討しなければならないのかもしれない。

さらに，これらの土器群に弥生時代前期古段階の資料が共伴する。壺は，頸部に段状の貼付を持つもの，頸部に沈線が施されるもの，体部に沈線文様（木葉文，円弧文，山形文）を持つものがある。また，甕は如意形口縁で口唇部に刻目を持つ。おそらく，畿内より一型式早く土器型式における弥生時代が成立するものと考えられる。

出土石器には，石鏃，石錐，打製石斧，磨製石斧があり，石棒が多量に見られるが，大陸系磨製石斧，石包丁などが認められず，全体として縄文的な様相が強く残る。

3　おわりに

このように，三谷遺跡の貝塚出土資料の内，中でも縄文土器のヴァラエティーさは異例である。また，弥生時代前期古段階の土器との共伴事実は，県内はもとより瀬戸内海沿岸地域における縄文土器から弥生土器への移行を考える上で，非常に興味深い資料を提供しているといえる。ただし，縄文時代，弥生時代といった「時代」の設定区分を議論するには，土器型式と水田遺構，木製農具，大陸系磨製石斧，石包丁など，幾つかの要因と関連づけて検証されるべきであることは言うまでもない。古き時代の伝統と習慣を固持しつつ，新しい文化を受容しようとするヒトの試行錯誤は，考古学が追い求める最大の課題である。

註
1)　分類については，松島義章「第8章江口遺跡第1次調査の貝類について」『江口遺跡第1次調査』1991，愛媛，pp.64〜69.に従った。

新たに貝塚が発見された
徳島市三谷遺跡

徳島市三谷遺跡における今回の発掘調査では，今まで不鮮明であった遺跡の性格について，その検討を行なえる貴重な情報を得ている。その一つが貝塚の発見であり，豊富でかつ多彩な内容の出土遺物は，徳島県内においては初見の資料として注目されている。とくに縄文晩期と弥生前期が共伴する土器様相は，その移行を考える上でキーワード的な資料に成りうるであろう。

　　構　成／勝浦康守
　　写真提供／徳島市教育委員会

調査地遠景（眉山の北裾に位置し，東方に城山貝塚を眺望する）

自然落ち込み SX 02に形成された貝塚 SQ 03（縄文時代晩期〜弥生時代前期古段階）

屈葬されたイヌ（貝塚 SQ 03出土）

頭骨を除去されたイヌ（自然窪地 SX 01出土）

徳島市三谷遺跡

波状口縁の2条突帯深鉢
（縄文時代晩期：自然窪地 SX 01出土）

弥生時代前期古段階の壺（貝塚 SQ 03出土）
下に重なる土器は縄文時代晩期の突帯文深鉢

中央集落南部，橋，別区 I 建物群，南西部環濠（北上空より）

弥生時代の多重環濠集落
福岡県平塚川添遺跡

構成／川端正夫　　写真提供／甘木市教育委員会

甘木市平塚川添遺跡では集落全体を囲む 3 本の濠があり，その西側にはさらに 4 本の濠が存在した。中央集落と別区を合わせて約300軒の竪穴住居，約150棟の掘立柱建物が検出されたが，この中には「高殿」的建物や，「居館」的建物と考えられる大型のものも含まれる。なお川添集落が多重の濠と別区小集落群を伴って拡大・存続したのは弥生後期中頃から終末のころと思われる。

中央集落西部，後期住居群（西より）

福岡県平塚川添遺跡

別区Ⅳ遺構群（北上空より）

別区Ⅰ建物の木柱出土状況

別区Ⅰ建物の木柱礎板出土状況

南西部6濠上建物礎板出土状況（古墳時代初頭，表面が焦がしてある）

手斧の柄出土状況（環濠内，鉄斧の柄と考えられる）

弥生後期の多重環濠集落跡——福岡県平塚川添遺跡

川 端 正 夫　甘木市教育委員会

福岡県のほぼ中央部に位置する甘木市で，弥生時代の後期を中心とする多重環濠集落遺跡が調査された。

甘木市は福岡県を南北に2分して西流する筑後川の右岸北方にあり，北は三郡山地によって筑豊地方と隔てられ，そこに発する 小石原川（甘木川・安川とも言う）・佐田川の両河川が扇状地を形成し，洪積台地を開析しつつ市域を南下し，やがて筑後川に合流する。

平塚川添遺跡は小石原川中流の沖積平野に営まれた集落遺跡である。地理的環境としては，大きくは小石原川水系の氾濫原であり，基盤層は砂礫層である。東の福田台地，西の馬田台地の間を南下する同水系の伏流水が，平塚遺跡北方約 2 km の甘木市街地域で湧水となって水路を作り，以南の微高地を縫うように離合しつつ南下する地域である。平塚川添遺跡はその種の水路である天神川（東）・二又川（西）に挟まれた，南へ向って下る微高地上にあり，標高は約 21 m〜19 m である。

1 調査の概要

遺跡は，福岡県および甘木市が主体となって平成元年（1989 年）6 月に着手，平成 6 年（1995 年）3 月完成を目差して 進行中の 平塚工業団地造成事業（総面積約 50 ha）に伴う事前調査で発見され，調査は平成 3 年（1991年）11 月に始まり，平成 5 年（1993年）5 月に一応の区切りがついたところである。

その間，遺跡の保存をめぐって年末年始から3月まで各様の動きがあったが，県の文化財保護審議会の答申を受けて，3 月 19 日に甘木市長・福岡県知事の共同声明が出され，約 11 ha について，遺跡は現状で保存されることが決定した。勿論その保存範囲は遺跡の全体をカヴァーするものではなく，平塚遺跡の片方の集落である山の上遺跡は残らなかったが，平塚川添遺跡のほぼ全体が残されたことになる。

2 環濠と別区小集落

環濠の巡り方を確認するためのトレンチ調査の結果，集落全体を囲む濠は3本で，集落の西側にはさらに4本の濠が存在することがわかった。一番内側の濠に囲まれた部分を中央集落とすれば，中央集落は南北約 220 m，東西約 120 m の楕円形で，面積は約 2 ha となる。内濠以外の濠の走行はかなり複雑であり，時に離合しながら

処々に張出し部・中洲部を形成し，それら濠・支濠によって区画された小単位集落が中央集落の外側に貼りつくような展開となる。これら小単位集落を別区 I〜Ⅶ と仮称すると，それらの特徴・性格の把握が課題となる。現在までにわかってきたことは，中央集落から橋梁を渡った南側に中洲状に広がる別区 I は，その内に竪穴住居を持たず，掘立柱建物だけで構成されており，集落全体の倉庫区域 と考えられること，また中央集落の 北方 には，別区Ⅳが支濠によって張出しを造って区画されており，弦長約 70 m，最大幅約 40 m の半月形をなす と考えられる。トレンチを拡張して調査を行なった範囲で，竪穴住居26軒，掘立柱建物10棟，方形周溝状遺構1基が確認された。遺構の時期は中央集落の後半期と重なり，弥生時代後期から古墳時代初頭のもので，竪穴住居が中央部に，掘立柱建物がその両側の東西に配置されるという特色をもっている。遺物として，住居4010からは貨泉が1枚，住居4007からは蛇紋岩系管玉未製品が2点，住居4002からは碧玉製管玉2点が出土した。また南の環濠の中からは，木製品および木器未製品などが数多く出土している。これらの状況から，別区Ⅳの性格としては，今のところ，工人集団の居住・作業区域かという推測をしている。

その他，中央集落の北西部に，中央集落にすぐ隣接して，別区Ⅱが大きく張り出している。以下の別区はトレンチを拡張した 範囲が限られているためその 全体の 規模・内容の把握が困難であるが，今後の検討でその特徴をつかめればと考える。

また環濠そのものについても，今のところ，検出している濠は大半が同時に存在したのではないかと考えられるが，一部古い時期（中期）に掘削された可能性のある濠もあり，その詳細な検討は今後の課題である。

3 中央集落の遺構・遺物

川添集落の形成は弥生時代中期に遡る。中期の遺構は集落の東部を中心に中央部までに集中しており，すぐ上から後期以降の遺構に切られている。確認できた遺構として，竪穴住居が約80軒検出されている。遺物としては磨製石斧などがある。

川添集落が多重の濠と別区小集落群を伴って拡大・存続したのは弥生時代後期中頃から後期後半〜終末の頃で

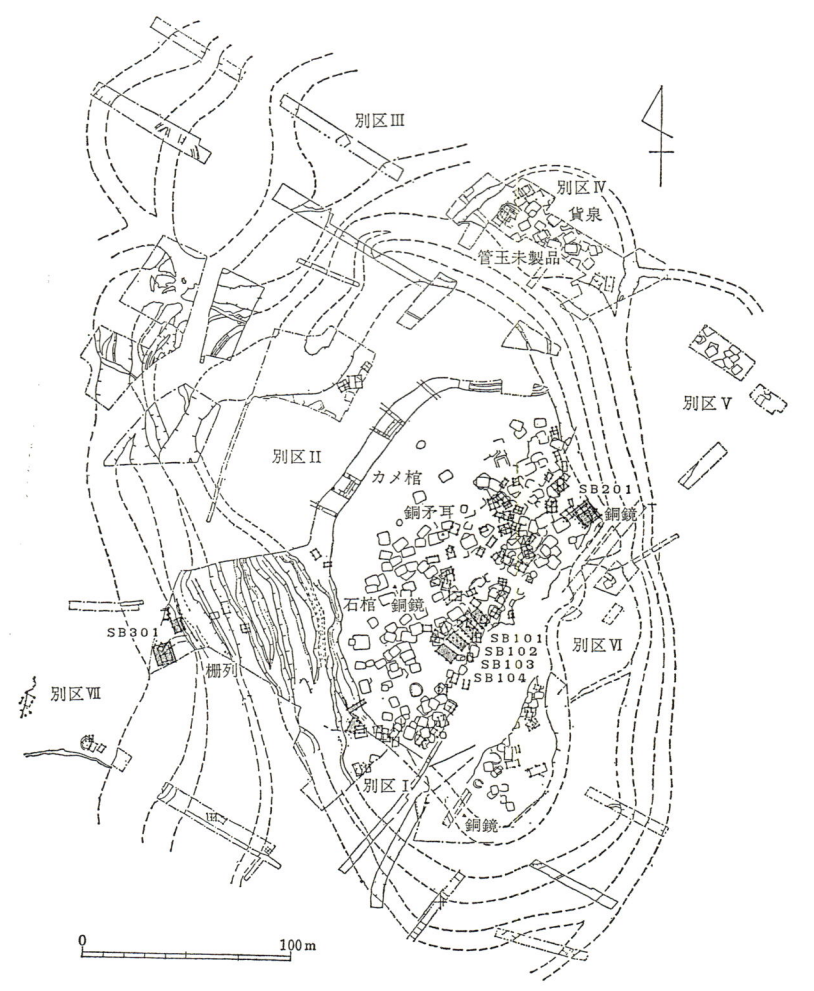

平塚川添遺跡遺構配置図

別区III
別区IV
貨泉
管玉未製品
別区V
別区II
カメ棺
銅矛耳
SB201
銅鏡
石棺 銅鏡
SB101
SB102
SB103
SB104
別区VI
SB301
棚列
別区VII
別区I
銅鏡

0　　　　　100 m

あると考えられる。集落は濠が埋まった後も古墳時代初頭までは存続し，その後何らかの理由で廃絶されるらしく，以後の遺構・遺物は全くない。

中央集落，別区あわせての調査面積は約 5 万 m²，約300軒の竪穴住居，約150棟の掘立柱建物が検出された。中央集落の中心部に，2×4 間（約 5.9 m×9.5 m）総柱ほぼ同一規模の大型掘立柱建物が 4 棟（SB 101～104），北東から南西にかけて並んで検出された。この建物群の時期については，弥生時代後期終末の住居群がこの建物群を中心としてその周縁に配置されることから，後期終末の時期と考えられる。つまり，その時期に集落の中央部が広場的に広がり，その中心に 4 連の大型建物が並び立つということになる。この建物群の性格づけについては，当初倉庫群かと考えたが，倉庫としては規模が大きすぎること，また集落の中心部に位置することなどにして，川添集落全体の政治的中心施設としての「高殿」的建物と考えられそうである（宮本長二郎氏の指摘によ

る）。

また SB 101～104 の北東方，川添中央集落の北東最深部には，同じく弥生時代後期終末頃のものと考えられる大型掘立柱建物が 1 棟検出された（SB 201）。規模は，2 × 3 間（約 6.9 m × 8.3 m）で，半間分の張出し（回廊か）が 4 面に巡る構造である。川添集落全体で最大規模であるこの建物は，その大きさと，位置的に多重環濠の巡る西に向って集落の最深部にあることなどから，この集落の首長の「居館」的建物とも考えられよう。

集落内のその他の遺構としては，井戸が 2 基，円形周溝が13基，カメ棺墓（終末期）7 基，石棺墓（終末期）7 基などがある。墓は計14基で，中央集落の西辺に，2つの小グループをなしている。副葬遺物としては，3 号カメ棺内から碧玉製管玉 2 点，ガラス製小玉12点，6 号カメ棺から碧玉製管玉1 点，6 号小児石棺から小形碧玉製管玉 1 点が出土した。

遺物について目立った特徴は，とくに集落南半および環濠内で木製品の残りの良いことが挙げられる。中央集落の南端から中洲状の別区 I にかけて，幅約 2.23 m，長さ約 8 m に復元できる木橋の橋脚が出土した。また別区 I の掘立柱建物の柱穴には数十にのぼる礎板・木柱下部がほとんどそのままの状態で残っていた。別区 I 以外でも一般に木の残りは良く，明らかに鉄器による工具痕の残る木柱・建築部材・礎板各種が多数出土している。

濠内からは農具（平鍬・三又鍬・鋤など），漁具（手網など），建築部材（木柱・ネズミ返し），その他手斧柄・椽部材・板材等々，多彩な木製品の出土があった。木製品の残りが良好なのとは対照的に，川添遺跡からは鉄製品の出土が全くない。一方，山の上遺跡からは鉄斧など数点の出土がある。川添に比べこちらは 2～3 m 標高も高く，埋土中の水分量が相当違うからかと思われる。

その他川添集落からの出土品として何点かの青銅製品がある。内濠最上層から小形仿製鏡が 2 面，また長宜子孫銘内行花文鏡片が 1 点中央集落内から出土している。中央集落内からは銅鏃が 4 点，広形銅矛の耳部が 1 点，ガラス小玉約30点，碧玉製管玉 1 点などの出土もある。

連載講座

縄紋時代史
18. 縄紋人の領域(5)

北海道大学助教授
林 謙作

前々回，縄紋人の領域のなかには，日常の生業活動の舞台とはちがって，かならずしも土地の占有を前提としない，「交渉圏」というカテゴリーもふくまれていることを指摘した[1]。今回は交渉圏の広がり・縄紋人の生活のなかでもつ意味について，具体的に説明しよう。

1. 〈交易〉・物資・原産地

これまで，非現地性物資の問題は，〈交易〉という視点からとり上げられる場合が多かった。今世紀はじめの坪井正五郎の伊豆大島出土の神津島産の黒曜石をめぐる発言をはじめ，鳥居龍蔵・八幡一郎など1940年代までの非現地性物資についての発言[2]は，ほとんどすべて〈交易論〉の枠におさまるといってさしつかえない。

1960年代から1970年代にかけて，黒曜石・サヌカイトなどの理化学的分析が普及するとともに，それまでとは比較にならぬほど高い精度で原産地を推定することができるようになった。われわれの手もとには，金山産のサヌカイト・白滝産の黒曜石がどこまで運ばれているか，ひとつの遺跡ででている黒曜石・サヌカイトの原産地のリスト，そういったデータは確実に蓄積されている。しかしそこから一歩進んで，ひとつの遺跡からでているサヌカイト・黒曜石の原産地ごとの比率を調べようとすれば，たちまち行きづまってしまう。その意味では，縄紋時代の非現地性物資をめぐる議論には，1940年代とくらべてみても，本質的な変化は起きていない，といってさしつかえない。

理化学的な手法による原産地推定が無意味だというのではない。中途半端なのだ。たとえば，遺跡Aで原産地Bの石材が出土しているとしよう。その石材は，原産地から遺跡までどのようにして運ばれてきたのだろうか。それは想像するしかない，というのがこの国の学界の現状だろう。

産地と消費地（＝遺跡）のあいだのいくつかの地点（＝遺跡）である産地の物資（ひとつでも複数でもかまわない）がどれだけでているか，そのデータを解析すれば，交易のしくみを復元できる。もし，いくつかの遺跡で，物資の量が産地からの距離に反比例して少なくなっており，分布頻度の曲線が下がり放しになるなら，集落から集落へリレー式にはこばれている，と判断できる。もし，下り坂の曲線の途中に，いくつかの山がでてくるなら，いくつかの中継地点があり，それぞれの中継地点からその周辺の消費地に分配された，と推定できる[3]。イギリスでは，新石器時代の磨製石斧の原料の供給地をしらべあげたうえで，このような議論がたたかわされている[4]。

日本列島でも，このようなモデルにしたがってデータを分析し，結論を引きだせる見込みがないわけではない。旧石器時代・縄紋時代の関東平野や備讃瀬戸・中国山地・北九州の住民が，いくつかの産地の石材を利用していたことはすでにわかっている[5]。考古学の研究者が，この数値を解析して交易のしくみを復元する，という発想をもって，資料の分析の依頼をすればよいのだ。つまり発想と資金（いまの緊急調査の経費からみれば大したものではない）の問題にすぎない。

なぜこれまで，交易の具体的なすがたを復元できるようなデータが蓄積できなかったのか。ひとことでいえば，これまで物資の交換・流通の問題が，〈交易論〉の立場でしかとり上げられなかったところに原因がある。前々回，領域というものをとらえるモデルに，等質・結節の二種類があることを説明した。そのなかで，等質モデルにはひ

とつの地域のなかの何種類かの物資の関係や比率をとらえるうえで，決定的な弱点があることを指摘した[6]。これまでの〈交易論〉は，等質モデルにもとづく特定の物資の分布論にほかならない。原産地A，B，Cの黒曜石，P，Q，Rのサヌカイト，U，V，Wの貝は，それぞれ独立した分布圏にまとめられてしまい，分布圏のなかの分布の濃淡・ほかの物資との関係には目をつぶり，〈××文化圏〉を設定し，ひたすらその〈文化的な意義〉をめぐって思いのたけを開陳する。〈交易論〉の筋道を整理するとこうなる。これでは，交易の具体的なすがたなどとらえることができるほうが不思議だ，といえば言い過ぎだろうか。

交易のすがたを具体的にとらえようとすれば，等質モデルから結節モデルへの組み替えが必要になる。しかし結節モデルで必要になる数量の裏づけのあるデータを整備しようとすれば，けた違いの時間と経費が必要なことも目にみえている。それでは，そのようなデータが整備されるまで，われわれは何をすればよいのか。ここで非現地性物資の問題をとり上げている理由はそこにある。

手あかだらけの〈交易論〉は棚上げにしよう。そもそも，ある非現地性物資が，交易によってある集落に持ちこまれているのか，贈与の結果持ちこまれているのか，それさえもあきらかではないのだから。ひとつひとつの遺跡ででている物資を現地性・非現地性にふりわけ，それぞれが遺跡からでた遺物のなかで，どれだけの比率をしめているのか，その遺跡のなかでどれだけの役割をはたし，どの程度の意味を持っているのか，洗いだしをしよう。それは今からでも手をつけることができる作業である。その遺跡の住民にとって，非現地性物資がなくてはならぬものだったのか，なければないで済むものだったのか，その点をまず見きわめねばならない。原産地の詮索はその後の問題である。

このような作業は，石器の原料というかぎられた範囲ではあるが，すでにはじまっている。赤堀英三の石鏃原料の分析は，交易論とは違った視点にたっているし，藤森栄一・中村龍雄の長野・星ヶ塔の黒曜石採掘地の調査も，原産地・供給地の関係を具体的にとらえようとしている[7]。1980年代になって，関東平野の縄紋時代の石器原料の分布について，いくつかの業績が発表されており，最近では東北日本の縄紋中期の石器の原料の概観

も発表されている[8]。

2. 貝鳥・中沢目の非現地性物資

縄紋人が利用していた遠隔地産の物資には，どのようなものがあり，どのくらいの距離をはこばれているのだろうか。一例として北上川下流域にある岩手・貝鳥(かいとり)[9]と，宮城・中沢目(なかざわめ)[10]の非現地性物資の顔ぶれと用途，原産地との距離を調べてみよう（表1）。おなじ仙台湾沿岸の，里浜(さとはま)や田柄(たがら)のデータも盛りこんでみようとした。しかし，表の中身そのものはほとんど変わらず，ただ煩雑になるだけなので，さきに発表したもの[11]を補足したうえで利用する。

中身にはいる前に，この表を作るときの考え方の筋道を説明しておくことにしよう。

はじめに，現地性・非現地性を区別するときの基準を明らかにしなければならない。黒曜石やサヌカイト，あるいはのちに触れるヒスイ（硬玉）などのように，原産地がかぎられており，しかも理化学的な分析結果の蓄積がある場合，もっとも正確な判断を期待できる。いくつかの候補地のなかからひとつだけを選ぶとしても，判断が間違っている可能性はきわめて低いといえる。

硬質頁岩やアスファルト，それに暖流性の貝などは原産地の分析データがまったくない。分析の手法さえ見当がつかない，というのが実情なのだ。アスファルトや暖流性の貝の分布の大筋は，いわば常識的なものにしてもわかっているから，推測ができないわけではない。しかし，いくつかの候補地をひとつに絞りこんだとしても，その判断が間違っている可能性はかなり高いことは覚悟しておく必要がある。

表1でとりあげた物資のうち，輝緑凝灰岩(きりょくぎょうかい)などのような場合，判断の信頼度はもっと低くなる。この場合には，岩脈のありかは正確にわかるのだが，段丘礫層や川原の転礫などを利用することも考えにいれねばならないから，原料の供給地の範囲はきわめて広くなり，ひとつの地点に絞り込むことはむずかしくなる。貝鳥・中沢目では，磨製石斧の未製品はでていないから，原料が手近にある地域から，製品として供給されている可能性がたかい，と判断している。しかし，この判断の根拠は，常識の線をほとんどでていないし，未製品の有無といういわば状況証拠にたよっていることがもっとも大きな弱点である。

表 1 貝鳥・中沢目出土の非現地性物資　　（△貝鳥，▽中沢目，◇両方から出土）

原産地 距離	気仙沼湾 貝鳥⇒35km / 中沢目⇒50km	松島湾 55km / 30km	北上山地 10〜30km / 45km	奥羽山地東麓 10〜25km	新庄盆地 70km	庄内平野 100km	房総以南 350〜550km
猟具・漁具など		エイ¹ △	珪質粘板岩 △ チャート △	黒曜石 △	硬質頁岩 ▽		
厨房用具など 木工具	← クジラ²,⁴ ◇ →		砂岩 △ 輝緑凝灰岩 △ 閃緑岩 △ 斑糲岩 △	花崗岩 △ 石英安山岩 ◇ 玢岩 △			
接着剤						アスファルト ◇	
食品	クロアワビ △ サザエ △ ヒメエゾボラ △ ← アサリ⁴ → オニアサリ △ ミルクイ △ イガイ △ マグロ⁴ △ ← カジキ⁴ → ← ニシン亜目⁴ → ハ △　ゼ ▽ ウミガメ △	塩³ ▽ ツメタガイ ▽ アカニシ ▽ マガキ ◇ フグ ◇					
儀器・呪物	← サカマタ⁴ → ← オオミズナギドリ⁴ → ← アホウドリ⁴ → ← ウミウ⁴ →		← ツキノワグマ⁴ △ → ← ワシ・タカ科⁴ △ → ← カモシカ⁴ △ → 粘板岩 ◇				
装身具など	ユキノカサ △ ← サメ目⁴ → ← マダイ⁴ →	ハマグリ △ チョウセンハマグリ △ サルボウ △ アカガイ △ イタボガキ ◇					ベンケイガイ ◇ ツタノハガイ △ ツノガイ⁵ ◇ イモガイ △ タカラガイ △

（1 尾棘をヤスに利用，2 椎体を工作台に利用，3 製塩土器出土，4 いずれとも判断できない，5 加工の痕跡なし）

つぎに，表1にしめした地域を原産地と判断する理由を，補足しておくことにしよう。

1. クロアワビ・サザエ・ミルクイ・イガイなどの岩礁性，外洋に面した砂浜に棲むオニアサリなどの産地は，松島湾よりは気仙沼湾のほうが可能性が高い。しかし，ツタノハガイの腕輪は，里浜では7点出土しているが，宮城・田柄では，はるかに広い面積を調査しているのに，1点にとどまる[12]。のちに触れるマダイの前額骨をもちいた装飾品も里浜・貝鳥に共通し，田柄では見られない。貝鳥・里浜の住民が交渉をたもっていたことは確かだろう。

2. 蟹沢総史の教示によれば，チャートの原産地は北上山地北部の可能性が高い。貝鳥で出土しているチャートの原産地は，早池峰山(はやちね)以北，50〜100kmの距離にあるものと推定すべきだろう。

3. 『北上川流域地質図』[13]によれば，貝鳥・中沢目からもっとも近い輝緑凝灰岩・閃緑岩(せんりょく)・斑糲岩(はんれい)の産地は，気仙沼湾沿岸から牡鹿半島付近にある。貝鳥・中沢目の住民が，みずから足を運ぶか，その地域の住民から提供をうけぬかぎり利用できぬことはあきらかである。貝鳥・中沢目では磨製石斧の未製品は出土していない。半製品あるいは製品のかたちで，これらの地域の住民から提供をうけたのだろう。

4. 石英安山岩(せきえいあんざん)・玢岩(ひん)など奥羽山地に分布する岩石は，北上川右岸に分布する段丘礫層に含まれているものと仮定し，もよりの中位・低位段丘までの距離をはかった[14]。

5. 中沢目の硬質頁岩を新庄盆地産と推定する理由はさきに説明した[15]。江合川・小国川(おぐに)の川筋を利用したルートを推定できる。

6. 安孫子昭二の指摘にしたがい，鳥海山東南麓の湯ノ台を原産地と仮定する[16]。

7. ベンケイガイは，黒潮の影響のおよんでいる海域には分布している。ベンケイガイ製の腕輪の原料は，北海道南部・東北の沿岸部からも供給されているかもしれないという意見もある[17]。しかし，犬吠崎(いぬぼうざき)から北の海域では，黒潮は沖合いに方向を変えるから[18]，採取は困難になる。しかも黒潮前線のなかの暖水塊はたえず位置を変えている[18]。このような環境が貝輪に利用できるほど成長した個体の安定した供給源とは考えにくいという意見もある[19]。秋田・柏子所(かしこどころ)で

出土したベンケイガイの腕輪は，[1,153 点を超えるという[20]。不安定な環境でこれだけのまとまった量を供給することはできそうにもない。暖水塊の分布する海域からの供給もあるにしても，黒潮本流の影響が沿岸にじかにおよんでいる房総半島より南の地域が，太平洋沿岸でのおもな供給源にちがいない。

8. 橋口尚武の教示にしたがい，貝輪に利用できる大形のツタノハガイ（＝オオツタノハ）の産地は，伊豆諸島・三宅島以南の海域とする。

3. 非現地性物資の顔ぶれ

貝鳥からは，表2にしめしたほかにも海産の貝は出土しているが，他地域との結びつきを考えるうえであまり意味はないのではぶいた。またここからは，沿岸部に分布しているハナレ（図1—1・2）がでているし，両側に複数のカエシのついたヤス（図1—3・4）も，内陸部よりは沿岸部でめだつ。宮城・山王囲や岩手・東裏[21]の組合せ式のヤス，岩手・中神や中沢目，宮城・摺萩（図2）の製塩土器[22]も，いわば場違いなところに紛れ込んだ迷子である。これらの迷子の履歴を洗い出せればおもしろいのだが，いまのところむずかしい。ただ，沿岸部から内陸部へ入りこんだ迷子はあっても，内陸から沿岸部への迷子はない，ということは指摘できそうだ。

表1にあげた物の用途をみると，食料品や道具・什器などの実用品から，儀器・呪物・装身具などの非実用品の原料（製品）まで，縄紋人の生活のほぼ全面にわたっている。もちろん，ここで食料品としたもの，たとえば中沢目のアサリやハゼ，貝鳥のマグロなどは量としてはきわめてかぎられたもので，メニューを豊かにするという以上の意味はないかもしれない。しかし地域のあいだのさまざまな物資，そしてそれにともなう情報や人の交流のうえに，縄紋人の生活のゆ・た・か・さ・が築かれていたということは読みとれるだろう。

ここで，貝鳥・中沢目ででている非現地性物資が，どの程度の距離を運ばれているのか，まとめてみよう。噴出岩・貫入岩のように石斧の原料として利用された岩石，あるいは食料品，こういった実用品の供給地は，かりに産地からじかに運ばれてきたとしても，直線距離にして 30〜50 km を超えない範囲におさまる。頁岩とアスファルトの原産地までの距離はこれよりも大きく，直線距離

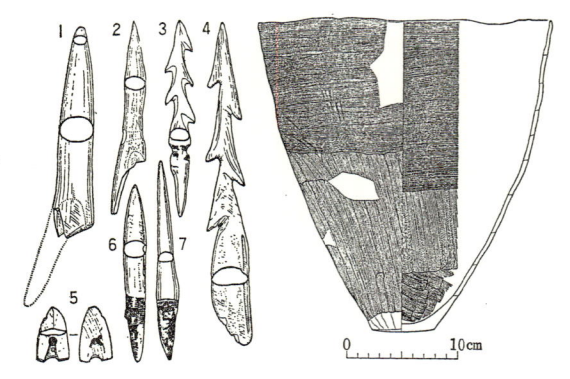

図1 岩手・貝鳥出土の漁具 1・2 ハナレ，3・4 組合せヤス，5 牙鏃，6・7 単式ヤス（註9）による）

図2 内陸部（宮城・摺萩）から出土した製塩土器（註22）による）

にして 70〜100 km になる。これよりも遠距離から運ばれているのは，ツタノハガイ・ベンケイガイなど暖流性の貝で，原産地との距離は 350〜550 km になる。これを目安として，直線にして 50 km 以下の距離・地域を近距離・隣接地，50〜100 km を中距離・中隔地，100 km 以上を遠距離・遠隔地とよぶことにしよう。

隣接地から運ばれている物資は，種類は多くとも量はわずかなものである。そのなかに磨製石斧（あるいはその原料）のような生活必需品も含まれてはいる。しかし，貝鳥・中沢目の住民が江合川・北上川の水路を利用すれば，牡鹿半島周辺に分布している輝緑凝灰岩・閃緑岩・斑糲岩などを調達するのは，それほど困難なことではなかったろう。近距離で調達できる物資が，食料品から呪物・装飾品までをふくむ雑多な顔ぶれになっているのは，これらの物資が，いわば日常的ともいえるほどの，頻繁な接触の結果，消費地に持ち込まれたからではないだろうか。

近距離で調達された物資のなかには，貝鳥からでているマダイの前額骨・海鳥の肢骨などのように，装飾品あるいは呪物の原料として利用されているものもある[23]。海鳥はともかく，マダイなどは食料として運ばれたものの一部が，呪物・装飾品に転用されたと考えるべきだろう。一方海鳥の骨は，加工の途中で捨てられている。縄紋人が近距離で調達する物資は，顔ぶれが雑多なばかりでなく，消費地での加工・転用がかなり頻繁におこなわれている。

これと対照的なのは，遠隔地から調達された物資で，その用途は実用をはなれた，装飾品・装身

具にかぎられる。ベンケイガイはともかく，ツノ
ガイなどを食料品に利用するとは考えにくい。食
料品として持ち込まれたものを，装飾品に転用し
たわけではない。この事情をもっともよくしめし
ているのは，ツタノハガイの腕輪である。仙台湾
沿岸で出土しているツタノハガイの腕輪は，里浜
の7例をはじめとして，館・富崎などの未報告例
もあわせると，十数点になるが，私の見たかぎり
では完成品ばかりで，未製品は一例もない。ツタ
ノハガイは，仙台湾沿岸より南の地域で製品化さ
れたうえで，消費地に持ち込まれたのだろう。

　遠隔地産の物資が半製品・未製品の状態で，消
費地まで運ばれている場合がある。たとえば，柏
子所の1,100点を超える貝輪。そのうち，すぐ身
につけられるものは，たった1点。だから遠隔地
産の物資は，すべて製品として消費地に持ち込ま
れている，といい切ることはできない。しかし，
貝鳥のマダイのような転用が起きることはなく，
用途ははじめから決まっている。呪物・装身具・
装飾品などの実用をはなれた分野，それが遠隔地
産の物資の用途で，硬玉もその一例になる。

　貝鳥・中沢目ででている非現地性物資は，一方
に実用性がつよく消費地で転用・加工もする隣接
地産の物資，他方に実用をはなれた目的だけに利
用される遠隔地産の物資がある。そして，アスフ
ァルトと頁岩は，原産地との距離・用途の面で，
両者の中間の性質をもっている。これらの物資
は，隣接地産の物資とおなじく，実用品——とい
うよりは生活必需品である。しかし原産地との距
離は，隣接地の二倍あるいは三倍になる。この二
種類の物資について，もうすこしくわしく説明す
る必要があるだろう。

4. アスファルトと頁岩

4-1. アスファルト

　アスファルトの原産地は理化学的な手段で推定
されたわけではない。しかしアスファルトの産地
は油田の周辺だけで，油田の分布は日本海沿岸に
集中している。したがって，太平洋沿岸ででてい
るアスファルトの原産地が日本海沿岸にあること
は間違いない（図3）[24]。

　安孫子昭二によれば，アスファルトにかかわり
のある遺跡は，147ヵ所にのぼる。新例をくわえ
れば，200ヵ所前後になるかもしれない。ただし
秋田・大畑台や新潟・三仏生[25]のように，塊がで

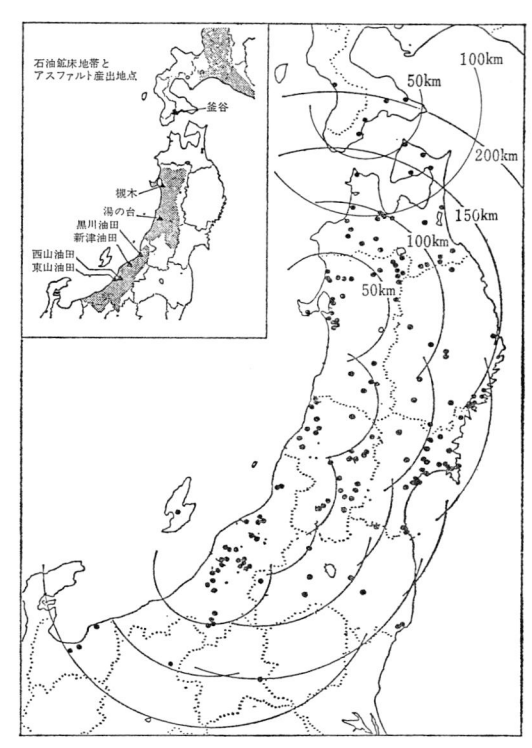

図3　アスファルト産地（左上）と消費地
（註25）安孫子図に加筆

ているところはきわめてまれで，石鏃，石匙，石
斧（磨製・打製），ハナレ，ヤス・角（牙）鏃（図1—
3・5〜7）・釣針・土器・土偶などにこびりついて
いる場合が圧倒的に多い。

　アスファルト関係の遺物の出土地は，青森・岩
手・秋田・山形・宮城・新潟に集中し，おなじ東
北地方でも福島ではいちじるしく少なくなり，新
潟ととなりあう富山・長野にもほとんどない（図
3）。青森・岩手・宮城で出土しているアスファ
ルトの原産地が，秋田・山形にあることは間違い
ないだろう。青森・岩手・宮城のほとんどの消費
地は，秋田・山形の原産地から100〜150kmの
範囲におさまる。この程度の距離が，消費地・原
産地の住民がじかにかかわりをもつ限度で，福島
でアスファルトの出土例が少ないのは，消費地と
原産地の距離がこの限度を超えているからだ，と
説明できるかもしれない。

　ただし，新潟産のアスファルトの消費地は，ほ
とんどが原産地から50km以内の範囲におさま
っており，中部・北陸各地のアスファルト関係の
遺跡はきわめて少ない。交通のルートや手段の問
題も無視できない。新潟平野から中部高地・北

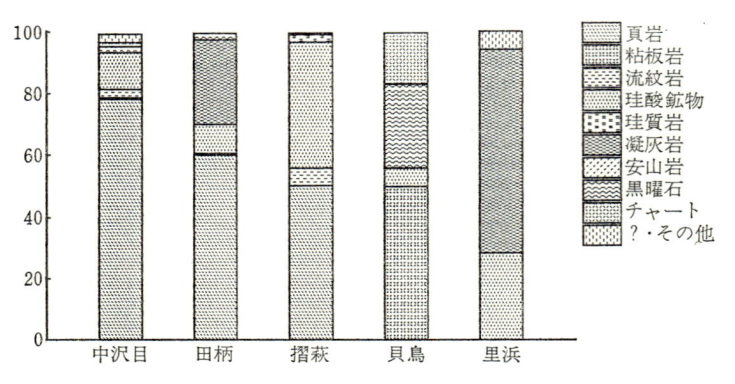

図 4 仙台湾沿岸の後・晩期遺跡の剝片石器の原料の比率

陸へのルートには，難所が多い。アスファルトの利用が普及しなかった理由のひとつになっているに違いない。しかしおなじ新潟に原産地のある硬玉は，アスファルトよりはるかに広い範囲に運ばれ，利用されている。非現地性の物資がどれだけの距離の範囲で，どれだけ消費されるか，原産地と消費地の距離の問題だけでなく，需要や物資そのものの性質も考えに入れねばならない。

　ところで，アスファルトの利用は，硬玉の利用の開始・普及とほぼ平行している。アスファルトの利用が青森～山形の日本海沿岸ではじまるのは，前期後葉～中期前葉。中期後葉には陸奥湾沿岸や宮城・岩手にひろがる。姫川流域で硬玉製大珠の製作がはじまり，周辺に普及してゆくのは，このころである。岩手・宮城でアスファルトの利用がゆきわたり，生活に欠かせぬものになるのは，後期中葉以後のことであるが，これも硬玉製小玉・臼玉・勾玉の普及する時期と一致する[25]。

　アスファルトの利用と硬玉製品の着用が，じかに結びついているわけではない。一方はおもに狩猟・漁撈などのときにもちいる実用的な消費物資。他方は儀礼・祭儀のときに身につけるかざりで耐久消費財である。硬玉製大珠の分布は中期中葉には青森までひろがるが[25]，新潟では後期前葉より前にはアスファルトの利用は確認できないという[25]。非現地性物資の流通のかげには地域社会の交流・接触があり，それが物資の動きとなってあらわれているのだ。中期中葉という時期は，地域社会の結びつきに大きな変化がおきたと考えることができるだろう。

4-2. 頁　　岩

　仙台湾沿岸の遺跡から出土する頁岩[26]は，すべて新庄盆地に原産地がある[27]，と仮定したうえで話をすすめる。私自身，この仮定が正しいと信じているわけではない。北上川流域にも頁岩の転礫は分布しており，この地域の早期後葉～前期前葉の土器の胎土には頁岩質の砂礫がめだつ。しかし，すべての頁岩が石器の原料として利用できるわけではない。かぎられた数の研究者が，どの地域のどの地点に石器の原料として利用できる頁岩があるのか，手探りをつづけている，というのが実情なのだ。新庄盆地を原産地としたのでは説明のつかぬような問題が見つかるかどうか，仮定にもとづく作業を進めてみるのもひとつの方向ではないだろうか。

　さしあたり貝鳥・中沢目・田柄[28]・摺萩（第一包含層）・里浜[29]の剝片石器[30]の原料を比較してみよう。このような比較をすることに問題がないわけではない。回収（＝調査）のしかたによって，資料の性質におきるひずみを考慮すれば，

　ａ　水洗選別を実施した資料（中沢目・田柄・里浜）と，していない資料（貝鳥・摺萩）
　ｂ　広い範囲を対象とした調査による資料（貝鳥・田柄・摺萩）と狭い範囲を対象とした調査に

表 2　仙台湾沿岸の後・晩期遺跡の剝片石器の原料

		摺　萩		中沢目		田　　柄		貝　　鳥		里　　浜	
頁岩[1]	岩[1]	996	50.1	111	78.2	1,277	60.1				
粘板岩[2]				1	0.7			172	50.0		
流紋岩[3]	板紋岩[2]	116	5.8	4	2.8	16	0.8				
珪酸鉱物[3]	酸鉱物岩[3]	810	40.8	17	12.0	203	9.6	21	6.1	376	28.4
珪質岩[4]	質岩岩[4]	51	2.6								
凝灰岩	灰山	6	0.3			578	27.2			870	65.7
安山岩	安	2	0.1			3	0.1				
黒曜石	曜										
チャート	チート	7	0.4	3	2.1	48	2.3	94	27.3		
その他・不明				2	1.4			57	16.6	79	6.0
				4	2.8						
		1,988	100.1	142	100.0	2,125	100.1	344	100.0	1,325	100.1

（１黒色頁岩・珪質頁岩・凝灰質頁岩などを含む，２珪質粘板岩・砂質粘板岩を含む，３碧玉・玉髄・鉄石英・蛋白石・ジャスパー・珪化木・玉髄化した頁岩／凝灰岩などを含む，４珪質凝灰岩・珪化凝灰岩などを含む）

よる資料（中沢目・里浜）

を比較しても意味がない，という意見もあるだろう。ここでは遺物の点数にもとづいて原料の比率を割り出しているが，これがかならずしも理想的だとは思えない。このような問題があることは承知のうえで，ともかく比較をして，どのような問題が浮かんでくるのか考えてみよう。

これら遺跡の住民は二種類以上の石材を利用している。かりにもっとも利用率の高いものを主材，それにつぐものを副材とよぶ。主材・副材の比率はほぼ一定しており，主材を1とすると，副材は1/2になる，と解釈できぬこともない。貝鳥・田柄・里浜の主材・副材の比率には，ほとんど差がなく，主材が65〜50%・副材が28〜27%になる（表2）。摺萩では，主材・副材の比率の差が10%にすぎず，中沢目では主材・副材の差が60%を超える。しかし主材・副材の比率を平均すると，64.15%と26.4%で，ほかの遺跡の主材・副材の比率ときわめて近い数値になる。この二つの遺跡のデータは，副材の比率の高低両極をしめしているのではなかろうか。

ここで，主材・副材の比率が，0.6667：0.3333となるという仮説をたて，カイ自乗分布への適合度の検定をした。いずれも，自由度1・有意水準95%のλ^2値（0.3842）を下まわる結果となり，仮説は棄却できない（表3）。いいかえれば，貝鳥・田柄・里浜，摺萩と中沢目を平均した主材・副材の比率はいずれも2：1の範囲におさまる。

表 3 主材・副材の比率の適合度の検定結果

| | | 観測値 | | 期待値 | | λ^2値 |
		主材	副材	主材	副材	
貝	鳥	50.0	27.3	51.5	25.8	0.1373
田	柄	60.1	27.2	58.2	29.1	0.1855
里	浜	65.7	28.4	62.7	31.4	0.4200
摺萩・中沢目		62.2	26.4	59.0	29.5	0.4927

縄紋人は，頁岩・凝灰岩類・珪酸鉱物などという区別はしなかったにちがいない。とすれば，ここで問題にしている主材・副材の比率は，コトバと数字のあそびにすぎないのかもしれない。ここで，「主材・副材」の中身を，石材の種類ではなく，「主要な産地・副次的な産地から供給されたもの」と置き換えてみよう。ひとつの産地から供給される石材は，供給をうける側はひとつの種類のもの，と見ていたと考えても問題はないだろう。さらに言葉をかえれば，貝鳥・田柄・里浜の

住民は，甲・乙ふたつの石材の産地を利用していた，ということになる。

ここで，また副材の中身に目をむけよう。田柄では，珪質凝灰岩・珪化凝灰岩などが副材になるが，いずれも現地性の石材である[31]。貝鳥で副材になっている黒曜石も，花泉町内・直線距離にして35kmほど北の前沢町折居にも産地がある[32]。摺萩では珪酸鉱物が副材になるが，とくに玉髄が圧倒的に多く，遺跡の対岸にある露頭を利用したものと推定されている[33]。とすると，貝鳥・田柄・摺萩の主材・副材には，非現地性・現地性（または隣接地性）という区別があることになる。里浜の場合は，いずれも現地性であるとしても，主・副二種類の供給源を確保していたことには変わりがない。いまここでは，仙台湾沿岸の後・晩期の住民は，主・副二種類の石器原料の供給源を確保していた，という仮説を提出しておきたい。かりにこの仮説が裏づけられれば，縄紋人の交渉圏というものの構造の理解は一歩前進するだろう。

　註
1) 林「縄紋時代史（16）」pp. 93-94（『季刊考古学』42：87-94，1993）
2) 坪井正五郎「石器時代人民の交通交易」（『東洋学芸雑誌』240：243-46，1901），鳥居龍蔵「諏訪史」pp. 74-77（『鳥居龍蔵全集』3：1-426，朝日新聞社，1976），八幡一郎「先史時代の交易」（『人類学先史学講座』2：1-28，雄山閣，1938）
3) Renfrew, C., Alternative Models for Exchange and Spatial Distribution. Earle, T. K. and Ericson J. E. (eds), *Exchange Systems in Prehistory*, 71-90, Academic Press, London, 1977, Hodder, I., Some Effects of Distance on Patterns of Human Interaction. Hodder (ed) *Spatial Organization of Culture Change*. 155-78, Duckworth, London, 1978. Hodder, I. and Orton, C., The Association between Distributions. *Spatial Analysis in Archaeology*. 198-223, Cambridge Univ. Press, London, 1976.
4) Cummins, W. A., The Neolithic Stone Axe Trade in Britain. *Antiquity* 48：201-05, 1974, Clough, T. H. Mck. & Cummins, W. A. (eds), Stone Axe Studies. *CBA Research Report* 23, Council for British Archaeology, London, 1979, Chappell, S., Alternative Sources in Regional Exchange Systems : A Gravity Model Approach. *P. P. S.*, 52：131-42, 1986.
5) Suzuki, M., Chronology of Human Activity in Kanto, Japan. Pt. 1., *Journal of the Faculty of Science, University of Tokyo*. Sec. V Ser. 4

Pt. 3, 241-318, 1973, Pt. 2. *Ibd.* Pt. 4, 395-469, 1974. 藁科哲夫「サヌカイトの蛍光X線分析」(『考古学と自然科学』5：69-75, 1973), 鎌木義昌・東村武信・藁科哲夫・三宅　寛「黒曜石・サヌカイト製石器の産地推定による古文化交流の研究」(特定研究「古文化財の自然科学的研究」総括班編『古文化財の自然科学的研究』333-359, 同朋舎出版, 1984)

6)　林「縄紋時代史（16）」pp. 90-91 (『季刊考古学』42：87-94, 1993)

7)　赤堀英三「打製石鏃の地域的差異」(『人類学雑誌』46：166-80, 1931), 藤森栄一・中村龍雄「星ヶ塔黒曜石採掘址」(『古代学』11：58-62, 1962)

8)　柴田　徹「No. 3 遺跡・石材の鑑定と産地推定」(小薬一夫編『多摩ニュータウン遺跡―昭和56年度』5：194-202, 東京都埋蔵文化財センター, 1982), 新井重三・外山和夫・阿久津久・飯島義雄・小川良祐・庄司　克・福間　元「遺跡出土品からみた交易圏の研究―縄文時代の石材について」(『利根川流域の自然と文化』関東地区 博物館 協会, 1983), 後藤和民・庄司　克・新井重三「縄文時代の石器―その石材の交流に関する研究」(『貝塚博物館研究資料』4, 1983), 山本　薫「縄文時代の石器に使われた岩石および鉱物について」(『地学雑誌』98：911-33, 1989)

9)　金子浩昌・草間俊一編『貝鳥貝塚―第四次調査報告』(花泉町教育委員会・岩手県文化財愛護協会, 1971)

10)　須藤　隆編『中沢目貝塚―縄文時代晩期貝塚の研究』(東北大学文学部考古学研究会, 1984)

11)　林「亀ヶ岡と遠賀川」表1 (『岩波講座・日本考古学』5：93-124, 1985)

12)　小井川和夫・岡村道雄「里浜貝塚Ⅳ―宮城県鳴瀬町宮戸島里浜貝塚西畑地点の調査・研究Ⅳ」pp. 29, 58-59, 74 (『東北歴史資料館資料集』13, 東北歴史資料館, 1985), 新庄屋元晴・阿倍　恵編『田柄貝塚・Ⅲ―骨角牙製品・貝製品・自然遺物・総括編』pp. 159-71, 179-80.(『宮城県文化財調査報告書』113, 宮城県教育委員会・建設省東北地方建設局, 1986)

13)　小貫義雄・北村　信・中川久夫・長谷弘太郎『北上川流域地質図（二十万分之一）・同説明書』(長谷地質調査事務所, 1981・非売品)

14)　高位段丘にともなう礫層のなかの礫は, 石器の原料に利用できる状態ではないので, ここでは除外した。

15)　林「縄紋時代史（15）」pp. 94-95。なお同文中の「庄内盆地」は「新庄盆地」の誤り。

16)　安孫子「アスファルト」p. 213 (加藤晋平・小林達雄・藤本　強編『縄文文化の研究』8：205-22, 雄山閣, 1982)

17)　西本豊弘の教示による。

18)　永田　豊「日本近海の海流」pp. 93-95 (堀越増興・永田　豊・佐藤任弘『日本の自然』7：85-126, 岩波書店, 1986)

19)　大島直行の教示による。

20)　大和久震平「秋田県能代市所在・柏子所貝塚―第2次・第3次発掘調査報告書」pp. 48-49 (『秋田県文化財調査報告書』8, 1966)

21)　相原康二「東裏遺跡」(『岩手県文化財調査報告』58, 1981)

22)　須藤編, 前出・p. 59, 阿部博志・柳沢和明・須田良平・古川一明ほか「摺萩遺跡」pp. 126, 299, 776-77 (『宮城県文化財調査報告書』132, 宮城県教育委員会・宮城県土木部水資源開発課, 1990)

23)　マダイの前額骨は左右両端に孔をあけ, ペンダント（？）に加工している。海鳥の骨は切り目が入っている。管玉（？）に加工しようとしたのかもしれない。金子・草間, 前出・pp. 145-47, 179

24)　木古内町釜谷でも, アスファルトの産地が確認されている。鈴木省吾「添山」pp. 53 (『木古内町文化財調査報告書』1983)

25)　安藤文一「翡翠」pp. 183-85 (『縄文文化の研究』8：180-92), 安孫子「アスファルトの流通と東北の地域圏」p. 45 (『季刊考古学』12：43-46, 1985)

26)　蟹沢總史の同定した宮城・田柄の石材のリストには珪質頁岩・黒色頁岩のほかに珪質凝灰質頁岩・凝灰質頁岩・珪質頁岩（玉髄化）・砂質頁岩・頁岩, それにシルト岩などが登場する。これらの区別が, 産出地域（＝岩体）の違いにあたる場合もあるだろう。『北上川流域地質図説明書』によれば, 黒色頁岩は北上山地にも分布している。その一方, 珪質凝灰質頁岩と凝灰質頁岩の差は, おなじ地域のなかの地点（＝露頭）の違い, あるいはひとつの露頭のなかの部分的な違いかもしれない。ここではすべて「頁岩」とよぶことにする。

27)　新庄盆地のほか, 村山盆地・置賜盆地からも供給されているかもしれない。

28)　茂木好光編「田柄貝塚Ⅱ―石器・土製品・石製品編」(『宮城県文化財調査報告書』112, 宮城県教育委員会・建設省東北地方建設局, 1986)

29)　小井川和夫・岡村道雄編「里浜貝塚Ⅲ」(『東北歴史資料館資料集』9, 東北歴史資料館, 1984)。なおここでは, 長さ・幅が 1cm 以上の剝片だけを集計した。したがって, このデータは里浜の住民が現地で加工した石器の原料の比率をしめしていることになる。

30)　石鏃・石匙・石錐・「尖頭器」・不定形石器・石核である。剝片・チップは里浜以外では除いたので, 中沢目の頁岩の比率が註 11)とちがっている。

31)　蟹沢總史「田柄貝塚から出土した石器類の材質について」(『田柄貝塚Ⅱ』)

32)　藁科哲夫・東村武信「磯山城遺跡出土のサヌカイトおよび黒曜石遺物の石材産地分析」p. 206 (中井　均『磯山城遺跡』205-13, 米原町教育委員会, 1986)

33)　須田良平・古川一昭「第一遺物包含層出土の石器」p. 799 (『摺萩遺跡』799-866)

森 浩一 編

考古学―その見方と解釈
上・下

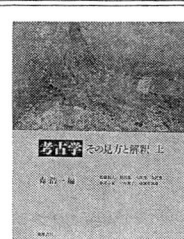

筑摩書房
A 5 判　314, 356頁
2,900円，3,100円
1991年 6 月，1993年 3 月刊

「考古学とは地域に勇気を与える学問である」と説く森浩一教授が編集した『考古学―その見方と解釈一』上・下が刊行された。上は1991年 6 月，下は1993年 3 月の発行である。

現在，日本の各地において遺跡の発掘調査が寧日なく進んでいるが，一方，新しい資料の"検出"も盛んである。まさに，一部の人びとによって「止どまるところを知らない考古学ブーム」と称されている状況が続いている。それに呼応するかのように考古学の研究者によって各種のシンポジウムが花盛りである。さらに，遺跡についての報道，新資料の報告，加えて多数の雑誌・報告書などの刊行もあいついでおり，正直なところ「応接にいとまなし」の感が深い。

このような情報夥多な考古学の現段階を学問的な水準を保ちながら簡潔に知らせてくれる書物の出現が強く望まれている。研究者を対象とする大部な講座類の出版は，すでに何回となく企画され実現されてきたが，多くの考古ファン向きのハンディなそれは必ずしも充分ではなかった。

この度，刊行された『考古学』は，その渇をいやしてくれる待望の一書と言えよう。副題は"その見方と解釈"。考古学資料の見方と解釈，これこそ科学としての考古学の奥義である。本書は，森教授を含めて18名の研究者によって分担執筆されているが，本来は市民向けの講座として企画されたものであった。構成は，日本の旧石器時代から近世を対象とし，関連する朝鮮と中国の考古学知見についても触れている。それらのテーマは，総花的な感もするが，個別重要な課題をも配するという二面性をもっている。

次にテーマと執筆者を列記する。1 考古学―その歴史と目ざすもの（森浩一）2 日本の旧石器文化（松藤和人）3 縄文文化（泉拓良）4 弥生人とその文化（八賀晋）5 弥生時代の青銅器とそのマツリ（寺沢薫）6 巨大古墳と前方後円墳（森浩一）7 埴輪と壁画（伊達宗泰）8 騎馬民族説の考古学（中村

潤子）9 終末期古墳と寺（前園実知雄）以上，上巻。1 考古学と古地理学（日下雅義）2 住居＜イェ＞と集落＜ムラ＞（石野博信）3 古代都城の考古学（山中章）4 天皇陵古墳と考古学（森浩一）5 発掘文字の世界（和田萃）6 銅鏡の考古学（菅谷文則）7 須恵器生産をめぐる諸問題（山田邦和）8 朝鮮考古学と日本古代文化（東潮）9 中国考古学よりみた日本古代（杉本憲司）10 中世の考古学―都市の発掘（松下正司）11 中・近世の考古学―焼物の生産と流通（鈴木重治）以上，下巻。

まず，編者が自ら執筆した考古学の総論的な一文は，本書の目ざすところを明快に説いている。日本考古学の学史認識からはじめ，遺跡の命名法，江戸時代の考古学者たちに寄せる愛着，資料獲得の手段としての発掘とその報告書の刊行について先人の具体例の紹介をし，そして"考古学の対象は遺跡"であると主張した水野清一教授の見解を示しつつ，そのあり方を再確認している。短文ではあるが編者の考古学観がよくあらわれている。

時代を通しての概括的な解説（旧石器・縄文・弥生～近世）について，それぞれの時代を象徴する事象の説明，個別的テーマ（巨大古墳・騎馬民族説・古地理学・古代都城・発掘文字・銅鏡・須恵器など）についての研究の現状と将来を見通した見解もなかなか魅力的であるが，なかには論文的なものも含まれている。また，かなり高度な論議と問題提起を行なっている文章もあるが，さして違和感なく読み通すことのできるのは執筆者の筆力のなせるわざであろうか。旧石器時代から近世にいたるまで，日本列島とその周囲に展開した人びとの歴史を考古学の資料から探ることは容易ではない。限られた紙幅のなかで皮相的に展望するのはあるいは可能であるにしても，個個の現象を一定の約束事を踏まえて説くのは難事である。ましてや，その見方と解釈を個別具体的に説くことは生易しいことではない。本書に収められたテーマは，考古学界の当面している問題点を多岐にわたって含んだものであり，それだけに読者の関心を強くひきつけるであろう。

このように見てくると，本書に収められているテーマは，読者自らが参考文献・文献註によって認識を深めていく方法を示唆してくれるものであり，また，研究の現状を知ると同時により深く理解するための手掛りをあたえてくれるものと言えよう。かなり高度な内容をもつ本書は，考古学に関心をもつ人達，考古学を本格的に学ぼうとする人達，そして考古学の研究者にとって，いずれも，その読み方によってきわめて有用な一書と言える。それぞれのテーマにつけられている用語と遺跡の説明は，最新の知識を提供してくれる便利な配慮といえるであろう。

日本考古学研究の現状を鳥瞰することのできるユニークな一書である。　　　　　　　　　（坂詰秀一）

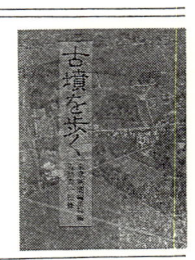

東京新聞編集局 編
坂詰秀一 監修

古墳を歩く

学生社
B6判 340頁
2,800円 1993年2月刊

藤ノ木古墳の石棺内調査や吉野ケ里遺跡の大環濠集落の発掘がにぎやかに報道される中で古代史ブームが再燃し，関係書の刊行が盛んである。本書もそうした一書で，首都圏を中心に読者をもつ東京新聞編集局が「この際関東の古代史を総合的に振り返る方法はないだろうか」という発想をもとに，関東の「古墳白書平成版」といえる集成を決め，「首都圏TODAY」欄に"古墳を歩く"というタイトルで連載したものである。

それは，1990年1月から2年余りにわたり，関東1都6県の古墳・古墳群87か所に山梨・静岡両県の9か所を加えた96か所がとりあげられており，この中にはその数倍の古墳がのっているので壮観であり，関東では初めてのことと思われる。刊行は学生社からであり，企画段階から参画した立正大学坂詰秀一教授が監修に当たっている。

茨城県から始まっているが，本文の理解を助け活用しやすいように監修者が「はじめに」の中に，古墳時代の概要・関東における重要な発見・古墳歩きの観察のチェックポイントなどについて記している。また，巻末の「おわりに」には，主な古墳と古墳群の現状・最近の発見・埴輪などにみられる関東の特色についてふれ，最後に現状を保存し後世に引き継ぐことの大切さをのべて結んでいる。

執筆者には各地の古墳・古墳群について最も詳しい人たちを選んで依頼しているので内容が正確であり，文も市民向けの展示会や刊行物で日頃平易に書いているためであろう，読みやすいものが多い。専門の考古学用語には「案内」という囲みの中に＜あし（交通機関）＞＜出土遺物＞＜資料展示＞などとともに＜用語＞の項目をもうけてやさしい説明をつけ，各古墳・古墳群ごとにその位置を示す地図もつけ，探訪に便利である。また1，2枚のっている写真や図（墳丘や副葬品の実測図）もよいものが選ばれていて楽しい。

1都6県に扱われている古墳・古墳群の数は，茨城県12・栃木県12・群馬県14・埼玉県11・千葉県16・東京都11・神奈川県11で，数の違いが古墳の数や分布密度から割りだされたものとは思えないが，千葉県と群馬県が多いのは畿内古墳文化の伝播が主として東京湾と碓氷峠からであったことと一致する。

個人的なことになるが，96か所中見ているものに印をつけたら44か所に過ぎなかった。本書にのっていない古墳を30基以上見ているが，あまりにも少なく，それだけに本書から多くの情報を得て嬉しかった。最大の恩恵は居住地の関係から日帰り見学が無理なため，空から一度見ただけの茨城県の古墳について知ることができたことであり，そこには東京湾と同じように早くから舟による海からの古墳文化の伝播があり，大河をさかのぼって内陸にひろがっていた。そして，ようやく関東全域の古墳時代が見えはじめてきた。また，埼玉県児玉郡美里町の長坂聖天塚の項は，北関東に入った古墳文化が埼玉地方より早く山沿いに比企地方に南下したのではないかと考えていたことが裏づけられて嬉しかった。

一つの古墳・古墳群の記述は1,600字ぐらいのものが多いが，その割に内容が濃く，それぞれ参考になり面白く読んだ。そして，埼玉県としては最古期の熊野神社古墳が桶川市にある原因を荒川の河川交通にもとめる塩野博氏の見解，芝山古墳群の姫塚出土の人物埴輪のエキゾチックな風貌と芸術的ともいえるつくりの中に仏教伝来との関係を考える濱名徳永氏の感性，南関東最大規模の内裏塚古墳群の開発による危機を憂える小沢洋氏の訴えなどがとくに印象に残った。

甲斐銚子塚のような畿内的前方後円墳とともに積石塚が多い山梨県と，畿内と関東の中継拠点ともいえる磐田古墳群がある静岡県を加えたことは本書の価値を一層高めており，横穴墓群を多く収めているのも特色である。

惜しまれるのは，埼玉古墳群より前方後円墳の初現期が早い比企地方の諏訪山・雷電山両古墳と，埼玉県の代表的な前方後円墳の一つ野本将軍塚が落ちていることであるが，関東古墳時代の全貌を概観できることが本書最大の価値であり，各地の古墳に詳しい人たちが筆をそろえて書いた成果である。できれば開発による調査後消滅した手古塚古墳などの副葬品について少しふれてもらいたかったが，これからの関東古墳時代研究の基礎になる書であり，多くの人に読んでもらいたい。こうした意味で東京新聞編集局の企画目的は達成されたといえるであろう。

私は，これまで一人で奈良・大阪の古墳を訪ねるとき，ポケットに保育社カラーブックの『古墳』（森浩一著）を入れて歩き，仲間たちと車で関東の古墳を見てまわるときには有斐閣の『探訪・日本の古墳』東日本篇（大塚初重編）で下調べをした。が，これからは本書もその中に加えて一基でも多くの関東の古墳を見て歩き，私なりの関東古墳時代像を描いてみたいと思う。 　　　　　（椚　國男）

角田文衞 著
転換期の考古学

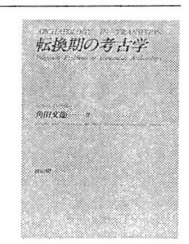

雄山閣出版
四六判　206頁
1,980円　1993年3月刊

　角田文衞著『古代学序説』が刊行されたのは1954年（原稿の完成はこれより３年ほど遡るが）である。17年後の1971年には，二，三の補説を加えた『増補古代学序説』が刊行されている。再版の序文の中で角田博士は，旧著に手を加えずに刊行した理由として「本書に盛られている著者の基本的見解や提言が今日なお渝らず，一貫している……」からであるとされている。さらにこの序文では角田史観によった「古代学」の体系化を実現したいと述べられている。

　その後20年以上たった現在「序説に続く本論の方はなかなか纏めきれず，昏迷を続けている」（本書，跋）状態であった。本書は本論を纏める（評者はこれを切実に希望しているものであるが）足がかりとして，著者がこれまでに発表した，「古代学」にかかわる論考をまとめ（第一部　方法論の問題，第二部　学史とその周辺），さらに第三部では，立正大学の坂詰秀一教授が著者に質問する形をとって，角田博士の「古代学」の構想がまとめられている。

　全体として，著者がこれまでくり返して提唱してきた「古代学」の輪郭を浮きぼりにし，また日本で用いられている「考古学」という用語およびその内容に関する著者の批判が，わかりやすくまとめられたものとなっている。

　著者は一貫して，人類の過去を研究する本質学としては歴史学のみが存在すると主張されている。そして「古代学を一言でいったならば，古代学とは古代を研究する総合学である。古代史の史料は文献と遺物より構成される」と定義している（第三部　古代学の構想，古代学の定義）。

　書名に採られた巻頭の「転換期の考古学」（1986年日本考古学協会第52回総会における公開講演に補註を加えたもの）で，archaeology の原義，各国および時代による使われ方を検討したうえで，現在わが国で用いられている「考古学」，あるいは「〇〇考古学」という概念に対して強い疑念を表わしている。「自然科学の分野では，概念が厳密に規定されて

います。……ところが文化科学の諸分野では，概念の内容は，国により，学者によってまちまちである上に，概念そのものが明確に規定されることなく用いられている」とし，考古学については「考古学者は，遺物・遺跡によって過去を研究すると言う不当な任務を考古学に与えました。これは洵に不遜な措置でありまして，過去を研究する学問は歴史学があるだけであります。考古学の存在理由があるとすれば，それは歴史学の重要な部門である史料学の一つとして存在することであります。過去の文献を取扱う文献学も考古学と相並んで史料学の分野であります。文献学や考古学の研究成果を素材として歴史を再構造するのが歴史学の任務なのであります」と述べている。ただし「考古学」という語は著しく汚染されており，遺物・遺跡を対象とする史料学としてはもはや用いるべきでないとし，「現代の混乱を収束するためには，考古学に代って遺物学と言う語を採用する必要があります」と主張している。

　「遺物学」という名称が適当かどうかは別として，本質学は歴史学しかありえず，文献学，考古学は歴史学の一部門である史料学であるという位置づけを明確にしかも分かりやすく主張されている点は傾聴すべきであろう。

　評者は近年，近世遺跡の発掘調査に携っている。とくに近世史学との密接な関連を意識せざるを得ない分野であるだけに，著者の主張とどのように対峙すべきか苦慮しているところである。

　やはり第一部に収められている「私の歴史学」のなかで，著者は「私が自分に課すところは──私のような立場にある者だけがこれを果たし得るところであるが──より次元の高い歴史の研究であり，学問の体系化である。……私は多くの歴史学者の追随できぬ分野で高い水準の方法論的研究にもう少し打ち込むべきではないかと反省している」と述べられている。著者の各分野における個別的研究の成果について賛辞を惜しむものではないが，やはり著者にのみ可能な『古代学』の方法論的著作の刊行を心待ちにしているのは評者のみではあるまい。

　近年，著者は「発展史観」から「絶滅史観」へと移行していると書かれているが，これが「古代学」の中でどのように結実してゆくのか。この答えを出すことは『序説』『増補序説』そしてこの『転換期の考古学』を著わされた角田博士の，学界に対する義務であるといって過言ではあるまい。しかし，著者の「古代学」あるいは「考古学」に対する提言に対しての反論──論争はほとんど見うけられない現状である。研究がますます細分化し，「考古学」では対象とする時代が拡大してゆくなかで，歴史学，考古学の基本的な問題にたち帰って，いま一度考えてみることが求められているのではあるまいか。

（寺島孝一）

書評

王 巍著

中国からみた
邪馬台国と倭政権

雄山閣出版
A5判　223頁
3,200円　1993年3月刊

　考古学を勉強しに日本へ訪れる中国人留学生が決して珍しくなくなったこのごろではあるが、やはり日本考古学を対象に研究する留学生は決して多くない。われわれ日本人が中国に留学する場合は、東アジアの文明の中心地である中国をまず押さえ、その影響下にある日本を考える必要性から、中国考古学を研究しようとする。逆に中国の研究者にとっての日本は文明の周辺地にすぎず、研究対象とする地域としてはあまり興味をそそらないであろう。魅力は日本の現在の研究方法や研究条件にあるといえよう。ましてや情報の氾濫する日本考古学を、概説という形は別として、論文という形でまとめようとする外国人研究者も数少ないといえよう。その中にあって、この度、王巍氏は日本留学の成果を盛り込んで1冊の著書を上梓されたのである。その内容は東アジアにおける中国と日本との考古学的な比較研究である。対象とする時期は、中国に王権が生まれ確立しようとする龍山時代から殷周時代にかけてであり、日本においても同じく王権が確立する弥生時代から古墳時代である。その絶対年代差は約2千年から1千年に及ぶものであるが、丁寧な比較研究を行なうことによって一つの法則性を読みとろうとする態度が存在する。それぞれの地域の王権の確立過程をまず地域に即して紐解いて行き、それぞれの社会性の画期を比較検討しようとするものである。これは日本を東アジアの周辺に存在する辺境の地として性格づけるものではなく、中国と日本をもとに、地域社会のまとまりから地域的原始国家の成立、そしてそれらの再編成と統合、さらにはより大きな統一国家へと向かう東アジア上の人類史の法則性を求めようとした労作である。

　本書は、中国古代国家の形成、日本古代国家の形成過程、中・日古代国家形成の比較の3部からなっている。

　第Ⅰ部は中国の古代国家の形成過程を論じたものである。龍山時代を古代国家形成の端緒期と位置づけ、部族連合の段階と規定する。古代国家の形成の初現期は世襲王朝の成立にあり、文献上の夏代から

とする。この時代を考古学的には二里頭文化とする。この比定については日本では慎重な意見も多いが、中国考古学界では通説となっているとして、むしろ二里頭文化のどの段階から国家が形成されたかに注目している。氏は最近二里頭遺跡から二里頭文化2期の大規模な版築の宮殿遺跡が発見されたところから、二里頭文化1・2期には国家が形成されたとする知見を披露した。そして国家の発展期を殷代とし、完成期を西周代としている。

　第Ⅱ部は日本の古代国家の形成過程である。ごく最近に発見された考古学的成果も取り込みながら、よく勉強されているというのが、正直な感想である。弥生中期には北部九州に見られるように、平野単位に「国」が形成されるが、これを氏は「酋邦」と呼ぶ。そして3世紀前半を「邪馬台連合国」と呼び、邪馬台国を中心とする各地域勢力の連合状態としている。前方後円墳が成立する古墳時代前期を、国家的な性格をすでにもっている段階として、「大和連邦国家」と呼ぶ。倭の五王の時代である古墳時代中期には、河内王権の台頭を積極的に評価し、雄略朝段階の王権強化を評価しながら、5世紀を連邦国家から専制化の王権国家へ転換する段階と規定している。6世紀には中央王権の専制化がより進んだ段階とし、後期畿内王権国家と呼ぶ。こうして7世紀の律令国家の完成により、日本の古代国家は完成したとしている。

　第Ⅲ部は以上に述べた古代国家形成過程の日中の比較である。両地域の国家形成段階から、龍山時代と弥生時代、邪馬台国の時代と夏時代、古墳時代と殷周時代を、それぞれほぼ同じ形成段階として類似点と相違点を比較している。その段階比定はほぼ妥当と思える。個人的な興味で言えば、二里頭文化段階は中国内で地域勢力の再編成と統合をなす段階であり、同じく地域間の再編成と統合がみられる弥生後期後半から古墳前期初頭の微妙な時期と対比して考えるところに、興味深さが存在する。これとは別に専制国家の成立過程については日中それぞれの地域における大問題である。中国においては戦国時代が専制国家の成立における重要な時期と考えられるが、本書ではこの部分について触れられていない点はやや残念に思える。ともかく、これほど広範な地域と時代を丹念に比較検討されている点は、敬服に値しよう。何より筆者の視点の　さと、書かれた本語の明晰さに驚くばかりであ　、今後は、中　　北部や朝鮮半島の古代国家形成過　含めた　アジアの比較研究がなされ、アジア的ある　　アジア的類似性と相違点を明らかにして頂ければと願っている。なぜならこの問題は現在の民族性にも通ずる問題であると考えるからである。

（宮本一夫）

論文展望

選定委員（敬称略五十音順）石野博信　岩崎卓也　坂詰秀一　永峯光一

佐藤宏之

北方系削片系細石器石器群と定住化仮説

法政大学大学院紀要　29号
p. 55〜p. 83

　日本列島の後期旧石器時代から縄紋時代への移行は，近年の知見の蓄積の結果，後期旧石器時代後半期を通じて獲得された地域社会を基本的な単位として，各々の地域の中で固有の様相を示しながら達成された可能性が高い。世界史的な規模で見た場合，この旧石器時代から新石器時代への移行は，相当の広範囲にわたってほぼ斉一的に認められるが，その実相は極めて多様であり，個別の考古資料・現象の有無によって論ずることは極めて困難である。従って本論では，世界史的レベルでの移行問題に広範囲に適応可能な行動論的な定住性の獲得問題を取り上げ，列島史の上では，現在最も当該期の資料が集積しつつある南関東を対象としてこの問題を考察した。

　まず関東地方に見られる主な細石器石器群を，細石核の形態と製作技術などにもとづき3群6種に区分し，大幅な時間軸上の重複を許用しながらも，層位的事例を根拠として，グループ1（野岳・休場タイプ）からグループ3（北方系削片系細石器石器群）へと移行するものと考えた。そして最終段階のグループ3には，関東平野をほぼ2分するように北西と南東で分布を異にするサブグループ3aと3bが存在し，後者には最初期の土器を伴う例が顕著なことからこの両者の関係性の中に，最初の定住性の獲得問題が含まれるものと考えた。さらに両者には，石器組成，石材供給，行動論的な石器製作構造の差などの著しい差異が見いだされ，その理由を北方系細石器石器群が南下する過程で，現生民族誌を含む種々の証拠により，旧石器時代にはほとんど行なわれなかった本格的な内水面漁撈が獲得され，それを南関東の在地集団が受容した結果と理解した。たとえ季節的な漁撈であろうとも，漁撈は一定期間の定住（定着）を必然化するため，その定住性を導いた意義は極めて高いと言わねばならない。　　　　　　（佐藤宏之）

浜野美代子

土偶の破損

埼玉県埋文事業団　研究紀要　9号
p. 43〜p. 58

　土偶が「故意に破損されたものなのか？」という命題は，一朝一夕に結論づけられるべきものではない。しかし，最近は十分な検証を経ることなく，製作技法を安易に「故意破損」と結びつけ＜壊し易く作る＞ことを前提に展開している土偶論に触れる機会が多い。

　筆者は，数年前から「すべての土偶が故意破壊により廃棄された」とする考え方に疑問を提示し，批判や反証を試みてきた。

　土偶の「故意破損」については古くから指摘されているが，製作技法の検討抜きには語り得ない問題であると言える。筆者は，埼玉県赤城遺跡・岩手県立石遺跡という時期も地域も異なる遺跡の合計約300点の土偶の製作技法の分析を試みた。両遺跡の土偶の大半は中型の中実土偶であり　分割塊技法を用いて製作した　考えられる。しかし，製作技法　観察できる土偶は両遺跡とも少　く，破損面で接合剝離痕が観察　ない土偶が大半であり，≪土偶の　面＝接合剝離面＝意識的な破壊箇所≫という図式は成り立たない。

　また，立石遺跡では，頸部と胴部の破損率とアスファルト付着率が比例し，頸部が壊れにくく作られた土偶の破損面にアスファルトが付着している例も見られる。しかし，四肢の破損面にアスファルトが付着する例は極端に少なく，土偶の部位の補修に対する明確な意志が窺える。このことは，土偶の機能に直接関わる部分の破損については，補修して使用したことの証明になろう。以上，土偶の製作技法は「作り易さ」と「壊れにくさ」を追求したものであり，「壊す」ためのものではないという結論に落ち着かざるをえない。

　今回は中実土偶の製作技法や破損・補修の問題を中心に検討したが，多様な形態と機能を持つ土偶が存在する。今後，稿を改めて種々の土偶について論じたいと考える。　　　　　　（浜野美代子）

安藤広道

弥生時代水田の立地と面積

史学　62巻1・2号
p. 131〜p. 164

　弥生時代の集落は，その周囲に一体どれくらいの広さの水田を有していたのであろうか。近年，大規模な集落遺跡や新たな水田址の発見が相次いでいるわりには，このような問題を正面から取り上げた論考は少ない。また，いわゆる谷戸田論が支配的な関東地方の水田研究では，主観的なイメージが先行して，水田の面積，立地について不当に低い評価が与えられてきたように思えてならない。そこで本稿では，横浜市鶴見川・早淵川流域の弥生時代中期の集落群を対象とし，当時の水田面積に関す

る簡単な試算を行なってみた。

水田面積の計算方法は，以下の通りである。まず典型的な規模の集落を取り上げ，集落の人口を想定する。その人口に一人当りの一年間に必要なエネルギー量を乗し集落の一年間の総エネルギー量を計算する。それを当時の食性に占めるコメ食の比率で除し，得られた数値を玄米の重量に換算する。そしてその量の玄米を生産できる水田面積を，水田の生産量を考慮しつつ推定していくのである。

本稿では計算に必要な変数に従来の考古学や歴史学研究の成果，民族例などから適当な数値を与え水田面積を試算した。各変数に幅を持たせていることから，結果は35,000～260,000m²と大きな幅を持つことになったが，集落の人口や流域の地形の検討から，大塚遺跡クラスで，10万m²前後が妥当な数値であろうと結論できた。

各集落が10万m²前後の水田を有していたと仮定した場合，当流域では，集落分布や周辺地形などから判断して，従来想定されてきた谷戸田だけで集落を維持し得たとは考えにくい。つまり計算の上からは，これまで開発不可能とされてきた河川氾濫原の開発が，すでに行なわれていたと考えざるを得ないのである。本稿では，この結論を基にさらに一歩論を進め，該期における流域への集落の集中現象自体が，河川氾濫原の開発と密接に関連している可能性も評価した。　　　　　　　（安藤広道）

宇垣匡雅

吉備の中期古墳の動態
——使用石材の検討から——

考古学研究　39巻3号
p. 60～p. 78

本稿は，造山古墳に代表される吉備の中期古墳について，出土埴輪による編年と竪穴式石槨使用石材の分析の二面から検討を試みたものである。

編年において最も問題となるの

は造山古墳の位置付けである。吉備においては有黒斑の埴輪と無黒斑のものが混在して出土する古墳が少なくないことから，埴輪の野焼きと窖窯焼成が短期間のうちに変換したのではなく，徐々に焼成技術の移行がなされたと考え，造山古墳の築造は埴輪の窖窯焼成技術導入以後と判断した。備中南部地域の大形古墳群は使用石材のあり方からみて造山古墳を中心とする東群と作山古墳を中心とする西群とに分離することが可能であり，二つの首長系譜が交互に古墳の築造を行なっていると推定した。そして，それらにやや遅れて備前南部地域において両宮山古墳に代表される首長墓の築造が開始されると考えた。

また，使用石材の分析から，瀬戸内海島嶼部ないし四国北岸部で産出される古銅輝石安山岩を用いる古墳と在地の石材を用いる古墳に大別することができる。古銅輝石安山岩を使用する古墳は，造山古墳が所在する足守川西岸平野に集中して所在しており（造山・作山古墳群＜東群＞），その使用は造山古墳に併設された中規模古墳と造山古墳に後続する首長墓，そしていくつかの小墳に限られている。こうした使用状況からは，この石材が単なる石槨構築材ではなく，その希少性・入手に要する労働力の多さによって大首長の権威・卓越性を表示するものであり，また，大首長との親縁性を表示するものであったと考えられる。こうした政治性の表示は他地域の古墳使用石材にも内包されるものであろうが，石材—古銅輝石安山岩—の搬入が容易でない吉備において，顕著な現われ方をしていると考えられる。（宇垣匡雅）

五十川伸矢

古代・中世の鋳鉄鋳物

国立歴史民俗博物館研究報告　46集
p. 1～p. 79

古代・中世の鋳鉄鋳物の鍋釜に

ついて，消費遺跡からの出土品・鋳物を生産した遺跡の出土鋳型・社寺などが所蔵する伝世品の三者の資料を集成した。これらは鍔付きの羽釜・口縁の屈曲する鍋（鍋A）・吊耳付きの鍋（鍋B）・内耳付きの鍋（鍋C）・直口の鍋（鍋I）などの器種に大別でき，それぞれ時代的形態変化がみられる。古代には羽釜と鍋Iが存在し，中世を通じて羽釜・鍋A・鍋Cが生産・消費されたが，鍋Bは14世紀ごろに新たに出現し，次第に鍋の主体を占めるにいたるという煮沸形態の器種構成上の変化も認められる。また，中世には地域によって採用された器種が異なる。まず，畿内を中心とする地方では，羽釜・鍋A・鍋Bが併用されたが，その他の西日本の各地では，鍋A・鍋Bが主要な器種であった可能性がある。一方，東日本では中世を通じて，鍋Cが基本的な煮沸具として生産消費された。西日本では仏具は青銅で作られたが，ここでは鉄鉢や鉄仏などのように，鋳鉄で製作されたものもある。

最近の鋳造遺跡の調査成果からみると，鋳鉄鋳物生産工房は，古代には製鉄工房に付属した形態をとるが，中世では鋳型製作と鋳込みの工程を基本とするものが多い。中世において，こうした生産にあたったのは「鋳物師」と呼ばれる工人であり，銅鉄兼業の生産形態をとるものもあったことが想定できる。また，作業場や設備などの生産に必要な固定資本の大きさから考えて，根拠地における継続的操業が基本であり，移動的操業は少なかったと推定する。また，近畿地方の寺社で湯立て神事に使われた伝世品の湯釜を，装飾・形態・銘文などによって分類すると，河内・大和・山城などの各国の鋳造工人の製品を識別できる。その銘文に記された奉献先の寺社からみて，中世後半において鋳鉄鋳物は，一国単位程度のまとまりをもって生産供給されていたと思われる。　　　　（五十川伸矢）

●報告書・会誌新刊一覧●

編集部編

◆中野A遺跡 北海道埋蔵文化財センター刊 1992年3月 A4判 424頁

本遺跡は，函館市街地の東方，津軽海峡に注ぐ銭亀宮の川の右岸段丘上に立地する。調査区東から南の平坦部に集中して縄文時代早期前葉〜中葉の竪穴住居跡14軒，土坑10基，Tピット11基などの縄文早期中葉を主体とする遺構・遺物が検出された。注目すべきものには，北海道最古の土偶などがある。また住居内土壌の自然科学的分析では，キハダ・ミズキなどの種子・果実片が確認され，土坑内土壌の残存脂肪酸分析からは，動物遺体の一次・二次埋納を示す結果が得られている。

◆史跡十三宝塚遺跡 群馬県埋蔵文化財調査事業団刊 1992年3月 A4判 345頁

本遺跡は群馬県東南部の低地の境町に位置する寺院跡である。廻廊で区画された南北78m，東西73.5mの中央に，20×18mの基壇が検出されている。多量の瓦のほか塑像・瓦塔・三彩陶器片が出土し金堂機能を有する仏殿と推定される。また塔と考えられる一辺20mの方形の基壇が区画内に検出され，瓦類と金銅製押出仏片が出土している。また区画の外北側には掘立建物群が検出されている。出土遺物より，8世紀代から9世紀前半代にかけて造営された寺院である。

◆南多摩窯跡群 東京造形大学宇津貫校地内埋蔵文化財発掘調査団刊 1992年6月 A5判 543頁

八王子市南方の多摩丘陵に所在する南多摩窯跡群・御殿山地区の25・27・28地点の発掘調査報告書。25地点では4基の登窯が谷の南斜面で検出され，谷を囲む状況で窯の上部の斜面に幅12〜30m，長さ約120mにわたって大規模な粘土採掘坑群が検出された。その他谷底部分で水路，堰状遺構などが

調査されている。27地点では窯跡2基，28地点では窯跡1基などが検出された。今回調査された8基の窯は，すべて半地下式構造の登窯で全長6〜7m，最大幅1〜1.5mほどである。また，粘土採掘坑においては掘削に使用されたと思われる木製の鋤や，祭祀的な意味を持つと思われる埦・杯・甕なども出土しており，古代の窯業生産を知るうえで貴重な資料を提供している。出土遺物は杯，埦といった什器類を中心に風字硯，突帯付四耳壺といった特殊な遺物も出土しており総数は約3万点を数える。

◆湯之奥金山遺跡の研究 湯之奥金山遺跡学術調査団編 1992年3月 B5判 294頁

遺跡は山梨県南部の下部町に所在し，富士川左岸の天守山地の標高1400〜1700mの地点にあって，武田氏に関係ある金山と考えられている。湯之奥金山を構成する三金山の一つである中山金山が調査対象となり，考古学・文献史学・民俗学による総合調査が行なわれ，15世紀後半頃から17世紀中頃にかけて操業していたことが明らかとなった。尾根上の多数の平坦部と上方の坑道で調査が行なわれ，平坦部では精錬・鍛冶に関連する炉・土坑・石臼・羽口などが出土している。このほか掘立柱建物跡の検出や陶磁器の出土から住居域も存在したものと考えられている。

◆盾塚 鞍塚 珠金塚古墳 末永雅雄編 由良大和古代文化研究協会刊 1991年1月 B5判 480頁

昭和30年に調査が行なわれた応神陵の陪塚である3古墳は，大阪府古市古墳群の中央部に位置し，中期に継続して営まれている。盾塚は64mの帆立貝式古墳，鞍塚は径35mの円墳，珠金塚は一辺27mの方墳である。いずれも粘土槨を埋葬主体とし，副葬品に銅鏡・玉類・鉄製武器・武具・農工具類を埋納している。さらに，盾塚古墳

は粘土槨上全面に11面の盾がおかれ，さらに前方部にも鉄製武器・工具類を多量に埋納した施設が存在した。鞍塚・珠金塚南槨には鉄製武器・武具・農工具・馬具類が棺の周囲に並べられていた。葬送の場を飾るという共通した埋葬方法がとられている。古市古墳群における鉄器の大量埋納・軍事的優位性が5世紀前半にさかのぼることが明らかにされた。他に遺物論考編として，甲冑・鉄鏃・輪鐙・農工具・玉類の考察を掲載する。

◆楯築弥生墳丘墓の研究 楯築刊行会刊 1992年12月 B5判 225頁

岡山県倉敷市の東端，片岡山と呼ばれる低平な丘陵上に位置する著名な楯築弥生墳丘墓の，1976年から86年かけて行なわれた7回にわたる調査の成果をまとめた研究報告書。墳丘の形態は双方中円形を呈し，全長は約100mと推定され，径40mを測る円丘部の頂上からは木槨を有した主体部が検出され，内部からは多量の朱や鉄剣，玉類が検出され，主体部上の円礫に混じって弧帯石・土器・土製品などが出土している。考察は，規模・突出部の機能・列石・特殊器台と弧帯石棺槨・埋葬祭祀・副葬品と朱・楯築およびその他の吉備弥生墳丘墓の時期・楯築の集落の8項目，別編として自然科学分析結果もあわせて記載されている。

◆大迫遺跡 福岡県教育委員会刊 1992年3月 B5判 302頁

遺跡は筑後平野の北東部の朝倉町の丘陵突端部に立地する。73基の火葬墓が南斜面に階段状を呈して検出された，全国でも有数の大規模な中世の火葬墓群である。遺構は墓壙のみ，周溝やテラスを伴うものであり，骨蔵器・木櫃・石組を有する。8世紀中〜9世紀前半に造営されたものである。また斜面部に設けたテラス中央に竪穴を掘って造営された火葬土壙（火

葬場）が21基検出され，カシ・クリなどの炭化材が出土している。火葬墓出土の火葬人骨の観察，火葬土壙出土の炭化材の樹種同定・年代測定などの自然科学的分析も行なっている。

◆平井尚志先生古稀記念考古学論攷　大阪・郵政考古学会刊　1992年3月　A5判　242頁
若林勝邦の生涯とその業績
　　　　　　……斎藤　忠
『兎園小説』に見られる遺跡・遺物について……上野佳也
日本最初の『考古学辞典』
　　　　　　……坂詰秀一
H・シーボルトと吉田正春のこと
　　　　　　……杉山荘平
万金塔夫余王城址試考…三宅俊成
炕拾遺……田村晃一
網針の出土資料について
　　　　　　……渡辺　誠
洛陽西周遺跡雑記……飯島武次
滇王国における男性権力者と女性権力者……今村啓爾
モンゴル人民共和国ヘンテイ県バヤンホトクの碑文について
　　　　　　……加藤晋平
アムール河流域，ノヴォペトロフカ遺跡の石刃鏃と石刃
　　　　　　……藤本　強
ポリツェ文化について…村上恭通
北からの考古学の手紙…千代　肇
鬱金考……増田精一
ハッスーナ Ia 期の集落
　　　　　　……古山　学
カリフォルニア先住民の精神文化
　　　　　　……関　俊彦
韓国の古代集落についての覚書
　　　　　　……辻尾榮市
猿を模した土製品……江坂輝彌
伊豆諸島における関西系縄文土器のあり方……川崎義雄
縄文時代の貝面……島津義昭
「荒神谷青銅器群」遺構の検討
　　　　　　……水野正好
銀の道……菊地俊彦
日本最北の前方後円墳…大塚初重
島泉丸山古墳をめぐって
　　　　　　……石部正志
河内国の古代寺院について
　　　　　　……安井良三

中世居館と方形区画溝遺構
　　　　　　……橋口定志
日本の初期煙管に関する覚書
　　　　　　……古泉　弘
ディルベルジン・テベの壁画
　　　　　　……加藤九祚
高麗の双鳳文柄鏡について
　　　　　　……西谷　正
北方ユーラシアの大型円墳
　　　　　　……林　俊雄
渤海上京龍泉府の瓦……小嶋芳孝
礼文島浜中遺跡出土の青銅製円盤について……大塚和義
平井尚志先生と『紙の考古学』
　　　　　　……倉田芳郎

◆武蔵野の考古学　吉田格先生古稀記念論文集　吉田格先生古稀記念論文集刊行会刊　1992年11月　B5判　463頁
武蔵野台地における立川期の環境変化と石器文化……伊藤富士夫
縄文時代前期前葉の居住形態
　　　　　　……土井義夫・黒耀和久
縄文前期末の関東における人口減少とそれに関する諸現象
　　　　　　……今村啓爾
石器製作に於ける微細石片の研究
　　　　　　……久保田正寿
なすな原遺跡における縄文集落の構造と変遷……新津　健
東京都池袋貝塚について
　　　　　　……岡本　勇
青梅市新町出土の石器群について
　　　　　　……伊藤博司
貝庖丁の製作技法について
　　　　　　……横山昭一
火災住居址からみた住居空間考（覚書）……村田文夫
東国古墳出土の有茎平根鉄鏃について……池上　悟
横穴墓の造形手法と手順
　　　　　　……高麗　正
加生沢遺跡の問題点と石器比較論
　　　　　　……紅村　弘
青森県亀ヶ岡出土の編布について
　　　　　　……渡辺　誠
甕棺と甕棺墓……三野和雄
東三洞貝塚と動物遺存体資料
　　　　　　……金子浩昌・中山清隆
カリフォルニア先住民の生態学的類型……関　俊彦

◆研究ノート　創刊号　茨城県教育財団　1991年7月　B5判　135頁
茨城の先土器時代遺跡
　　　　　　……先土器時代研究班
茨城県における縄文時代早期の住居跡形態について
　　　　　　……縄文時代研究班
茨城後期弥生式土器編年の検討（1）十王台式土器について
　　　　　　……弥生時代研究班
茨城県内における古墳時代前期の遺跡について…古墳時代研究班
8世紀末〜9世紀前半の器種構成について
　　　　　　……奈良・平安時代研究班
中世の竪穴遺構について
　　　　　　……中・近世研究班
長峯式土器について……海老澤稔
茨城県内における奈良・平安時代の土器（I）……浅井哲也
常陸地方出土のI期の須恵器の性格について（下）……土生朗治

◆研究紀要　第10号　群馬県埋蔵文化財調査事業団　1992年11月　B5判　278頁
槍先形尖頭器の変容過程
　　　　　　……関口博幸
群馬県における縄文時代早期末から前期初頭土器群の様相
　　　　　　……藤巻幸男
群馬県域における縄文時代前期後半の居住形態……木村　收
炉かカマドか……外山政子
赤城山南麓における群集墳成立過程の分析……鹿田雄三
上野地域における装飾付大刀の基礎的調査……徳江秀夫
上野国窯業考（序）……木津博明
西上野における古瓦散布地の様相
　　　　　　……川原嘉久治

◆国立歴史民俗博物館研究報告　第45集　国立歴史民俗博物館　1992年12月　B5判　553頁
古代の内神について……平川　南
蕪木5号墳出土金銅製遺物の自然科学的研究……田口　勇・杉山晋作・斉藤　努

◆国立歴史民俗博物館研究報告　第46集　国立歴史民俗博物館　1992年12月　B5判　313頁

古代・中世の鋳鉄鋳物
　　　……………………五十川伸矢
甕倉出現の意義…………菅原正明
大窯期出現の意義………藤澤良祐
壺・甕はどのように利用されてきたか……………………荻野繁春
近世における肥前陶磁の流通
　　　………………………大橋康二
◆研究紀要　第9号　埼玉県埋蔵文化財調査事業団　1992年10月
B5判　186頁
若宮遺跡出土土器群の再検討
　　　………宮崎朝雄・金子直行
将監塚遺跡・古井戸遺跡における羽状縄紋を有する加曾利E式土器……………………橋本　勉
土偶の破損…………濱野美代子
鍛冶谷・新田口遺跡出土土器の分析―前編―…………福田　聖
古墳時代馬小考………山川守男
出現期模倣杯の検討（一）
　　　………大屋道則・中村倉司
掘立柱建物の機能と構造
　　　…………………………昼間孝志
郡家造営事始め…………田中広明
板碑の廃棄に関する基礎的研究
（一）………………………宮瀧交二
◆考古学雑誌　第78巻第2号　日本考古学会　1992年12月　B5判
128頁
縄文時代の社会構成（下）
　　　……………………勅使河原彰
古代の錠前・鍵…………合田芳正
◆青山史学　第13号　青山学院大学文学部史学研究室　1992年11月
B5判　286頁
支石墓の起源…………千葉基次
古代東国における瓦生産と工人の動向……………………清水信行
いわゆる鑷（クルリ鍵）について
　　　…………………………合田芳正
広島県姫谷窯の生産技術について
　　　…………………………関口広次
東インドネシア、ティモール島における環状石積遺構…江上幹幸
◆大学院紀要　第29号　法政大学
1992年10月　B5判　336頁
北方系削片系細石器群と定住化仮説…………………………佐藤宏之
◆史学　第62巻第1・2号　三田史学会　1992年11月　B5判　212

頁
弥生時代水田の立地と面積
　　　………………………安藤広通
◆考古学論究　第2号　立正大学考古学会　1992年9月　B5判
120頁
縄文時代の琥珀…………吉田　格
遼金古銭考………斎藤武一
先史カリフォルニア文化の推移
　　　…………………………関　俊彦
荼毘に付された人々…村田文夫
上野・切石石室小考…上野恵司
◆考古論叢神奈河　第1集　神奈川県考古学会（平塚市北金目1117
東海大学文学部考古学研究室内）
1992年5月　B5判　106頁
ナイフ型石器の形式学的基礎研究
　　　…………………………服部隆博
甕のような高杯………西川修一
弥生時代の石皿と磨石…浜田晋介
中世、14世紀かわらけの変遷
　　　…………………………宗䑓秀明
◆名古屋大学文学部研究論集　史学38　名古屋大学文学部　1992年
3月　B5判　344頁
縄文時代の下呂石の交易
　　　………………………山本直人
シベリア・中央アジアにおける漢代以前の鏡について…村上恭通
◆滋賀考古　第8号　滋賀考古学研究会　1992年9月　B5判66頁
中世村落の構成と変容…新藤　武
滋賀県下におけるカマドの導入と普及……………………宮崎幹也
カマドからみた集落の構成について…………………………近藤　広
中主町・木部天神前古墳の調査
　　　…………………………辻　広志
郡庁の変遷と近江の郡衙
　　　…………………………雨森智美
弥生時代後期の特殊な掘立柱建物
　　　…………………………佐伯英樹
◆考古学史研究　第1号　木曜クラブ（京都府城陽市寺田垣内後16
―303　内田好昭方）　1992年11月
B6判　90頁
小林行雄の＜様式＞概念の変化
　　　…………………………伊藤　順
「様式」と「形式」・「型式」
　　　…………………………福田　敬
形式から形態へ…………網　伸也

森本六爾と青銅器文化…田中久雄
森本六爾の「クッシ」…広瀬繁明
◆古代文化　第44巻第10号　古代学協会　1992年10月　B5判54頁
北シリア，バリーフ川流域新石器時代の鎌刃に関する一考察
　　　………………………西秋良宏
古代河内における開発の一様相
　　　………………………中西康裕
ポンペイ出土のオスク語銘文
　　　…………………………坂井　聰
愛媛県宇和町出土の蕨手刀について…………………………佐藤宗男
◆天理参考館報　第5号　天理大学出版部　1992年10月　B5判
207頁
土器伝播のもうひとつの路
　　　…………………………紙村　徹
アジアの馬面…………巽　善信
廣開土太王碑辛卯年の再検討
　　　…金　昌鎬・竹谷俊夫　訳
◆考古学研究　第39巻第3号　考古学研究会　1992年12月　A5判
138頁
吉備の中期古墳の動態…宇垣匡雅
西日本出土の飛鳥・奈良時代の畿内産土師器…………林部　均
英国のガン・フリント産業と考古学……………………西秋良宏
◆古文化談叢　第28集　九州古文化研究会　1993年3月　B5判
238頁
長者久保・神子柴文化並行段階の九州……………………綿貫俊一
南九州縄文草創期資料の新旧関係
　　　…………………………雨宮瑞生
日韓の出土五銖銭・第2報
　　　…………………………小田富士雄
大分県宇佐郡安心院町宗禅寺古墳出土の韓式系軟質土器について
　　　…………………………〆野勝教
都へ行った土器………中島恒次郎
山口県防府市における経塚遺物新例……………………吉瀬勝康
韓国・礼安里古墳群の階層構造
　　　…………………………武末純一
義城長林洞古墳群の研究
　　　…………………………木村光一
盛矢具考…崔　鍾圭・定森秀夫　訳
北魏・隋代の塔基と出土舎利容器
　　　…………………………長谷川道隆

■考古学界ニュース■

編集部編

─────九州地方

種子島から3万年前の礫群 鹿児島県熊毛郡南種子町の横峰遺跡で，南種子町教育委員会による発掘調査が行なわれ，約3万年以上前の旧石器時代後期の礫群が発見された。同遺跡は標高120mの台地上にあり，直径約70cmの礫群が2基出土した。石が焼けていることから調理場の役目をしていたとみられる。石器は出土しなかったが，礫群からみつかった炭などを学習院大学へ送り，放射性炭素で年代測定を行なったところ，約2万8千年～約3万1千年より古いという結果が出たもの。

朝顔形や円筒形埴輪 宇佐市教育委員会が発掘調査を行なった同市の川部遺跡（駅館川右岸）で5世紀後半ごろの朝顔形円筒埴輪や円筒埴輪など十数点が発見された。川部遺跡は方墳14基と円墳16基からなるもので，円墳は南側を中心に遺跡全体に，方墳は北側の免ヶ平古墳の周囲に分布する。埴輪はこのうち3基からみつかったが，うち2基は少量で，大部分は免ヶ平古墳の東側150mにある一辺9mの1号墳（方墳）から出土した。埴輪は朝顔形が5点（完全復原品2点，高さ68cm），円筒埴輪7点（完全復原品3点，高さ45cm），家形埴輪1点（寄せ棟形式），土師器（高坏）1点。1号墳は盛土がもともと低い上に後世の開墾で削られ，幅1～1.5m，深さ30～40cmの周溝しか残っていなかった。溝に沿って墳丘裾部に並べられた埴輪は，四隅に朝顔形を，その間に2本の円筒形を並べたと推定される。

弥生後期の大型建物跡や木製品 福岡市博多区の福岡空港内（西南端）にある雀居（ささい）遺跡で福岡市教育委員会による発掘調査が行なわれ，弥生時代後期の大型掘立柱式建物跡など20棟余りの建物群や多くの木製品が出土した。大型建物跡は環濠のすぐ内側でみつかったもので，南北約9m，東西約7mの規模が推定される9個の柱穴が並び，中央には棟持柱がある。柱穴は1.4m四方で深さは推定1m以上とみられ，大型（長さ80cm，幅50cm，厚さ7cm）の礎板を伴うなど建築技術の高さと規模の大きさからみて高殿か居館，あるいは楼観と推定される。この大型建物跡の南側からは4～8個の柱穴を持つ建物群が出土し，柱は多角形に製材されていた。木製品には木の鍬や鋤，エブリ，杵などの農具と把手付槽，鉢，杓子形木製品などの生活用具，丹塗りの刳抜式案，組合式案，刳物の鉢，丹塗り高坏，丹塗り盆などの祭祀用具，さらに丹塗りの木甲，木鏃など多数あり，低湿地のためいずれも保存がよい。さらに縄文時代晩期終末夜臼式土器期の遺構からは刃の部分に柄がついた平鍬，諸手鍬，板の付いたエブリ，完形品の鋤，槽，長さ約1.5mの竪杵，柄の付いた完形の石斧，赤と黒の漆を使って中国南方系の文様が描かれた木製品（弓の一部か再加工品）などがみつかった。

縄文晩期の稲作集落 福岡県粕屋郡粕屋町の江辻遺跡で粕屋町教育委員会と福岡県教育委員会による発掘調査が行なわれ，縄文時代晩期夜臼式期の，朝鮮半島と同型の円形竪穴住居跡が発見されるなど，初期の稲作集落の実態がはっきりわかる重要な発見となった。直径4～6mの円形竪穴住居跡が11棟みつかったが，韓国忠清南道の松菊里遺跡など朝鮮半島南部に多くみられる「松菊里型住居」（中央に楕円形の穴があり，その両脇に柱穴が1基ずつある）とよばれるものも含まれていた。また最大のもので幅約1.8m，長さ約10mある掘立柱式建物跡5棟がみつかったが，柱の太さや間取りからみて高床式の倉庫と推定されている。さらに集落の内部には幅50cm前後，深さ30～60cmの溝が縦横に掘られており，集落の中央部分には広場らしい遺構も確認された。同遺跡から水田跡はみつかっていないが，稲籾圧痕がついた土器片や大陸系の磨製石器も出土しており，日本列島で稲作が始まったばかりの時期の集落跡である可能性が強い。

─────中国地方

茶臼山古墳を101年ぶりに調査 古墳時代最大の鏡（直径44.8cm）を出土した山口県柳井市の国史跡・柳井茶臼山古墳の石室清掃確認調査が東京国立博物館本村豪章氏を団長として行なわれた。同墳は前期タイプの大型前方後円墳で，明治25年に鼉龍鏡や四神四獣鏡などの鏡や多数の武器類が偶然発見されたものである。石室の構造などは出土から約30年後に，梅原末治氏によって行なわれた聞き取りによる記録しかなく不明確な点が多かった。101年ぶりの調査の結果，主体部は墳丘主軸に並行する墓壙に納められた竪穴式石室で，全長約6m，幅約1.2m。天井石はすべて外され，壁面は一部を除きかなり崩落した状況であった。床面には粘土を敷詰め，その上に木棺を安置した構造と考えられる。石室内部からは新たに鉄剣2，鉄刀1，勾玉3，管玉1，刀子数点のほか，銅鏡細片若干が出土した。

銅山の労役に女性も従事 平成2，3年に山口県美祢郡美東町の長登（ながのぼり）銅山跡から出土した8世紀の木簡75点を検討していた美東町教育委員会の長登銅山跡発掘調査指導委員会は銅の製錬作業に女性が従事していたことを示す木簡が含まれていたことを明らかにした。1点は檜製で，長さ8.4cm，「□女□□」（表）「卅

六斤枚一」（裏）とあり，女性が鋳造した銅の生産量を示すものらしい。また炭の納入記録簿として使われた他の1点には「忍海部志豆米」とあり，これも女性の名前とみられる。労働力不足をカバーするために女性が動員されたと考えられるが，このことは律令制とのずれを示すものだけに注目されている。

縄文後期の農耕用石器 岡山県古代吉備文化財センターが発掘調査を行なっていた総社市の南溝手遺跡から縄文時代後期中葉の石器4点が出土，農耕に使われた穂摘具と打製土掘具とみられている。穂摘具は2点あり，1点が長さ10.5cm，最大幅3.5cmで厚さ1cm，鎌形をしている。もう1点は長さ7.5cmの半月形。2点とも薄く平たい形や磨耗の光沢跡がわずかにみられることなどから穂を摘み取る石器と推定されている。また土掘具は長さ9.5cmと11.0cmで，斧としては形が小さく重量も軽い，土を耕した時にできる磨耗痕があることなどから用途が推定された。同遺跡では先に同じ層から出土した土器から稲のプラントオパールが検出されており，縄文後期の稲作の可能性もでてきた。

――――――――四国地方

石室内から原形を保つ木棺 松山市北梅本町にある潮見山古墳群の南西に隣接した小さな丘（通称小山）の上から古墳が発見された。この古墳の石室内部は，遺存状態が良好で，木棺2基がほぼ原形で残されていることが推定されている。天井石の隙間の直径20cmほどの穴を通して撮影したカラー写真を松山市教育委員会が検討した結果，石室は長さ約3〜4m，幅約1.2m，高さ約2m程度で，壁面は20〜50cm大の自然石を積み上げて構築している。木棺

は，組合式のものが想定され，東西方向に並べて置かれている。奥壁の近くには子持高坏や高坏，有蓋壺などの須恵器が並べられている。木棺が腐朽しないで残っていたのは極めて珍しく，また木棺の副葬品なども当時の葬送のまま残されている可能性が高い。

――――――――近畿地方

弥生の墓から鳥形木製品 四條畷市江瀬美町の雁屋遺跡で四條畷市教育委員会による発掘調査が行なわれ，弥生時代中期の方形周溝墓から鳥形木製品が発見された。この木製品は10m×14mの方形周溝墓の西側周溝内から墓前祭に使われたとみられる土器類と一緒にみつかったもので，長さ18cm，幅3.5cmのノグルミ製。頭部は楕円形で，くちばしには浅い切り込みがあり，腹部には約1cm四方の穴が開けられて木の棒に差し込まれていたことがわかる。これまでに発見された弥生時代の鳥形木製品20数例はすべて集落跡から発見されており，墓から出土したのは初めての例。弥生時代の鳥形木製品は農耕儀礼にだけ使われていたと考えられていたが，今回の発見は当時すでに鳥が死者の霊を運ぶという観念が存在していたことを示している。

「東大之寺」の木簡 奈良市雑司町の東大寺大仏殿中門前から「東大之寺」と墨書された木簡が出土した。奈良県立橿原考古学研究所が発掘調査を行なったところ，大仏殿を建立する以前の大量の木屑層から木簡3点が出土，うち1点（長さ約26.6cm）に「東大之寺尊僧志尺文寺得□」の墨書があったもの。「東大之寺」の名称は「正倉院文書」の天平19年12月にたった1回記録があるだけで，「東大寺」の寺名が表われるのは天平20年（748）に設けられた「造東大寺司」が最初。木簡の文字は

「東大寺」に固定する以前に複数あった呼び名の1つとみられる。さらに大仏殿の回廊にほぼ並行に沿って石組み溝が発見された。東西6m，南北4m以上で，幅約42cm，深さ約10cmあり，奈良時代前半の地層からみつかった。この溝のそばからは銅や錫の破片などが検出されたことから小さな仏像などを造った場所とみられている。

古墳前期の豪族居館 奈良市教育委員会が発掘調査を進めている同市菅原町の菅原東遺跡で濠をめぐらした古墳時代前期の豪族居館跡がみつかった。濠は幅約6m，深さ1〜1.5mのL字形のもので，以前の発掘結果と合わせると一辺約50mの方形に巡っていることがわかった。周濠の東辺ほぼ中央には濠を渡る幅3mの土橋が設けられ，南辺には長さ約4m，幅約7mの張り出し部があり，祭祀に使われたとみられる。また濠の内部や周辺には井戸が4基検出された。一方，周濠で囲まれた区画には一辺4〜6mの方形の竪穴住居2棟が検出され，濠からは車輪石やガラス玉などが出土した。同遺跡の北東には時期を同じくする佐紀盾列古墳群があることから5世紀代に大王家と姻戚関係をもった和珥氏か，または東方約120mに埴輪を焼いた窯跡がみつかっていることなどから土師氏（のちに菅原氏）の居館でないかとみられている。

大型の木製埴輪盾 天理市上総町の御墓山（おおばかやま）古墳で天理市教育委員会による発掘調査が行なわれ，周濠内部から古墳時代後期の大型盾形や鳥形をした木製埴輪がみつかった。同墳は全長約67mの前方後円墳で，今回の調査では前方部の墳丘裾で幅8m，深さ40cmの周濠が長さ約25mにわたって発見され，木製品25点が出土した。盾形製品は全

113

■考古学界ニュース■

長 2.65m もある大きなもので幅は約 48cm。石見型と呼ばれるタイプで，橿原市の四條古墳から出土したものと同形だが２倍くらいの大きさがある。鳥形製品は全長約 1.7m，幅約 32cm で４点あり，平面形をなす。真中に穴があいており，柱の先に差し込んで使ったとみられる。残りの20点は大きなもので長さ約３mの細長い板状の木製品で，建築部材との見方もある。ほかに多数の埴輪片や葺石などもみつかった。

―――――――中部地方

木製埴輪の一部　５世紀前半以前に築造されたとみられる若狭地方最大の前方後円墳・上ノ塚古墳（福井県遠敷郡上中町脇袋）で福井県立若狭歴史民俗資料館による発掘調査が行なわれ，木製埴輪の一部とみられる木柱が発見された。この木柱は高さ 133cm，直径 19cm で，先端には笠などが付いていたとみられる。木製埴輪は近畿地方を中心に40数ヵ所ほどの出土例があり，北陸では同町松塚古墳などに次いで３例目で，畿内の影響が強く感じられる。このほか，幅３mにわたって敷き詰められた葺石の確認により，これまで全長 90m とされていた同墳は100m ほどの規模を有することもわかった。同墳は脇袋古墳群の１つで，若狭国造であった膳臣一族の墳墓とみられている。

河川跡から人面墨書土器　磐田市中泉の御殿・二之宮遺跡で同遺跡調査会による第６次発掘調査が行なわれ，古墳時代から平安時代にかけての河川跡から人面墨書土器や人形代，斎串，刻書木簡などの木製品が発見された。この河川跡は幅 10m，長さ 60m で，北西から南東にかけて流れていた。人面墨書土器は８世紀後半の土師器甕・鍋に書かれており，うち４点は完形品。刻書木簡は幅３cm，長

さ 33cm で，表に「久米郷」，裏に「大一」「大」が刻まれていた。「久米郷」は磐田郡久米郷をさし，「大一」は陰陽道における語句とみられ，「厨」の墨書土器や各種形代の出土から，公けの祭祀が行なわれた跡とみられる。

―――――――関東地方

イノシシ形土製品など　市原市文化財センターが発掘調査を進めている市原市能満の能満上小貝塚遺跡で縄文時代中期〜晩期の住居跡30軒と弥生時代後期の木棺墓が発見され，縄文晩期の住居跡からはイノシシ形土製品や手燭形土器，ミミズク形土偶，土版，円形土製品，耳飾，石製垂飾などの遺物がまとまって出土した。とくにイノシシ形土製品は高さ 7.4cm，長さ 16.0cm で，尾と前足が欠けているほかはほぼ完形で，明らかにイノシシとわかる稀有なもの。体部にI字文を施している。また手燭形土器は長さ 12.4cm で，ミミズク形土偶とともに赤色顔料が塗られていた。出土例の少ない遺物がこれだけまとまって出土したことから祭祀的な遺構と考えられている。

塩古墳群の主墳は前方後方墳　埼玉県大里郡江南町教育委員会が発掘を続けている同町塩の塩古墳群で，主墳の狸塚１号墳は墳丘の外周や溝の形から前方後方墳であることがわかった。また後方部北側の周溝の中からは五領式の土師器壺（有段口縁壺）の上部もみつかり，４世紀の古墳と推定された。同墳は墳長約 36m，後方部長約 23m で，主軸は南北方向よりやや西にずれている。また周溝は後方部で幅約 8m，前方部幅 2m で，幅は異なっていた。現在残っている墳丘の高さは 3.8m。さらに１号墳北隣の３号墳は一辺約 21m の方墳で，また７号墳から出土した五領式土器の壺口辺部は

１号墳出土の土師器より古い時期とみられる。同古墳群は昭和35年に県指定史跡となった時は円墳，方墳，前方後円墳などの各形式がそろった珍しい例とされたが，今回の調査で前方後方墳を主墳とする方形周溝墓群という説も有力になってきた。

生出塚遺跡から粘土採掘跡　鴻巣市教育委員会が昭和54年以来発掘調査を続けている同市天神の生出塚（おいねづか）遺跡で埴輪製作の原料となった白色粘土の採掘跡が初めてみつかった。同遺跡ではこれまで６世紀代の埴輪窯跡38基，埴輪工房跡１基，竪穴住居跡９軒，古墳跡16基が発見され，大規模な埴輪製作跡だったことが確認されていたが，その原料である粘土がどこで採掘されたか不明だった。今回発見された採掘跡は 10m×3.5m の半円形で，粘土層の厚さは約１mあり，極めて上質の白色粘土。道路や住宅にはばまれて全容はわからないが，かなり大規模なものとみられる。また窯跡が舌状支台の斜面を利用して作られているのに対し，採掘跡はその台地部分に当たる。さらに埴輪の破片も数多く出土したが，これは採掘後，埴輪の捨て場として二次使用されたものらしい。荒川流域の古墳の埴輪供給源であったとみられるが，同遺跡から北方へ３km に位置する埼玉古墳群との関連性も指摘されている。

７世紀の大型方墳　栃木県河内郡上三川町教育委員会が発掘調査を進めている同町多功の多功大塚山古墳はこれまで円墳と考えられていたが，一辺約 53m の大型方墳であることがわかった。埴輪が出土していないことなどから７世紀の築造とみられる。県内の７世紀の方墳は，同墳から約 600m 南にある多功南原遺跡で一辺 28m のものが発見されているのみで，古墳の変遷をたどる上で重要な発

見となった。また墳丘部からは凝灰岩を用いた横穴式石室および前庭部が発見された。石室は破壊をうけていたが，切石積石室であることは推定された。同墳が下野薬師寺から北に約1kmという近さにあることも注目される。

後期旧石器時代の礫群　群馬県勢多郡新里村武井の武井遺跡で新里村教育委員会による発掘調査が行なわれ，約2万5千年前の後期旧石器時代の礫群10ヵ所などが発見された。現場は昭和29年に明大考古学研究室が発掘調査した部分の南西部約2haで，石器としては水晶製スクレイパー3点，槍先形尖頭器やナイフ形石器など約12,000点にものぼる。礫群はこぶし大の石を百数十個敷き詰めたもので，大きなものでは直径が約2mあった。主に安山岩製で，焼けた石も混じっており，調理か祭祀に使われた可能性もある。1遺跡でこれだけ大規模な遺構が良好な状態でみつかったのは珍しい。

縄文後期の土製仮面　群馬県邑楽郡板倉町飯野の本遺跡で縄文時代晩期の住居跡から土製仮面（土面）が出土した。本遺跡は利根川に近い所で，これまでに縄文時代後期，晩期の住居跡や土壙墓を検出し，耳飾り10点，石釧1点，ペンダント4点，土器片などが発見されている。土面は10cm×10cmで厚さ約1cm。左目から口の部分が欠けているが，目鼻ははっきりわかり，右目の下と頬に沈線が2本彫られている。顔にかぶる大型仮面に分類されるもので，東北地方に中心をもつ土面が群馬県で発見されたのは初めて。

────────東北地方

江戸時代の代官所跡　岩手県上閉伊郡大槌町教育委員会が予備調査を行なっていた同町上町の大槌小学校の校庭で江戸時代の代官所跡が発見された。現場は大槌小学校庭の東端で，南北に1間間隔で並ぶ40cm四方の礎石が3個みつかり，近くから「寛永通宝」などの貨幣や幕末期とみられる陶器片，かんざしと推定される銅製品などが出土した。絵図や文献により盛岡藩が寛永9年（1632年）に設置し，明治2年の廃止まで約240年間続いた大槌代官所の跡と推定される。諸藩の代官は藩によって組織や機能が異なっており，建物の配置などはほとんどわかっていないだけに，今後の本格的な調査が待たれている。

────────北海道地方

「の」の字状石製品か　小樽市教育委員会が発掘調査を行なった市内手宮2丁目の手宮公園下遺跡で道内では初の「の」の字状石製品に類似した石製品が見つかった。同遺跡は縄文時代前期末～中期初頭の遺跡で，大溝（幅10m）が検出され，土器・石皿など約29万点の遺物が出土した。石製品は大溝の中から検出され，暗緑色の滑石製。直径3.8cmの環状で一部が欠けており，紐擦れの痕もあり，垂飾と思われる。これまで「の」の字状石製品は全国で数例が知られ，蛇紋岩製のものが多い。時期的には，いずれも縄文時代前期から中期にかけてといわれるもので本例と共通するが，Vの字状の切れめや周囲に小孔がある点など異なる点もあり，本州の例との関係が興味を引かれる。

────────学界・その他

人の動き（順不同）
加藤晋平氏　國學院大學文学部教授
岩崎卓也氏　東京家政学院大学人文学部教授
山本忠尚氏　天理大学文学部教授
高橋　護氏　ノートルダム清心女子大学家政学部教授
長山雅一氏　流通科学大学教授

岡崎晋明氏　竜谷大学文学部助教授
佐原　真氏　国立歴史民俗博物館副館長（企画調整官）
河原純之氏　奈良国立文化財研究所埋蔵文化財センター長
　新史跡の指定　文化財保護審議会（鈴木勲会長）は4月16日，7件を国の史跡にするよう森山真弓文部大臣に答申したほか，国宝，重要文化財の指定も答申した。
＜史跡＞
　御所野遺跡（岩手県一戸町），里浜貝塚（宮城県鳴瀬町），相模国分尼寺跡（神奈川県海老名市），谷戸城跡（山梨県大泉村），安満遺跡（大阪府高槻市），金石城跡（長崎県厳原町），先島諸島火番盛（沖縄県平良市，石垣市，竹富町，与那国町，城辺町，多良間村，下地町）
＜重要文化財＞　考古学関係のみ
　木製漆塗彩色金銅種子装五輪塔（愛知県稲沢市性海寺），江別太遺跡出土品（北海道江別市），老洞1号窯跡出土品（岐阜市），石槨（静岡県伊豆長岡町），特殊器台（岡山県），割竹形石棺（香川県善通寺市）

　上海博物館展　6月29日より東京・上野の東京国立博物館で開かれている（8月22日まで）。故宮博物院，南京博物院と並んで中国の三大博物館の一つとして知られている上海博物館のコレクションの中から，青銅器31件，玉器11件，陶磁器26件，漆器類6件を含む126件が展示されている。主な展示品には良渚文化の玉琮，商時代の玉人，290字に及ぶ銘文を伴う西周時代の大克鼎，春秋時代の鳥獣龍紋壺，明代の青花折枝椿文双耳扁壺（景徳鎮窯）などがある。

　板碑のシンポジウム　川崎市市民ミュージアム（川崎市中原区等々力3049―1）は開館5周年を記念して9月11日，12日の両日，シンポジウム「石に刻まれた中世―武蔵型板碑とその周辺」を開催する。往復葉書による申込が必要。

115

第 2 回
雄山閣考古学賞　受賞図書発表

● 考古学賞 ●

橋本久和著

『中世土器研究序論』

真陽社発行
1992年12月

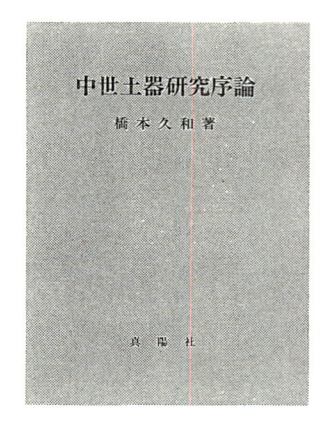

選考過程

　雄山閣考古学賞選考委員会は，平成4年に刊行された著作を対象とし，全国から推薦された候補33点について慎重かつ厳正に選考した結果，「第2回雄山閣考古学賞」を橋本久和著『中世土器研究序論』（真陽社刊）に決定した。

　橋本久和氏は，昭和50年代の後半，中世土器の研究を志向する同学の士と共に，“中世土器研究会”を組織して，月例会をはじめ全国規模の研究集会の開催，『中世土器研究』『中近世土器の基礎的研究』を編集・刊行し，従来未開拓であった中世土器の研究を全国的に惹起する役割を果たしてきた。本書は，かかる橋本氏の中世土器論を現時点において総括した意欲的な労作であると同時に，中世土器の先駆的研究として注目される。

　その構成は，西日本，とくに大阪北部および瀬戸内地域における中世土器の実態解明を意図した諸論と，さらに瀬戸内地域に搬入された瓦器椀のあり方を検討した諸論，加えて中国南部の陶磁器とその窯場をめぐる予察的諸論からなっている。

　考古学的手法と視点に基づく中世史の研究には，広い流通の範囲をもつ土器・陶磁器と，限定された地域に分布する在地生産土器のそれぞれのあり方を知ることが不可欠であるが，本書は西日本を例にとって中世土器を明らかにしたものであり，まさに如上の領域にそった労作であると言えよう。

　中世土器の研究は，究極的には中世史の考古学的研究の一つの基礎を構築するものであるが，本書は中世土器の生産と流通が，有力な権門・寺社に従属することによって可能であったことを指摘し，中世における多くの手工業生産のあり方と軌を一にしていたことを主張している。

　このような土器の研究を基礎として中世史そのものの理解へと展開していく方法は，まさに明日の“中世考古学”確立への一駒として誠に意義深いものがある。

　著者は，本書を『中世土器研究序論』と名付けている。本書を出発点として，より視点を拡大し，中世さらには近世史の考古学的研究を遂行されることを期待したい。

　以上のごとく，本書は，未開拓であった中世土器の闡明に敢然として立ち向かった著者の軌跡とその成果であり，その独創性が高く評価される。

（選考委員・坂詰秀一）

目　　次

第1章　研究史と課題
　1研究史
　2文献史学との関係
　3今後の方向
第2章　西日本における古代から中世への転換期
　1はじめに
　2回転台土師器と黒色土器
　3各地域の概要
　4まとめ
第3章　畿内周辺の回転台土師器
　1はじめに
　2各地の回転台土師器
　3まとめ
第4章　各地の中世土器
　1はじめに
　2畿内とその周辺
　3中国・九州
　4まとめ
第5章　瓦器椀研究をめぐって
　1はじめに
　2瓦器椀研究における地域論
　3瓦器椀研究と黒色土器
第6章　中世後期の土器・陶磁器研究
　1はじめに
　2研究史
　3まとめ
第7章　中世土器の製作技法
　1はじめに
　2採　土
　3成　形
　4瓦器椀の調整
　5瓦器椀の焼成
　6まとめ

第8章　古代後期・中世の土器
　1はじめに
　2古代後期の編年
　3中世の編年
　4まとめ
第9章　瀬戸内の中世土器
　1はじめに
　2吉備地域の編年
　3吉備系土師器椀の製作技法
　4吉備系土師器椀の分布
　5沖の店1号窯と出土土器
　6西部瀬戸内
　7東部瀬戸内
　8まとめ
第10章　土器研究と陶磁器
　1はじめに
　2緑釉・灰釉陶器
　3中国陶磁
　4須恵器
第11章　瓦器椀の分布
　1はじめに
　2畿内の瓦器椀
　3西日本出土の畿内産瓦器椀
　付　瓦器椀出土遺跡文献等
第12章　土器研究と中世社会
　1古代土器の変化
　2中世土器の生産と流通
　3今後への展望
付編　中国南部の陶磁器窯
　付編(1)中国古代貿易陶磁の問題
　付編(2)古泉州地区の貿易陶磁器について
　付編(3)福建の青磁・白磁覚え書
　付編(4)中国陶磁器の窯跡を訪ねて

　中世土器の研究は難解な分野であった。それは画一的な古代の土器が姿を消したあと，畿内では瓦器椀が，東海地方では山茶椀が，山陽地方では吉備系土師器椀という地域色の強い土器が出現したためである。また，土器生産そのものが低調な地域もある。このため，中世土器の研究は，まず各地域の土器様相を明らかにし，それらの並行関係を知ることが基礎的な研究である。

　本書では，まず畿内・瀬戸内地域の土器様相とその編年試案を提示し，畿内産瓦器椀の分布状況から土器流通の実態を明らかにした。このような土器研究をとおして中世社会を考えようとするのが本書の目的である。

（同書「はじめに」を要約）

3　今後への展望

(1)　画期の評価

　土器様相の変容から幾つかの画期を指摘することができる。①は黒色土器とe手法による土師器杯が顕著となる9世紀後半。②は黒色土器B類椀と「て」字状口縁の土師器皿の出現する10世紀中頃。③は瓦器椀や吉備系土師器椀の出現する11世紀中頃ないし後半。④は広域流通品の顕著となる12世紀後半。⑤は瓦器椀や吉備系土師器椀の消滅する14世紀中頃ないし後半である。これらの画期について筆者なりの位置付けをしておこう。

　古代末　①・②の時期を律令国家から中世国家へ移行する過渡期的な「王朝国家」期ととらえることも可能である。畿内では，③以降の土器様相に先行する形態がすでに存在し，律令制を基礎とする古代とは異なる土器生産体制といえる。ここでは，前述のように生産や原材料の掌握から，平安京を中心とする古代的土器生産体制の最終局面ととらえ「古代末」とする。

　中世の開始　すでに②の時期に萌芽がみられるが，③の時期には土器生産と流通において，権門・寺社・国衙などとの関係は更に顕著となる。このような生産体制を古代末期と認識する立場もあり，東播の須恵器や瓦生産の論議にみられる。瓦生産では，11世紀初めの藤原道長の法成寺造営に際し，亀岡市篠町王子A号窯の瓦が使用されている。これを契機にして，その費用を地方の弁済の形をとったのに対し，11世紀前半段階から瓦そのものの搬入へと変化し，そのあり方が摂関家と木工寮工人との私的従属や国司との私的関係から始まったと近藤喬一が指摘しているように，国衙の瓦・土器生産への介入は従前とは質的に異なっている。このような，権門などとの従属関係は畿内の土器様相からも想定されるが，吉備系土師器椀における一定の地域色など地方勢力を背景とする在り方も検証できるものと考える。また，西日本的に焼成をはじめ，土器様相が大きく変容する時期であり，分類や編年という考古学的方法による時期区分とも整合性があり，「中世」の開始とみる。

　中世の展開　④から⑤へは，権門などを背景とした生産と流通が活発となる「中世」土器の展開期である。権門勢力の後退という政治的動向が瓦器椀分布に反映される面もあるが，東播系須恵器鉢にみられる商品的土器生産と分布の拡大は，この時期の経済的発展を示すものである。また，商人や専門的運送業者のかかわりから「流通」という用語がふさわしくなる。

　中世（前期）の終焉　⑤の時期は瓦器椀や東播系須恵器の生産がいっせいに収束に向かい，常滑窯製品の西日本からの撤退が象徴的である。このような現象を，備前窯に代表される新たな製品が東播系などを淘汰すると考えるのは納得できない。中世の土器生産を保障した権門・寺社勢力が後退した結果，土器生産者は身分的特権を失ったことが大きな要因と理解したい。しかし，瓦器椀から瓦質土器に生産を転化させる傾向は畿内各地にみられる。とくに大和では興福寺の一円領主権を背景に，畿内をはじめ各地に瓦質土器の供給を開始し中世後期に向かう。

(2)　村落論との関係

　中世社会を理解するためには，村落論や墓制論からの検討も重要である。本書では土器論をもとに中世社会を考えたため，遺構について触れることはなかったが，村落の変遷から画期を検討してみよう。

　図5は高槻市における古代から中世後期までの村落の変遷を示したもので，いくつかのタイプに分けることができる。①は嶋上郡衙のように村落が連綿と続く。②は10世紀前半で村落の廃絶する郡家今城遺跡がある。③は11世紀中頃に出現し，14世紀に廃絶する宮田遺跡がある。④は10世紀前後に一度衰退した村

遺跡＼年代	800	900	1000	1100	1200	1300	1400	1500
嶋上郡衙								
郡家今城								
宮　　田								
富　　田								
津之江南								
大　蔵　司								
芥　　川								
上　田　部								
高槻城下層								
安　　満								
中寺・天川								
梶　原　南								
上　　牧								

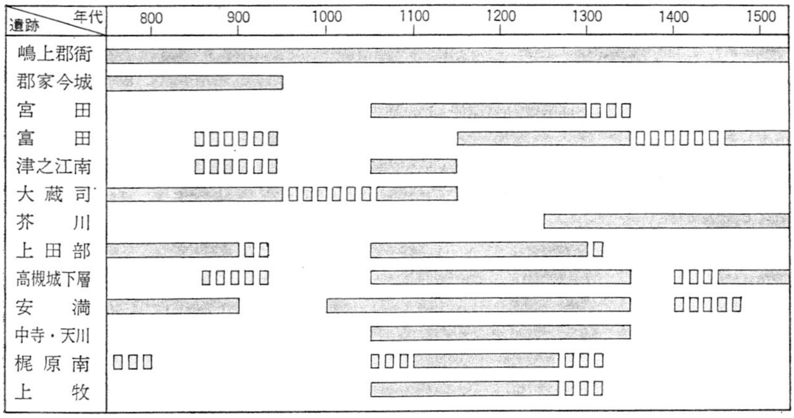

図 5　高槻市における集落の変遷

落が，11世紀中頃に再出現するもので，上田部遺跡・安満遺跡などがある。

中世の村落　郡家今城遺跡は嶋上郡衙の官人居住村落であり，条里に規制された建物群が検出されている。8世紀を中心に営まれ，10世紀の嶋上郡衙荒廃にあわせて廃絶する。8世紀から9世紀の遺跡として大蔵司，上田部，安満，梶原南があり，ほぼ同時期に一旦衰退する。古代村落の衰退後，10世紀には荒地を盛んに再開発する富豪層の姿を志多良神上洛時の歌から想像できる。この時期，大阪南部の和泉丘陵周辺では開発が盛んとなり，数多くの寺院が建設されるというが，大阪北部ではほとんど知られていない。11世紀後半以降の文献には，しばしば「垣内」という文字がみられ，農民層の安定した屋敷地の成立したことがうかがえる。11世紀後半には，一旦衰退した大蔵司，上田部，安満，梶原南の各遺跡が再び出現し，新たに宮田遺跡も出現する。これらは富豪層が不安定耕地を再開発した結果とみられ，おおむね14世紀まで継続する。12世紀には平等院領真上荘や法金剛院領土室荘が史料にみえ，村落の多くは権門・寺社の荘園に編入されていく。また，富豪層の在地領主化が進行し，源平争乱期には土室荘下司が平家家人として内乱に参加している。

　13世紀前後の畿内各地で，幅数メートルの濠をめぐらし，一辺数十メートルの方形に区画された屋敷地が検出されている。和泉市和気遺跡のように城郭研究で複郭式と呼ぶ形態もあり，軍事的性格がうかがえ在地領主の屋敷地とみられる。屋敷地を囲む濠は単に防御だけでなく，農業用水を引き込むという側面もある。守山市横江遺跡や京都市城之内遺跡では，水懸りの良い地点を屋敷地として選び，水利の掌握をとおして村落を支配するという在地領主の在り方を知ることができる。14世紀には，宮田遺跡をはじめ姿を消す遺跡が多い。一方，京都市久我東遺跡では幅3〜5メートルの濠に囲まれ，濠の一辺が130メートル以上を測るものもある。このような遺構を環濠村落とするのか，屋敷地とするのか即断できないが南北朝期の争乱に巻き込まれた京都郊外の様子を知ることができる。

　（3）　まとめにかえて

　土器様相の変容から，律令制を基礎とする古代的土器生産体制の衰退と中世土器の生産・流通には権門・寺社に代表される勢力の影響をみることができた。また，土器様相の画期は村落変遷の画期とも合致していた。このように，土器生産や村落の出現・衰退は自然発生的に起こるものではなく，政治・経済の動向と深く関連していることが判る。奈良盆地の条里制研究から，寺沢薫は11世紀における水田開発をどの時代よりも画期的と評価し，興福寺の一円寺領化を背景に達成されたとみている。このように，中央での政治・経済状況を土器群や村落に反映しやすい畿内と，畿内以外の地域を一律に論じることはできないが，11世紀の土器様相と村落出現は中世社会成立を考えるうえで重要な画期である。

　筆者は瓦器椀研究から出発して中世社会を考えようとした。瓦器椀には在地土器として生産地周辺に供給された面と，広域流通品としての面がある。この二面性の追求は考古学研究からみた中世社会論の出発点であることを問題提起し，とりあえず筆をおくことにする。　　（註は省略）（同書「第12章」の一部を転載）

❀ 考古学特別賞 ❀

日本第四紀学会

小野　昭・春成秀爾・小田静夫編

『図解・日本の人類遺跡』

東京大学出版会発行
1992年9月

選考過程

国際化が叫ばれている今，日本考古学も世界の中で考えなければならない。また，日本のある時代，ある地方を取り上げるときは，前後の時代やよその地方との関連や違いを合わせ考えなければならない。しかし，それは言うのには易しく，行なうのには難しい。

ところが，一冊あれば，容易に視野を広げ，見方を深めてくれる本があらわれた。それが今回，考古学特別賞を受賞した『図解・日本の人類遺跡』である。専門家にとっても初心者にとっても，参考書としても教科書としても有り難い書物であって，日本考古学の研究の現状と問題点とを整理した形で見ることが出来る。その上，この本はページをめくっていると，次々にいろいろな着想が浮かんでくる刺激的な存在でもある。日本第四紀学会の企画と編集者，執筆者，出版社に感謝したい。次に本書のすぐれた特色をのべる。

1.　本書は，旧石器時代から飛鳥・奈良時代にいたる重要事項を鮮明な図・表と適確な解説で示している。例えば，縄紋時代を取り上げると，1時代概説，2道具の組合わせ（a草創期・b早期・c前期・d中期・e後期・f晩期），3石材，4遺跡密度，5食糧資源，6住居と集落，7墓，8呪具と装身具，9抜歯，とわかれている。近年，多くの書物では，他の書物の図をコピイして，安易に印刷原稿に回すことが多い。ところが，本書では新しくトレースした図を用いている。新しく作った図面も少なくない。「資料の洪水」の中から最適の資料を選び出し，縮尺をそろえてこれを配列して製図するという，非常に困難な作業を，これだけ多くのページにわたってなしとげた編集の方々の努力と，出版社側の忍耐・寛容とに頭を下げずにはいられない。墨一色のインクを用いながら，その濃淡を使い分けて，単色図版でありながらも多色刷に近い効果をあげていることも注目に値する。この技術をこれほど巧みに活用した印刷は，日本考古学の出版物として珍しい。

2.　30名以上にのぼる執筆者，製図者の名を見ると，出身大学，所属機関にこだわらず，適任者を選んでいることが分かる。当然そうあるべきでありながら，実際にはそう多くは行なわれていないのが現状である。この本はその点でも新しい本である。それについても編集者に敬意を表し，また沢山の執筆者を抱える困難さを克服した出版社の労苦に感謝したい。

3.　本書に並ぶ書物を世界に求めるならば，イギリスのジャケット＝ホークス女史の Atlas of Early Man と，ドイツのヘルマン＝ミュラーカルペ博士の『先史学ハンドブック』が浮かんでくる。しかし，緻密さと体系化という点で，本書はそれらに優るとも劣らない。本書の英文版ができれば，日本考古学の到達点に世界は目をみはるだろう。

ただ本書は題名で損をしている。人類遺跡とはなにごとであろうか。『原典　図解日本考古学』とでも題すれば，ずっと購買力は高まったに違いない。今回の受賞が機縁となって，広く活用されるようになることを祈る。

（選考委員・佐原　真）

目　　次

I 総　説

II 旧石器時代
  1 時代概説　　　　　　2 道具の組合せ
  3 石材　　　　　　　　4 住居と集落
  5 呪具と装身具

III 縄文時代
  1 時代概説　　　　　　2 道具の組合せ
  3 石材　　　　　　　　4 遺跡密度
  5 食糧資源　　　　　　6 住居と集落
  7 墓　　　　　　　　　8 呪具と装身具
  9 抜歯

IV 弥生時代
  1 時代概説　　　　　　2 道具の組合せ
  3 石材　　　　　　　　4 製塩

  5 遺跡密度　　　　　　6 住居と集落
  7 墓　　　　　　　　　8 祭祀
  9 装身具　　　　　　　10 抜歯

V 古墳時代
  1 時代概説　　　　　　2 古墳
  3 鉄器と木器　　　　　4 土器と埴輪
  5 武器と武具　　　　　6 生産と流通
  7 住居と集落　　　　　8 祭祀
  9 対外交流

VI 飛鳥・奈良時代
  1 時代概説　　　　　　2 都城と官衙
  3 寺院　　　　　　　　4 道具の組合せ
  5 生産と流通　　　　　6 住居と集落
  7 墓　　　　　　　　　8 祭祀

　本書の意図　北海道から沖縄まで，日本列島の全域で展開している発掘調査によって，蓄積された考古資料と情報は膨大な量に達し，いまや資料の大海に溺れるような状況があちこちで出現している。現在強く求められているのは，こうした資料を精選し体系的に整理して解説を加え，時代と対象の性格を明確にし，視覚的に表現することである。

　従来は，特定の時期と地域に展開した典型的な歴史現象を抽出し，それを新しい前進的・質的変化の出現として普遍化させる方法がとられることが一般的であった。しかし本書では，アジア大陸の文化との関連において日本列島の文化を考えることを前提に，時代・時期ごとに地域差を描くことを主題に分布図の提示と解説を行う。そして，日本列島およびその周辺の大陸に展開した原始・古代文化を，時代・時期・テーマごとの共時的時間幅において理解することを目指している。（中略）

　具体的には，時代別を基本に，その中をテーマごとに細分した。旧石器時代から奈良時代までを対象として，最初に時代概説を設け，そのあとに道具の組合せ，住居と集落，墓制，祭祀，生産の5つのテーマを基本として配列してある。解説・基本図・補足図あわせて4頁を基本単位としてグラフィックに示した。

　時代の枠組み　あつかう時代の対象は旧石器時代から現代まで一貫していれば理想である。しかしそれを実現することは理論的に不可能ではないが著しく困難である。そのためには，近代国家が成立して以降の日本の国家，経済，社会，文化各分野において，個々の遺物，遺構，遺跡のあり方が空間的にどのような発現形態をとるのか，それが原始・古代とどこが同じでどこが異なるのかに関する理論化を進展しなければならない。

　遺跡・遺物の層位学および，型式・形態学的研究，遺物の組合せによる編年にもとづいて空間的広がりの中に一定の分布区分を設定する作業は，文字史料のない時代を対象に，考古学の方法として典型的に発達してきた。旧石器，縄文，弥生，古墳時代は実質この方法で究明されてきた。次の律令体制が確立してからも遺跡・遺物の研究方法は基本的に変わらない。しかし，律令制古代国家が確立して国家による領域支配，戸籍・計帳による個別人身支配が貫徹すると，律令国家独自の機構を反映した遺跡や遺物が，特徴的な分布型をもって現われる。都城，城柵や木簡などのあり方はその一例である。（以下略）

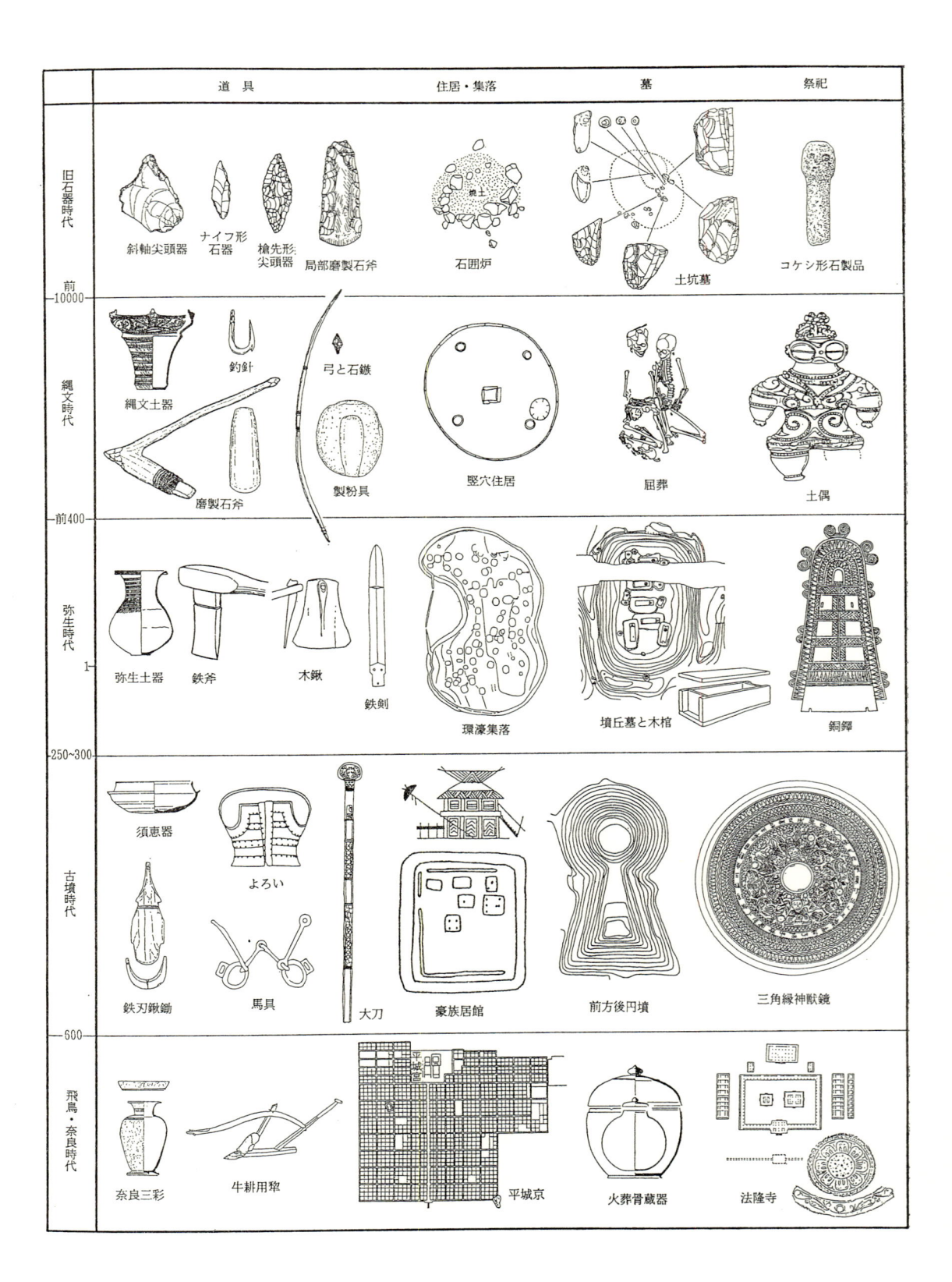

	道具	住居・集落	墓	祭祀
旧石器時代 前10000	斜軸尖頭器　ナイフ形石器　槍先形尖頭器　局部磨製石斧	石囲炉	土坑墓	コケシ形石製品
縄文時代 前400	縄文土器　釣針　弓と石鏃　磨製石斧　製粉具	竪穴住居	屈葬	土偶
弥生時代 1 250～300	弥生土器　鉄斧　木鍬　鉄剣	環濠集落	墳丘墓と木棺	銅鐸
古墳時代 600	須恵器　よろい　鉄刃鍬鋤　馬具　大刀	豪族居館	前方後円墳	三角縁神獣鏡
飛鳥・奈良時代	奈良三彩　牛耕用犁	平城京	火葬骨蔵器	法隆寺

① 旧石器時代の編年

地域 / 区分		アフリカ	ヨーロッパ	西アジア	インド	東アジア	北アジア	日本	アメリカ
旧石器時代 前期	180前万年〜160	オルドヴァイI／オルドワン／FxJj50			西候度？	I チョパー，チョッピングトゥール　II 握槌　III ルヴァロア技法関連　IV 石刃技法　V 細石刃技法			
	120〜70		ヴァロネ I	ドゥマニシ／ラバディーア	前期ソアン？	周口店　？	ディリング・ユリャフ／ウラリンカ？		
中期	13	前期アシュレアン／中期アシュレアン	前期アシュレアン／中期アシュレアン／ラタムネ II	アシューロ・ヤブルーディアン／アシュレアン／ソアン	前期ソアン？	匼河			
		後期アシュレアン／ムステリアン／サンゴアン	後期アシュレアン III／ムステリアン	後期ソアン／後期アシュレアン	後期ソアン	許家窯／大荔／丁村／シャラオソゴル／水洞溝　石壮里(下層)	モホヴォII／ウスチ・カラコル／地理学協会洞穴	馬場壇A20層／座散乱木13層／野尻湖立が鼻／武蔵台　中山谷	
後期	3〜2		オーリナシアン／アーマリアン IV	オーリナシアン	ムラ・ダム／バトネ／ナンディバレ／ガヴィ洞穴	峙峪／下川／小南海／山頂洞　石壮里	マラヤ・スィヤ／マリタ　プレチ／デュクタイ／ココレヴォ V	岩宿／伊勢見山下層／杉久保　国府／野川IV	
	2〜1	アテーリアン／ルペンバンン／カプシアン	ソリュートレアン／マグダレニアン	前期ケバラン／後期ケバラン／ケバラン(細石器)	ガルガオン	虎頭梁	ベレリェフ	白滝30地点／休場　荒屋	ドライクリーク／クロービス　フォルソム
中石器		アジーリアン	アジーリアン	ナトゥフィアン	沙苑			縄文時代	

食糧採集段階　　農耕社会の成立　　王権の成立　　●最古の王墓　■最古の墳丘墓　○最古の防壁集落　▲最古の環濠集落

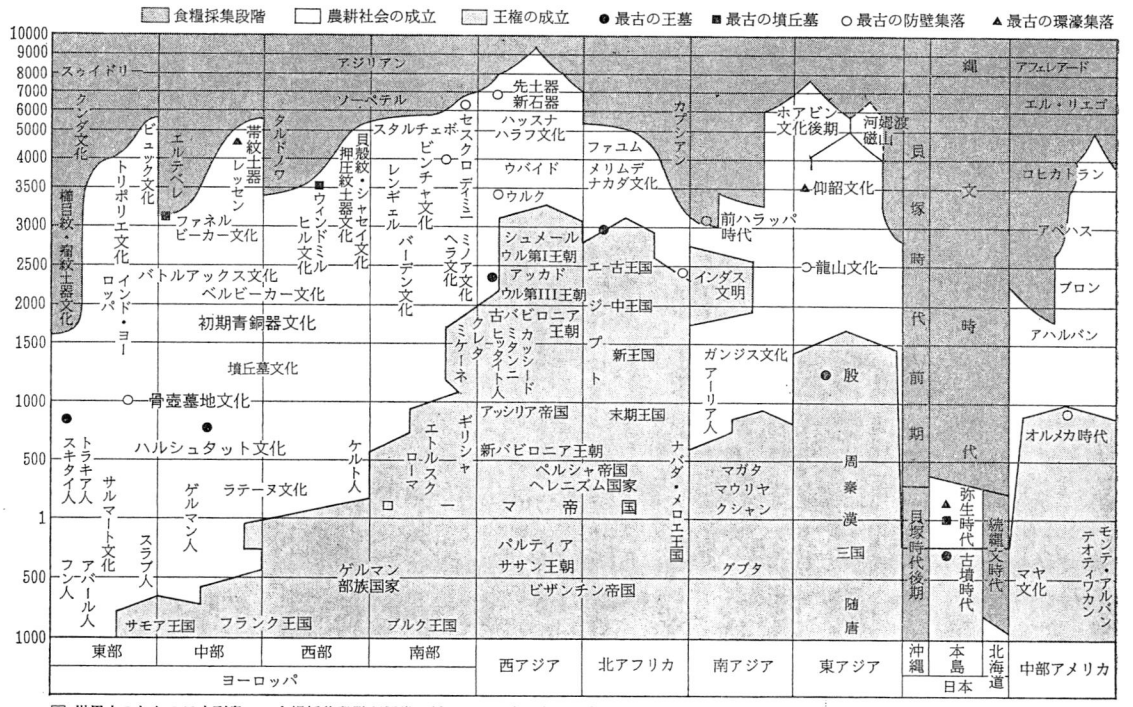

② 世界史のなかの日本列島　食糧採集段階が異常に長かった日本列島は，水田稲作が始まると，環濠集落・墳丘墓がまもなく出現，やがて王権が成立し，最古の王墓が姿を現わす．その間は約600年，弥生～古墳時代はまさに日本歴史における「古代化」が急速に進んだ疾風怒濤の時代であった．

（同書「総説」〈小野　昭・春成秀爾・小田静夫〉より抜粋）

特集　横穴式古墳の世界

1993年10月25日発売
総112頁　2,000円

総　論……………………………河上邦彦
石室の系譜と構造
　　韓国の横穴式石室……………曺　永　鉉
　　横穴式石室の導入と系譜………柳沢一男
　　横穴式石室の地域間動向
　　　九州―大和…………………森下浩行
　　　大和―東国…………………右島和夫
　　横穴式石室の構造と企画………宮原晋一
　　横穴式石室の終末
　　　大型墳………………………上林史郎
　　　群集墳………………………松本百合子
　　横穴式石室の地域性
　　　九　州………………………高木恭二

中　国……………………………亀山行雄
四　国……………………廣瀬常雄・菅原康夫
　　　　　　　　　　　　山下平重・廣田佳久
近　畿……………………………一瀬和夫
東　海……………………………服部哲也
北　陸……………………………伊藤雅文
中部高地…………………………小林正春
関　東……………………………小森哲也
東　北……………………………福島雅儀

＜連載講座＞　縄文時代史　19……林　謙作
＜最近の発掘から＞＜書　評＞＜論文展望＞
＜報告書・会誌新刊一覧＞＜学界ニュース＞

編集室より

◆住居や集落から連想される家意識や村落共同体の研究は，たとえば民俗学や思想史や村落史といった具合に，幅広く，多方面にかかわってくる。ことに民俗学に深くかかわる家意識は，その祖先崇拝と相まって日本人を構成する重大要素である。そしてまた集落は，生産共同体，結いなどと結びつき，政治組織にもからんでくる。その原点が，この縄文時代かもしれないということを本特集は考えさせるのだ。家族の独立性，社会の規制と行事，食糧の保有など，ひとつひとつの問題が，考古学の時代から現代まで，課題をかかえて

降りてくるような気がしている。　　　　　　　（芳賀）

◆久し振りの縄文集落の特集は住居の構造や集落の変遷などに重点をおいたが，縄文社会にかかわる問題は続編として次の機会にあつかうことになった。1年後ぐらいを予定している。
◆第2回雄山閣考古学賞の受賞図書が決定し，本号に発表となった。受賞の方々には心よりお祝い申し上げたい。6月19日，授賞式が行なわれ，それに先立って記念講演会「考古学と日本の古典」を開催，多くの聴衆の参加をえた。講演および選考委員の先生方に厚く御礼申し上げる。なお講演会の内容は近く別冊として刊行の予定である。（宮島）

本号の編集協力者——小林達雄（國學院大學教授）
（国立歴史民俗博物館運営協議員）
1937年新潟県生まれ，國學院大學大学院博士課程修了。『日本原始美術大系1―縄文土器』『縄文土器Ⅰ』（日本の原始美術Ⅰ）『縄文文化の研究』全10巻『縄文土器大観』全4巻「原始集落」（日本考古学4）などの著書・編集・論文がある。

■本号の表紙■
茅野遺跡の集落（ジオラマ）

　群馬県北群馬郡榛東村の茅野（かやの）遺跡は，縄文時代後・晩期の集落跡で，水場周辺に配置された住居址，配石墓，巨木円形木柱穴などから構成されている。とくに水場遺構は，水利用の現場を残すものであり，まさに稀有の実例である。さらに住居址は，細部の構造と居住空間の使い分けなどが明らかになった。これらは，縄文集落の実態を初めて示す遺構として注目される。また出土遺物は，生活遺物だけでなく耳飾，岩版などの祭祀遺物も豊富である。このことから，本遺跡は榛名山麓における拠点的な集落であったと推測できる。

（新藤　彰）

（写真提供・榛東村教育委員会）

▶本誌直接購読のご案内◀

『季刊考古学』は一般書店の店頭で販売しております。なるべくお近くの書店で予約購読なさることをおすすめしますが，とくに手に入りにくいときには当社へ直接お申し込み下さい。その場合，1年分の代金（4冊，送料は当社負担）を郵便振替（東京3-1685）または現金書留にて，住所，氏名および『季刊考古学』第何号より第何号までと明記の上当社営業部まで送金下さい。

季刊 考古学　第44号　　　1993年8月1日発行
ARCHAEOLOGY QUARTERLY
定価 2,200円
（本体2,136円）

編集人　芳賀章内
発行人　長坂一雄
印刷所　新日本印刷株式会社
発行所　雄山閣出版株式会社
　〒102　東京都千代田区富士見2-6-9
　電話 03-3262-3231　振替 東京3-1685

◆本誌記事の無断転載は固くおことわりします
ISBN4-639-01177-6　printed in Japan

季刊 考古学 オンデマンド版 第44号 1993年7月1日 初版発行
ARCHAEOROGY QUARTERLY 2018年6月10日 オンデマンド版発行

定価（本体 2,400 円＋税）

編集人	芳賀章内
発行人	宮田哲男
印刷所	石川特殊特急製本株式会社
発行所	株式会社 雄山閣 http://www.yuzankaku.co.jp

〒102-0071 東京都千代田区富士見 2-6-9

電話 03-3262-3231 FAX 03-3262-6938 振替 00130-5-1685

初期バックナンバー、待望の復刻 !!

季刊 考古学 OD　創刊号～第 50 号〈第一期〉

全 50 冊セット定価（本体 120,000 円＋税）　セット ISBN：978-4-639-10532-9

各巻分売可　各巻定価（本体 2,400 円＋税）

号　数	刊行年	特　集　名	編　者	ISBN（978-4-639-）
創 刊 号	1982 年 10 月	縄文人は何を食べたか	渡辺 誠	13001-7
第 2 号	1983 年 1 月	神々と仏を考古学する	坂詰 秀一	13002-4
第 3 号	1983 年 4 月	古墳の謎を解剖する	大塚 初重	13003-1
第 4 号	1983 年 7 月	日本旧石器人の生活と技術	加藤 晋平	13004-8
第 5 号	1983 年 10 月	装身の考古学	町田 章・春成秀爾	13005-5
第 6 号	1984 年 1 月	邪馬台国を考古学する	西谷 正	13006-2
第 7 号	1984 年 4 月	縄文人のムラとくらし	林 謙作	13007-9
第 8 号	1984 年 7 月	古代日本の鉄を科学する	佐々木 稔	13008-6
第 9 号	1984 年 10 月	墳墓の形態とその思想	坂詰 秀一	13009-3
第 10 号	1985 年 1 月	古墳の編年を総括する	石野 博信	13010-9
第 11 号	1985 年 4 月	動物の骨が語る世界	金子 浩昌	13011-6
第 12 号	1985 年 7 月	縄文時代のものと文化の交流	戸沢 充則	13012-3
第 13 号	1985 年 10 月	江戸時代を掘る	加藤 晋平・古泉 弘	13013-0
第 14 号	1986 年 1 月	弥生人は何を食べたか	甲元 真之	13014-7
第 15 号	1986 年 4 月	日本海をめぐる環境と考古学	安田 喜憲	13015-4
第 16 号	1986 年 7 月	古墳時代の社会と変革	岩崎 卓也	13016-1
第 17 号	1986 年 10 月	縄文土器の編年	小林 達雄	13017-8
第 18 号	1987 年 1 月	考古学と出土文字	坂詰 秀一	13018-5
第 19 号	1987 年 4 月	弥生土器は語る	工楽 善通	13019-2
第 20 号	1987 年 7 月	埴輪をめぐる古墳社会	水野 正好	13020-8
第 21 号	1987 年 10 月	縄文文化の地域性	林 謙作	13021-5
第 22 号	1988 年 1 月	古代の都城―飛鳥から平安京まで	町田 章	13022-2
第 23 号	1988 年 4 月	縄文と弥生を比較する	乙益 重隆	13023-9
第 24 号	1988 年 7 月	土器からよむ古墳社会	中村 浩・望月幹夫	13024-6
第 25 号	1988 年 10 月	縄文・弥生の漁撈文化	渡辺 誠	13025-3
第 26 号	1989 年 1 月	戦国考古学のイメージ	坂詰 秀一	13026-0
第 27 号	1989 年 4 月	青銅器と弥生社会	西谷 正	13027-7
第 28 号	1989 年 7 月	古墳には何が副葬されたか	泉森 皎	13028-4
第 29 号	1989 年 10 月	旧石器時代の東アジアと日本	加藤 晋平	13029-1
第 30 号	1990 年 1 月	縄文土偶の世界	小林 達雄	13030-7
第 31 号	1990 年 4 月	環濠集落とクニのおこり	原口 正三	13031-4
第 32 号	1990 年 7 月	古代の住居―縄文から古墳へ	宮本 長二郎・工楽 善通	13032-1
第 33 号	1990 年 10 月	古墳時代の日本と中国・朝鮮	岩崎 卓也・中山 清隆	13033-8
第 34 号	1991 年 1 月	古代仏教の考古学	坂詰 秀一・森 郁夫	13034-5
第 35 号	1991 年 4 月	石器と人類の歴史	戸沢 充則	13035-2
第 36 号	1991 年 7 月	古代の豪族居館	小笠原 好彦・阿部 義平	13036-9
第 37 号	1991 年 10 月	稲作農耕と弥生文化	工楽 善通	13037-6
第 38 号	1992 年 1 月	アジアのなかの縄文文化	西谷 正・木村 幾多郎	13038-3
第 39 号	1992 年 4 月	中世を考古学する	坂詰 秀一	13039-0
第 40 号	1992 年 7 月	古墳の形の謎を解く	石野 博信	13040-6
第 41 号	1992 年 10 月	貝塚が語る縄文文化	岡村 道雄	13041-3
第 42 号	1993 年 1 月	須恵器の編年とその時代	中村 浩	13042-0
第 43 号	1993 年 4 月	鏡の語る古代史	高倉 洋彰・車崎 正彦	13043-7
第 44 号	1993 年 7 月	縄文時代の家と集落	小林 達雄	13044-4
第 45 号	1993 年 10 月	横穴式石室の世界	河上 邦彦	13045-1
第 46 号	1994 年 1 月	古代の道と考古学	木下 良・坂詰 秀一	13046-8
第 47 号	1994 年 4 月	先史時代の木工文化	工楽 善通・黒崎 直	13047-5
第 48 号	1994 年 7 月	縄文社会と土器	小林 達雄	13048-2
第 49 号	1994 年 10 月	平安京跡発掘	江谷 寛・坂詰 秀一	13049-9
第 50 号	1995 年 1 月	縄文時代の新展開	渡辺 誠	13050-5

※「季刊 考古学 OD」は初版を底本とし、広告頁のみを除いてその他は原本そのままに復刻しております。初版との内容の差違は
　ございません。

「季刊 考古学　OD」は全国の一般書店にて販売しております。なるべくお近くの書店でご注文なさることをおすすめしますが、とくに手に入り
にくいときには当社へ直接お申込みください。